Bildwörterbuch

Japanisch
Deutsch

PONS GmbH
Stuttgart

INHALT
目次
mokuji

LEICHTER LERNEN MIT BILDERN – WARUM IST DAS SO?

Liebe Leserin, lieber Leser,

wie wichtig die Bedeutung von Bildern ist, wenn es um das Merken von Begriffen geht, wissen wir seit Jahren aus der Lernpsychologie. Kennen Sie das? Wenn Sie ein Bild zu einem Wort sehen, bleibt das Wort viel schneller im Gedächtnis haften, als wenn es nur geschrieben dasteht. Und wenn es darum geht, in einer fremden Sprache Wortschatz nicht nur nachzuschlagen, sondern auch zu verstehen und ihn sich zu merken, unterstützen die Bilder Sie dabei, sich die Wörter schneller und besser einzuprägen. Das hat ganz einfache Gründe:

→ ***Bilder wirken schneller und direkter als reiner Text****. Schon als kleine Kinder denken wir in Bildern und können sie ganz intuitiv entschlüsseln, interpretieren und aufnehmen. Sind Bilder mit Wörtern verknüpft, bilden sie eine Einheit, die unser Gehirn mit hoher Effizienz verarbeitet und abspeichert.*

→ ***Bilder erleichtern und unterstützen das Verständnis.*** *Sie vermitteln Zusammenhänge und liefern uns deutlich mehr Informationen als nur Text alleine.*

→ ***Bilder sind emotional.*** *Sie wecken unser Interesse, steigern unsere Motivation und bleiben besser im Gedächtnis haften als einzelne Wörter.*

→ ***Bilder machen Freude.*** *Wo viel Text abschreckt, sorgen Bilder dafür, dass uns das Lernen Spaß macht, und wir bleiben länger bei der Sache.*

Gesehen, verstanden und schon gemerkt – so leicht kann das visuelle Lernen sein. Überzeugen Sie sich selbst!

Ihre

PONS-Redaktion

図解で簡単に学ぶ –
どうしてでしょうか。

読者の皆様、

言葉を覚える際に図解の意義がいかに重要かということは、学習心理学から何年も前から分かっていることです。ご存知でしたでしょうか。単語に図解が添えられていると、単に書かれた言葉よりずっと速く記憶に留まるものです。外国語の単語を辞書で調べるだけでなく理解し覚える場合、図解のサポートで言葉をより速くより良く覚えられます。

これには単純な理由があります：

→ **図解は単なる文字より、素早く直接影響を及ぼします。**既に幼児期から私達は図解を見て考え、直観的に解読、解釈し吸収しています。図解と言葉を結びつけると、頭が高効率で整理、保存し一体をなします。

→ **図解は理解を容易にし、サポートします。**図解は関連性を伝え、文字だけよりも明らかに多くの情報を提供します。

→ **図解は感情に訴えます。**図解は興味を呼び起こし、やる気を高め、個別の文字より良く記憶に残ります。

→ **図解は喜びをもたらします。**多くの文字にうんざりした時でも、図解によって学習が楽しくなり、長い間集中できます。

見て、理解し、既に覚えました　—　視覚的学習はそれほど簡単なのです。どうかご自身で確かめて見てください。

PONS 編集部

SO ARBEITEN SIE EFFIZIENT MIT DEM BILDWÖRTERBUCH

die Erdbeere
いちご
ichigo

die Himbeere
ラズベリー
razuberī

die Brombeere
ブラックベリー
burakku berī

die Heidelbeere
ブルーベリー
burūberī

Ganz gleich, ob Sie erst anfangen, eine Fremdsprache zu erlernen, oder ob Sie bereits über gute Sprachkenntnisse verfügen: Dieses Wörterbuch ist Ihr idealer Begleiter. Für jede Sprache decken rund 8.000 Begriffe alle Bereiche des Alltags ab und die Kombination von Wort und Bild ermöglicht Ihnen, Wörter schnell nachzuschlagen, zu übersetzen und sich mühelos einzuprägen. Hier die wichtigsten Tipps, wie Sie den größten Nutzen aus diesem Wörterbuch ziehen:

この辞書は、初めて外国語を学ぶ人、および既に十分な知識がある人にも打って付けのガイドです。各言語約8000語で、日常におけるすべての範囲を網羅しています。単語と絵の組み合わせにより、素早く単語を引き、翻訳し、容易に記憶することが可能です。ここでは、この辞書を最大限に活用する最も重要なヒントを紹介します。

1. Wörter im Zusammenhang lernen

Wörter werden schneller gemerkt, wenn man sie im Kontext lernt. Aus diesem Grund ist dieses Wörterbuch nach Themenfeldern aus dem Alltagsleben gegliedert. Ganz gleich, in welches Thema Sie eintauchen – ob Einkaufen, Kleidung, Lebensmittel oder Familie – betrachten Sie beim Lernen das Thema als Ganzes und versuchen Sie, möglichst viele Wörter aus dem Themenbereich aufzunehmen. Sie werden erstaunt sein, wie viel Wortschatz Sie sich in kürzester Zeit merken können.

1. 単語を関連付けて学ぶ

単語を文脈で学ぶと速く覚えられます。この理由から、この辞書は日常生活のテーマ分野により構成されています。買い物、衣服、食料品、家族など、どのテーマから始める場合も学ぶ際にテーマを全体として捉え、テーマ分野から出来るだけ多くの単語を吸収するように心掛けてください。多くの単語が短期間で学べるということに驚かれるかと思います。

図解辞書で効率的な学習を

Herzlichen Glückwunsch!	心からお祝いします kokoro kara oiwai shimasu
Alles Gute zum Geburtstag!	お誕生日おめでとう otanjōbi omedetō
Wie viel Uhr ist es?	何時ですか。Nan ji desu ka.
Es ist zwei Uhr.	2時です。Ni ji desu.
Guten Appetit!	ごゆっくりどうぞ。goyukkuri dōzo.
Zum Wohl!	乾杯 kanpai
①	②

2. Die wichtigsten Schlüsselsätze auf einen Blick

Ob in der Fremdsprache nach der Uhrzeit fragen, oder zum Geburtstag gratulieren: In den 13 thematisch sortierten Kapiteln finden Sie neben der reinen Wort-Bild-Zuordnung die wichtigsten Sätze für die häufigsten Situationen ①. Prägen Sie sich diese Schlüsselsätze gut ein und schon haben Sie den Grundstein für eine erfolgreiche Kommunikation gelegt.

2. 最も重要なキーフレーズが一目瞭然

13に分かれた章の各テーマでは、単語、写真、分類のほかに外国語で時刻について尋ねたり、誕生日のお祝いを言うなど、よくある場面での最も重要な文章を見つけることができます ①。このキーフレーズを習得することで、効果的なコミュニケーションの基礎を築きます。

3. Richtig aussprechen

Damit Sie jedes Wort richtig aussprechen, haben wir alle Wörter und Sätze nach dem Hepburn-System transkribiert ②. Dieses System ist sowohl in Japan als auch international weit verbreitet. Da das Hepburn-System sich an der englischen Sprache orientiert, weicht die Aussprache von manchen Konsonanten vom Deutschen ab:
***sh** = **sch**, **ch** = **tsch**, **y** = **j**, **j** = **dj**.*
Eine Übersicht über die Transkription finden Sie bequem auf der letzten Seite des Buches.

3. 正しい発音

各単語を正しく発音できるように、全ての単語とフレーズをヘボン式ローマ字に書き換えました ②。このシステムは日本でも国際的にも広く行き渡っています。ヘボン式ローマ字は英語に準拠したので、多くのドイツ語の子音発音とは異なっています。sh=sch, ch=tsch, y=j, j=dj

発音表記概要は、巻末にて簡単にご覧いただけます。

③

glutenfrei
グルテンを含まない
guruten o fukumanai

laktosefrei
ラクトースを含まない
rakutōsu o fukumanai

④

4. Schnell übersetzen

Wenn es einfach schnell gehen muss, schlagen Sie im Anhang im Stichwortverzeichnis die richtige Übersetzung nach ③. Dort ist jedes Stichwort in Deutsch und Japanisch in alphabetischer Reihenfolge aufgeführt und im Nu gefunden.

4. 素早く翻訳

急いでいる場合は、付録にある索引③で適切な翻訳を調べて下さい。

ドイツ語と日本語の各見出し語がアルファベット順に記載され、即座に見つけることができます。

5. Für den Notfall

Bilder sind eine universelle Sprache, die von allen Kulturen verstanden wird. Sollten Ihnen doch mal die Worte fehlen, zeigen Sie einfach auf das entsprechende Bild ④. Ob im Hotel, Restaurant oder auf der Straße – so können Sie sich überall auf der Welt ganz ohne Sprache verständigen.

5. 緊急の場合

絵はあらゆる文化圏で理解される世界共通語です。言葉が見つからない場合は、単に適した絵④を指し示してください。ホテルやレストランまたは通りでも、世界のいたるところで言葉なしに意思の疎通ができます。

6. Noch mehr Sprache

Für die ersten Schritte in der fremden Sprache liefern Ihnen die Extras im Anhang des Bildwörterbuchs praktische Unterstützung: Mit den wichtigsten Sätzen auf Deutsch und auf Japanisch sind Sie für den gelungenen Einstieg in die Fremdsprache gewappnet. Und wenn es darum geht, eigene Sätze zu bilden, hilft Ihnen unsere ausführliche Verbliste, wo Sie auch abstrakte Verben, die sich nicht abbilden lassen, nachschlagen und übersetzen können.

6. 言語知識を増やす

第一歩として、図解辞書の付録にて実用的なサポートを提供しています。ドイツ語と日本語による最も重要な文章により、読者は良いスタートを切る準備が整います。そして自分で文章を構成する際には、描写できない抽象的な動詞も調べることができる詳しい動詞リストが役立ちます。

die Bankkauffrau
女性銀行員
josei ginkōin

der Lehrer
教師
kyōshi

die Ingenieurin
エンジニア
enjinia

der Kellner
ウエイター
weitā

Das sollten Sie noch wissen

Die Stichwörter in diesem Wörterbuch stehen immer in der Einzahl, es sei denn sie werden in der Regel nur in der Pluralform verwendet.

さらに知っておくとよい情報

この辞書の見出し語は、いつも複数形でしか使われない単語以外は、全て単数形で表記されています。

Es war uns wichtig, bei Funktions- und Berufsbezeichnungen Männer und Frauen gleichermaßen und gleichberechtigt zu berücksichtigen. Da wir aber aus Platzgründen nicht immer beide Geschlechter gleichzeitig abbilden können, haben wir uns immer für eines entscheiden müssen. Dabei orientiert sich das Geschlecht des Wortes immer am Geschlecht der abgebildeten Figur.

Alle Verben sind in der Nennform des Schriftstils angegeben, wie üblich in japanischen Wörterbüchern.

男性と女性の職務や肩書きを同等で男女平等になるように配慮することは重要でしたが、スペース的な理由で両方の性別描写を同時に掲載することはできず、常にどちらかに決める必要がありました。そのため、単語は掲載された個別の絵に合わせて描写されています。

従来の日本語辞書の通り、全ての動詞は不定形で表示されています。

MENSCHEN

人間

ningen

DIE FAMILIE - 家族 kazoku

Der Stammbaum - 家系図 kakeizu

der Schwiegervater
舅
shūto

die Schwiegermutter
姑
shūtome

die Schwägerin
義理の姉妹
giri no shimai

der Schwager
義理の兄弟
giri no kyōdai

der Ehemann
主人/夫
shujin/otto

die Ehefrau
家内/妻
kanai/tsuma

der Schwiegersohn
婿
muko

die Tochter
娘
musume

der Sohn
息子
musuko

der Enkel
孫
mago

die Enkelin
孫娘
magomusume

DIE FAMILIE – 家族 kazoku

Der Stammbaum – 家系図 kakeizu

der Großvater
祖父
sofu

die Großmutter
祖母
sobo

die Mutter
母
haha

der Vater
父
chichi

die Tante
叔母
oba

der Onkel
叔父
oji

die Schwester
姉妹
shimai

der Bruder
兄弟
kyōdai

die Cousine
従妹
itoko

die Nichte
姪
mei

der Neffe
甥
oi

der/die Verwandte	親戚 shinseki
die Großeltern	祖父母 sofubo
die Eltern	両親 ryōshin
das Ehepaar	夫婦 fūfu
der Vorfahre	先祖 senzo
ledig	独身 dokushin
verheiratet	既婚 kikon
geschieden	離婚 rikon
verlobt	婚約中 konyakuchū
verwitwet	男寡, 未亡人 otoko yamome (m), mibōjin (w)
verwandt	親戚 shinseki

BEZIEHUNGEN – 人間関係 ningen kankei

Familie und Lebensphasen – 家族と人生段階 kazoku to jinseidankai

das Baby
赤ちゃん
akachan

das Kind
子供
kodomo

Herr …
…さん
… san

der Mann
男性
dansei

die Jugendliche
ティーンエージャー
tīnējā

die Zwillinge
双子
futago

die Frau
女性
josei

Frau …
…さん
… san

der/die Bekannte
知り合い
shiriai

der Junge
男の子
otoko no ko

das Mädchen
女の子
onna no ko

die Freunde
友達
tomodachi

das Paar
カップル
kappuru

die Freundin
ガールフレンド
gārufurendo

der Freund
ボーイフレンド
bōifurendo

der Erwachsene	大人 otona
die Geschwister	兄弟姉妹 kyōdaishimai
der Patenonkel	代父 daifu
die Patentante	代母 daibo
der Stiefvater	継父 mamachichi
die Stiefmutter	継母 mamahaha
der Stiefbruder	義理の兄弟 giri no kyōdai
die Stiefschwester	義理の姉妹 giri no shimai
der Nachbar	隣の男性 tonari no dansei
die Nachbarin	隣の女性 tonari no josei

BEZIEHUNGEN – 人間関係 ningen kankei

Begrüßen und verabschieden – 挨拶と別れを告げる aisatsu to wakare o tsugeru

jemanden vorstellen
…を紹介する
… o shōkai suru

jemanden begrüßen
…に挨拶する
… ni aisatsu suru

sich die Hand geben
握手する
akushu suru

sich verbeugen
お辞儀する
ojigi suru

sich umarmen
抱き合う
dakiau

lachen
笑う
warau

weinen
泣く
naku

sich verabschieden
別れを告げる
wakare o tsugeru

einen Knicks machen
膝を屈めてお辞儀する
hiza o kagamete ojigi suru

winken
手を振る
te o furu

jemandem einen Kuss geben
キスする
kisu suru

jemanden anrufen
…に電話をかける
… ni denwa o kakeru

Hallo!	やあ yaa
Guten Tag!	こんにちは konnichi wa
Guten Morgen!	おはようございます ohayōgozaimasu
Guten Abend!	こんばんは konban wa
Wie heißt du?	あなたの名前は。Anatano namae wa.
Wie heißen Sie?	何というお名前ですか。Nan to yū onamae desu ka.
Ich heiße …	私は…と申します。Watashi wa … to mōshimasu.
Herzlich willkommen!	ようこそいらっしゃいました yōkoso irasshai mashita
Tschüss!	またね mata ne
Auf Wiedersehen!	さようなら sayōnara

das kleine Geschenk
ささいな贈り物
sasaina okurimono

EREIGNISSE IM LEBEN - 人生の出来事 jinsei no dekigoto

Feste - 祝祭 shukusai

die Hochzeit
結婚式
kekkonshiki

der Geburtstag
誕生日
tanjōbi

das Weihnachten
クリスマス
kurisumasu

der Valentinstag
バレンタインデー
barentaindē

das Thanksgiving
収穫感謝祭
shūkakukanshasai

das Halloween
ハロウイン
harouin

der/das Silvester
大晦日
oomisoka

das Ostern
イースター
īsutā

die Hanukkah
ハヌカー祭り
hanukā matsuri

das Wesakfest
ウェーサク祭り
uēsaku matsuri

das Ramadanfest
ラマダン祭
ramadan sai

das chinesische Neujahr
旧正月
kyūshōgatsu

der Karneval
カーニバル
kānibaru

das Diwalifest	ディーワーリー dīwārī
das Passah	ペサハ祭り pesaha matsuri
die Feier	祝い iwai
der Hochzeitstag	結婚記念日 kekkonkinenbi
der Feiertag	祝祭日 shukusaijitsu
der Muttertag	母の日 haha no hi
der Vatertag	父の日 chichi no hi
die Taufe	洗礼 senrei
Herzlichen Glückwunsch!	心からお祝いします kokoro kara oiwai shimasu
Alles Gute zum Geburtstag!	お誕生日おめでとう otanjōbi omedetō

EREIGNISSE IM LEBEN – 人生の出来事 jinsei no dekigoto

Wendepunkte – 転機 tenki

die Geburt
誕生
tanjō

der Kindergarten
幼稚園
yōchien

die Einschulung
入学
nyūgaku

der Schulabschlussball
学校卒業祝賀会
gakkōsotsugyōshukugakai

der Studienabschluss
大学卒業
daigakusotsugyō

der Berufseinstieg
就職する
shūshoku suru

sich verlieben
恋をする
koi o suru

sich verloben
婚約する
konyaku suru

heiraten
結婚する
kekkon suru

die Schwangerschaft
妊娠
ninshin

umziehen
引っ越す
hikkosu

in Rente gehen
年金生活に入る
nenkinseikatsu ni hairu

die Beerdigung
葬式
sōshiki

volljährig werden	成人になる seijin ni naru
jemandem einen Heiratsantrag machen	結婚を申し込む kekkon o mōshikomu
das Brautkleid	ウェディングドレス uedingu doresu
die Braut	花嫁 hanayome
der Bräutigam	花婿 hanamuko
eine Familie gründen	所帯を構える shotai o kamaeru
die Scheidung	離婚 rikon
sich scheiden lassen	。。。と離婚する … to rikon suru
sterben	死ぬ shinu

MENSCHEN BESCHREIBEN – 人間を描写する ningen o byōsha suru

Das Gesicht – 顔 kao

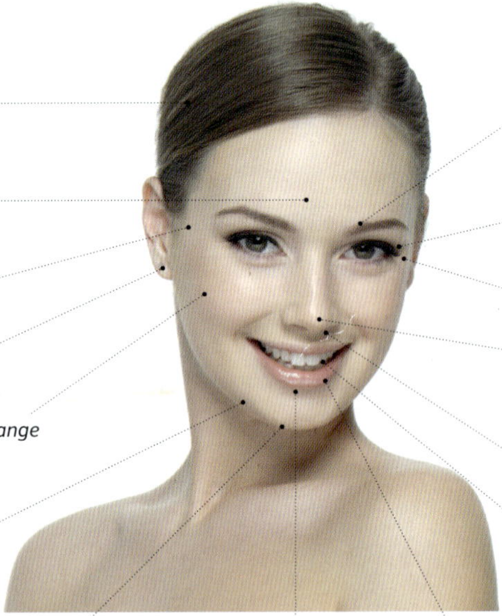

eine Grimasse schneiden
しかめっつらをする
shikamettsura o suru

die Haut	皮膚 hifu
die Falte	皺 shiwa
das Muttermal	ほくろ hokuro
das Grübchen	えくぼ ekubo
die Sommersprossen	そばかす sobakasu
die Pore	毛穴 keana
der Pickel	にきび nikibi

MENSCHEN BESCHREIBEN – 人間を描写する ningen o byōsha suru

Das Haar – 髪の毛 kami no ke

rothaarig
赤毛
akage

gewellt
ウェーブがついた
uēbu ga tsuita

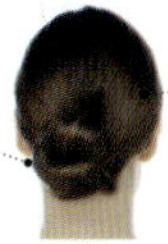

der Dutt
お団子ヘア
odango hea

brünett
こげ茶色
kogechairo

der Kurzhaarschnitt
短髪
tanpatsu

grau meliert
白髪交じりの
shiraga majiri no

die Perücke
ウィッグ
uiggu

der Stufenschnitt
レイヤースタイル
reiyā sutairu

der Pony
フリンジバング
furinji bangu

die Strähnchen
メッシュ
messhu

die Bobfrisur
ボブ
bobu

glatt
ストレート
sutorēto

blond
ブロンド
burondo

dunkel
黒髪
kurokami

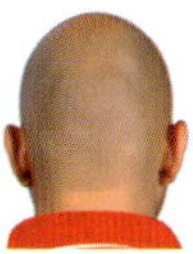

die Glatze
はげ
hage

der Pferdeschwanz
ポニーテール
ponītēru

lockig
カールした
kāru shita

der Zopf
お下げ髪
osagegami

MENSCHEN BESCHREIBEN – 人間を描写する ningen o byōsha suru

Die äußere Erscheinung – 外見 gaiken

der Bart
髭
hige

der Schnurrbart
口髭
kuchihige

jung
若い
wakai

alt
としとった
toshitotta

muskulös
筋骨たくましい
kinkotsu takumashii

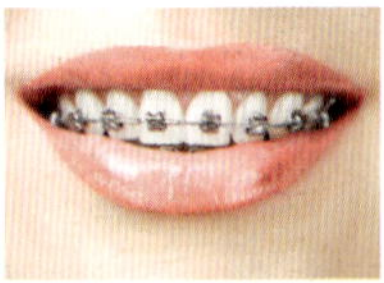

die Zahnspange
歯列矯正ブリッジ
shiretsu kyōsei burijji

blass
青ざめた
aozameta

sonnengebräunt
日焼けした
hiyakeshita

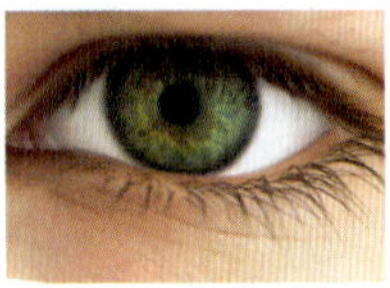

die grünen Augen
緑の目
midori no me

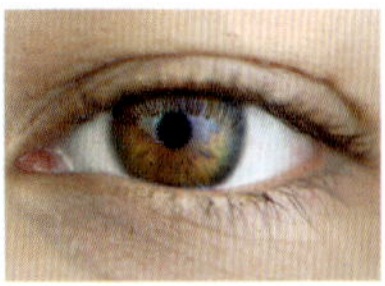

die braunen Augen
茶色の目
chairo no me

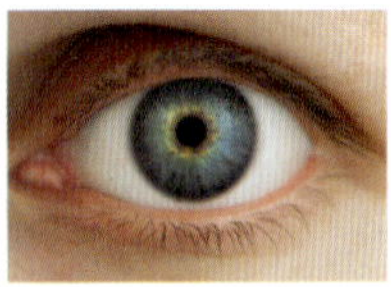

die grauen Augen
灰色の目
haiiro no me

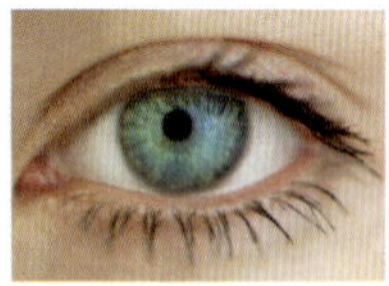

die blauen Augen
青い目
aoime

attraktiv	魅力的な miryokutekina
hübsch	可愛い kawaii
hässlich	醜い minikui
schön	美しい utsukushii
jemanden nach dem Äußeren beurteilen	外観で判断する gaikan de handan suru
schlank	細い hosoi
dick	太い futoi
groß	大きい ookii
klein	小さい chiisai
die Narbe	傷跡 kizuato

MENSCHEN BESCHREIBEN - 人間を描写する ningen o byōsha suru

Gefühle und Persönlichkeit - 気持ちとパーソナリティ kimochi to pāsonaritī

glücklich
幸せだ
shiawase da

stolz
誇りだ
hokori da

überrascht
驚いた
odoroita

aufgeregt
興奮する
kōfunsuru

verlegen
困惑する
konwakusuru

verwirrt
混乱する
konransuru

schüchtern
恥ずかしがり
hazukashigari

nachdenklich
考え込む
kangaekomu

neugierig
好奇心が強い
kōkishin ga tsuyoi

niedlich
愛らしい
airashii

verliebt
恋をする
koi o suru

selbstbewusst
自信満々だ
jishin manman da

offen	率直だ socchoku da
tolerant	寛大だ kandai da
geduldig	我慢強い gamanzuyoi
freundlich	親切だ shinsetsu da
sympathisch	好感が持てる kōkan ga moteru
nett	感じがいい kanji ga ii
lächeln	微笑む hohoemu
Ich bin verärgert/froh/traurig.	私は怒っている/楽しい/悲しい。 Watashi wa okotteiru/tanoshii/kanashii.

MENSCHEN BESCHREIBEN – 人間を描写する ningen o byōsha suru

Gefühle und Persönlichkeit – 気持ちとパーソナリティ kimochi to pāsonaritī

traurig
悲しい
kanashii

gestresst
ストレスを感じる
sutoresu o kanjiru

verärgert
怒っている
okotteiru

wütend
酷く怒る
hidoku okoru

eifersüchtig
嫉妬する
shitto suru

verängstigt
おびえる
obieru

nervös
緊張する
kinchō suru

müde
疲れている
tsukarete iru

angeekelt
嫌気がさした
iyake ga sashita

dickköpfig
強情だ
gōjō da

gelangweilt
退屈だ
taikutsu da

sauer
不機嫌だ
fukigen da

die Stirn runzeln	眉をひそめる mayu o hisomeru
bestürzt	動揺している dōyō shiteiru
unsympathisch	感じのよくない kanji no yokunai
verzweifelt	絶望した zetsubōshita
neidisch	羨む urayamu
ungeduldig	いらいらする iraira suru
arrogant	傲慢だ gōman da
intolerant	寛容でない kanyōdenai
sensibel	敏感だ binkan da

DIE KLEIDUNG – 衣服 ifuku

Babysachen – ベビー用品 bebī yōhin

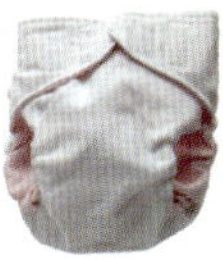

die Stoffwindel
布おむつ
nuno omutsu

die Wegwerfwindel
紙おむつ
kami omutsu

der Body
ボディスーツ
bodī sūtsu

der Schneeanzug
スノースーツ
sunōsūtsu

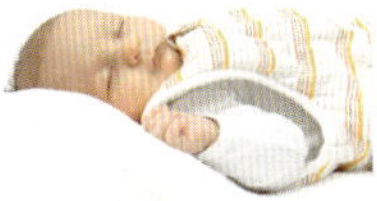

der Babyschlafsack
ベビーシュラフ
bebīshurafu

die Rassel
がらがら
garagara

der Strampler
カバーオール
kabā ōru

der Babyfäustling
ベビーミトン
bebī miton

die Mütze
縁なし帽子
fuchinashi bōshi

das Babyschühchen
ベビーシューズ
bebī shūzu

der Schnuller
おしゃぶり
oshaburi

das Lätzchen
よだれ掛け
yodarekake

der Sonnenhut
日よけ帽
hiyoke bō

das Söckchen
ソックス
sokkusu

das Latzhöschen
オーバーオール
ōbāōru

die Babydecke
ベビーブランケット
bebī buranketto

das Babyfläschchen	哺乳瓶 honyūbin
die Biobaumwolle	オーガニックコットン ōganikku kotton
aus Kunstfaser	化学繊維 kagaku seni

DIE KLEIDUNG – 衣服 ifuku

Unisex-Kleidung – ユニセックス衣服
yunisekkusu ifuku

der Trainingsanzug
トレーニングウェア
torēningu uea

der Kapuzenpullover
パーカー
pākā

der Turnschuh
運動靴
undōgutsu

der Schlafanzug
ねまき
nemaki

der Hausschuh
スリッパ
surippa

der Bademantel
バスローブ
basurōbu

der Wintermantel
冬のコート
fuyu no kōto

die Regenjacke
レインコート
reinkōto

die Schneehose
スノーパンツ
sunōpantsu

Könnte ich das mal anprobieren?	試着してもいいですか。Shichaku shite mo ii desu ka.
Haben Sie das auch eine Nummer größer/kleiner?	もうひとつ大きい/小さいサイズはありますか。 Mōhitotsu ōkii/chiisai saizu wa arimasuka.
eng/weit	きつい/ゆるい kitsui/yurui
kurz/lang	短い/長い mijikai/nagai
klein/groß	小さい/大きい chiisai/ōkii
Das passt gut, ich nehme es.	ちょうどいいです。これにします。Chōdo ii desu. Koreni shimasu.
mit kurzen/langen Ärmeln	半袖/長袖の hansode/nagasode no
der Knopf	ボタン botan
der Druckknopf	スナップ sunappu
das Knopfloch	ボタン穴 botan ana

DIE KLEIDUNG – 衣服 ifuku

Herrenkleidung – 紳士服 shinshi fuku

das T-Shirt
Tシャツ
tīshatsu

das Polohemd
ポロシャツ
poroshatsu

der Rollkragenpullover
タートルネックセーター
tātorunekkusētā

die Weste
チョッキ
chokki

der Pullunder
Vネックスリップオーバー
V-nekku surippu ōbā

die Fliege
蝶ネクタイ
chōnekutai

die kurze Hose
半ズボン
hanzubon

die Boxershorts
ボクサーパンツ
bokusāpantsu

die Unterhose
パンツ
pantsu

die Badehose
水着
mizugi

DIE KLEIDUNG – 衣服 ifuku

Damenkleidung – 婦人服 fujin fuku

der Strumpf
ストッキング
sutokkingu

die Strumpfhose
タイツ
taitsu

die Leggings
レギンス
reginsu

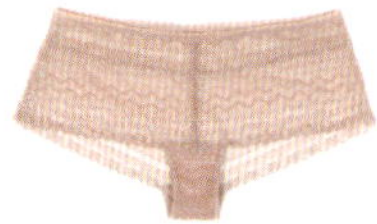

der Slip
ショーツ
shōtsu

der Bikini
ビキニ
bikini

der Badeanzug
水着
mizugi

der Sport-BH
スポーツブラ
supōtsu bura

der Büstenhalter/der BH
ブラジャー
burajā

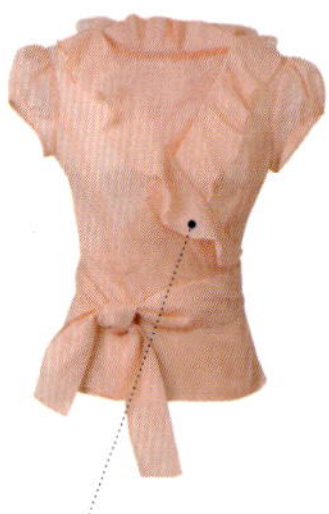

die Rüsche
フリル
furiru

die Umstandsmode	マタニティウェア matanitīuea
die Naht	縫い目 nuime
der Ärmel	袖 sode
der Saum	裾 suso
die Seide	絹 kinu
die Spitze	レース rēsu
die Größe	大きさ ōkisa
der Ausschnitt	襟ぐり eriguri
trägerlos	ストラップレス sutorappuresu
tailliert	ウエストを細く仕上げる uesuto o hosoku shiageru
leger	カジュアル kajuaru
schick	しゃれた shareta
bequem	快適だ kaiteki da
mit Stretchanteil	ストレッチ素材の sutorecchi sozai no
modisch	流行の ryūkō no

DIE KLEIDUNG - 衣服 ifuku

Damenkleidung - 婦人服 fujin fuku

die Schleife
リボン
ribon

das Kleid
ワンピース
wan pīsu

das Trägertop
キャミソール
kyami sōru

die Bluse
ブラウス
burausu

die Strickjacke
カーディガン
kādigan

der Rock
スカート
sukāto

das Schulterpolster
肩パット
kata patto

der Blazer
ジャケット
jaketto

das Oberteil
トップス
toppusu

die Jeans
ジーンズ
jīnzu

die Stiefelette
アンクルブーツ
ankurubūtsu

die Shorts
ショートパンツ
shōto pantsu

die Röhrenhose
スキニーパンツ
sukinī pantsu

die Schlaghose
ベルボトム
berubotomu

die leicht ausgestellte Hose
ブーツカットパンツ
būtsukatto pantsu

DIE KLEIDUNG – 衣服 ifuku

Accessoires – 装身具 sōshingu

der Sonnenhut
日よけ帽子
hiyoke bōshi

der Hut
縁のある帽子
fuchinoaru bōshi

die Brille
眼鏡
megane

die Sonnenbrille
サングラス
sangurasu

der Rucksack
リュックサック
ryukkusakku

die Krawattennadel
ネクタイピン
nekutaipin

der Regenschirm
雨傘
amagasa

die Uhr
時計
tokei

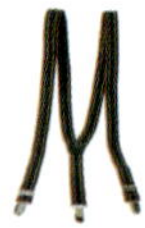

die Hosenträger
サスペンダー
sasupendā

der Ring
指輪
yubiwa

der Handschuh
手袋
tebukuro

die Mütze
縁なし帽子
fuchinashi bōshi

der Schal
マフラー
mafurā

der Ohrring
イアリング
iaringu

die Halskette
ネックレス
nekkuresu

der Manschettenknopf
カフスボタン
kafusu botan

der Reißverschluss	ファスナー fasunā
der Klettverschluss	マジックテープ majikkutēpu
die Handytasche	携帯ケース keitai kēsu
die Reisetasche	旅行鞄 ryokōkaban
der Koffer	スーツケース sūtsu kēsu

DIE KLEIDUNG – 衣服 ifuku

Schuhe und Lederwaren – 靴と革製品 kutsu to kawaseihin

der Pumps
パンプス
panpusu

die Sandale
サンダル
sandaru

der Ballerina
バレエシューズ
barēshūzu

der Gummistiefel
ゴム長靴
gomu nagagutsu

der Flip-Flop®
ビーチサンダル
bīchi sandaru

der hohe Stiefel
ロングブーツ
rongu būtsu

die Handtasche
ハンドバッグ
hando baggu

das Portemonnaie
財布
saifu

die Brieftasche
札入れ
satsuire

die Aktentasche
書類鞄
shorui kaban

der Gürtel
ベルト
beruto

die Lederjacke
革のジャンパー
kawa no janpā

der Schnürschuh
ビジネスシューズ
bijinesu shūzu

der Wanderstiefel
ハイキングブーツ
haikingu būtsu

die Socke
靴下
kutsushita

der Schnürsenkel	靴ひも kutsuhimo
die Gürtelschlaufe	ベルトループ beruto rūpu
der Keilabsatz	ウェッジソール uejji sōru
der Absatz	ヒール hīru
die Sohle	靴底 kutsuzoko
der Riemen	ストラップ sutorappu
die Schnalle	バックル bakkuru

die Trekkingsandale
トレッキングサンダル
torekkingu sandaru

der Turnschuh
運動靴
undōgutsu

DIE KÖRPERPFLEGE – 体の手入れ karada no teire

die Zahnpasta
歯磨き粉
hamigaki ko

das Parfüm
香水
kōsui

das Deo
デオドラント
deodoranto

die Gesichtscreme
フェイスクリーム
feisukurīmu

der Kamm
櫛
kushi

das Duschgel
シャワージェル
shawājeru

das Shampoo
シャンプー
shanpū

die Spülung
コンディショナー
kondishonā

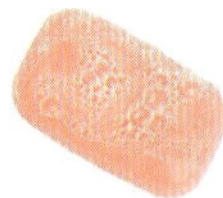

die Seife
石鹸
sekken

die Haarbürste
ヘアーブラシ
heāburashi

die Sonnencreme
日焼け止めクリーム
hiyakedome kurīmu

der Kulturbeutel
洗面用具ポーチ
senmenyōgu pōchi

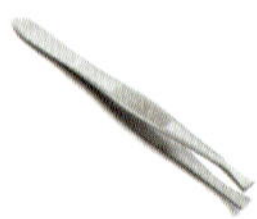

die Pinzette
ピンセット
pinsetto

die Nagelschere
爪切りバサミ
tsumekiri basami

die Nagelfeile
ネイルファイル
neiru fairu

die Haarspange
ヘアークリップ
heā kurippu

die Feuchtigkeitscreme	保湿クリーム hoshitsu kurīmu
sich die Augenbrauen zupfen	眉を抜く mayu o nuku
die Enthaarung	脱毛 datsumō
der Nagellackentferner	エナメルリムーバー enameru rimūbā
das Haarprodukt	ヘアー製品 heā seihin
sich die Haare föhnen	髪をドライヤーで乾かす kami o doraiyā de kawakasu
sich die Haare glätten	髪を真っすぐにする kami o massugu ni suru
der/das Haargummi	ヘアゴム hea gomu

SCHMINKSACHEN – 化粧品 keshōhin

die Grundierung
ファンデーション
fandēshon

der Lippenstift
口紅
kuchibeni

die Abdeckcreme
コンシーラー
konshīrā

die Wimperntusche
マスカラ
masukara

der Spiegel
鏡
kagami

die Farbpalette
カラーコンパクト
karā konpakuto

der Lidschatten
アイシャドー
aishadō

die Puderdose
フェイスパウダー
feisupaudā

der Nagellack
マニキュア
manikyua

der Bronzer
ブロンザー
buronzā

das Rouge
チーク
chīku

der Pinsel	筆 fude
der Kajalstift	アイライナー airainā
der/das Lipgloss	リップグロス lippu gurosu
die Wimpernzange	ビューラー byūrā

ZU HAUSE

家で

uchi de

DIE WOHNUNG – 住宅 jūtaku

der Hausschlüssel
玄関の鍵
genkan no kagi

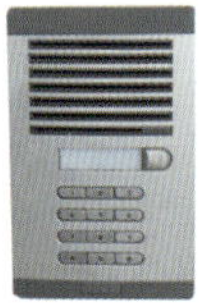

die Sprechanlage
インターホン
intāhon

die Hausnummer
家の番号
ie no bangō

die Türklingel
呼び鈴
yobirin

das Türschloss
ドアの錠前
doa no jōmae

der Fußabtreter
玄関マット
genkan matto

der Briefkasten
郵便受け
yūbinuke

das Einfamilienhaus
一戸建て住宅
ikkodate jūtaku

das Doppelhaus
二戸建て住宅
nikodate jūtaku

das Reihenhaus
列状住宅
retsujōjūtaku

das Mehrfamilienhaus
共同住宅
kyōdōjūtaku

der Bungalow
バンガロー式住宅
bangarōshiki jūtaku

der Schirmständer
傘立て
kasatate

die Eigentumswohnung	分譲住宅 bunjōjūtaku
die Mietwohnung	賃貸アパート chintai apāto
der Hof	中庭 nakaniwa
das Eigentum	所有物 shoyūbutsu
das Grundstück	土地 tochi
der Umbau	改築 kaichiku
der Anbau	増築 zōchiku
zu verkaufen	売却するため baikyaku suru tame

DIE WOHNUNG - 住宅 jūtaku

der Dachboden
屋根裏部屋
yaneura beya

der Keller
地下室
chikashitsu

der Flur
廊下
rōka

der Aufzug
エレベーター
erebētā

der Grundriss
見取り図
mitorizu

die Garage
ガレージ
garēji

der Carport
簡易自動車車庫
kani jidōsha shako

der Altbau
古い建物
furui tatemono

der Hausmeister
家屋の管理人
kaoku no kanrinin

die Wendeltreppe
螺旋階段
rasen kaidan

der Rauchmelder
煙報知器
kemuri hōchiki

das Treppenhaus
階段吹き抜け
kaidan fukinuke

mieten	借りる kariru
die Miete	家賃 yachin
vermieten	貸す kasu
der Vermieter	家主 yanushi
die Vermieterin	家主 yanushi
der Mieter	借家人 shakuyanin
die Mieterin	借家人 shakuyanin
die Kaution	敷金 shikikin

der Mietvertrag
賃貸契約
chintai keiyaku

DAS HAUS – 家 ie

das Einzelhaus	一軒家 ikkenya
der Neubau	新築 shinchiku
die Dreizimmerwohnung	マンション2LDK manshon nī LDK
möbliert	家具付き kagutsuki
das Stockwerk	階 kai
der Eigentümer	持ち主 mochinushi
die Eigentümerin	持ち主 mochinushi
eine Hypothek aufnehmen	抵当に入れる teitō ni ireru

DAS HAUS - 家 ie

Der Eingang - 入口 iriguchi

die Diele
玄関
genkan

der Spiegel
鏡
kagami

der Sessel
アームチェア
āmuchea

der Ablagetisch
サイドテーブル
saido tēburu

die Wohnungstür
住まいに入るドア
sumai ni hairu doa

der Garderobenständer
コート掛け
kōto kake

der Schirmständer
傘立て
kasatate

das Treppengeländer
階段の手摺
kaidan no tesuri

die Treppe
階段
kaidan

der Treppenabsatz
階段の踊り場
kaidan no odori ba

die Treppenstufe
階段の段
kaidan no dan

das Schlüsselbrett
鍵板
kagiita

der Kleiderhaken
洋服フック
yōfukufukku

der Kleiderbügel
ハンガー
hangā

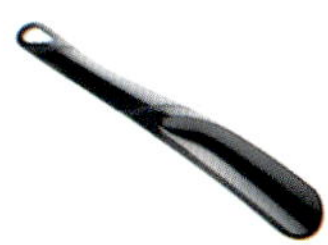

der Schuhlöffel
靴べら
kutsubera

DAS HAUS – 家 ie

Das Wohnzimmer – 居間 ima

der Spiegel
鏡 kagami

der Ventilator
扇風機 senpūki

der Bilderrahmen
額縁 gakubuchi

der Vorhang
カーテン kāten

die Decke
天井 tenjō

das Gemälde
絵画 kaiga

das Sofa
ソファー
sofā

die Lampe
ランプ
ranpu

das Sofakissen
ソファー用のクッション
sofāyō no kusshon

der Beistellschrank
サイドキャビネット
saido kyabinetto

der Kaminsims
マントルピース
mantorupīsu

der gepolsterte Hocker
足のせ台
ashinosedai

der Teppichboden
敷き詰め絨毯
shikitsume jūtan

der Kamin
暖炉
danro

der Sessel
アームチェア
āmuchea

der Couchtisch
応接セット用テーブル
ōsetsusetto yō tēburu

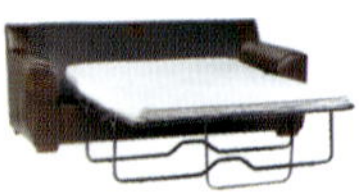

die Schlafcouch
ソファーベット
sofā betto

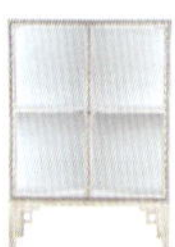

die Vitrine
ガラス戸棚
garasu todana

die Fernsehbank
テレビキャビネット
terebi kyabinetto

das Bücherregal
本棚
hondana

DAS HAUS - 家 ie

Das Esszimmer - ダイニングルーム dainingu rūmu

das Rollo
ローラーブラインド
rōrāburaindo

der Kronleuchter
シャンデリア
shanderia

die Vitrine
ガラス戸棚
garasu todana

die Zimmerpflanze
室内鑑賞植物
shitsunai kanshōshokubutsu

das Fensterbrett
窓台
madodai

der Tischläufer
テーブルセンター
tēburu sentā

die Kerze
ろうそく
rōsoku

der Stuhl
椅子
isu

der Esstisch
食卓
shokutaku

die Tischdekoration
食卓デコレーション
shokutaku dekorēshon

der Holzboden
板張り床
itabari yuka

die Blumenvase
花瓶
kabin

die Anrichte
サイドボード
saidobōdo

die Wanduhr
掛け時計
kakedokei

der Hochstuhl
ベビーチェアー
bebīcheā

DAS HAUS – 家 ie

Die Küche – 台所 daidokoro

die Einbauküche
システムキッチン
shisutemu kicchin

die Einbauleuchte
ダウンライト
daunraito

die Dunstabzugshaube
換気装置フード
kankisōchi fūdo

die Arbeitsplatte
調理台
chōridai

der Hängeschrank
つり戸棚
tsuritodana

der Backofenschalter
オーブンのスイッチ
ōbun no suicchi

der Herd
こんろ
konro

der Backofen
オーブン
ōbun

das Spülbecken
シンク
shinku

der Küchenhocker
キッチンスツール
kicchin sutsūru

die Schublade
引き出し
hikidashi

der Kühlschrank
冷蔵庫
reizōko

die Frühstückstheke
朝食用カウンター
chōshoku yō kauntā

die Spülmaschine
食器洗い機
shokki araiki

der Gefrierschrank
冷凍庫
reitōko

das Geschirrtuch
ふきん
fukin

der Mülleimer	ゴミ箱 gomibako
die Mülltrennung	ごみの分別 gomi no bunbetsu
die Verpackung	梱包 konpō
das Altglas	空き瓶 akibin
den Ofen vorheizen	オーブンを予熱する ōbun o yonetsu suru
die Spülmaschine laufen lassen	食器洗い機を動かす shokkiaraiki o ugokasu
das Essen auftauen	料理を解凍する ryōri o kaitō suru
das Geschirr abtropfen lassen	食器を乾かす shokki o kawakasu

DAS HAUS - 家 ie

Küchengeräte - 台所用器具 daidokoro kigu

der Pürierstab
ハンドブレンダー
hando burendā

der Mixer
ミキサー
mikisā

die Küchenmaschine
フードプロセッサー
fūdo purosessā

die Mikrowelle
電子レンジ
denshi renji

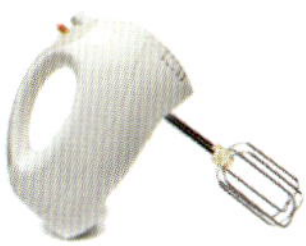

das Handrührgerät
ハンドミキサー
hando mikisā

der Wasserkocher
電気ポット
denki potto

das Waffeleisen
ワッフルメーカー
waffuru mēkā

der Elektrogrill
ホットプレート
hotto purēto

der Toaster
トースター
tōsutā

die Küchenwaage
調理用はかり
chōriyō hakari

der Schnellkochtopf
圧力釜
atsuryoku gama

der Sandwichgrill
ホットサンドメーカー
hottosando mēkā

die Kaffeemaschine
コーヒーメーカー
kōhīmēkā

der Dampfgarer
電気蒸し器
denki mushiki

der Raclettegrill
ラクレットグリル
rekuretto guriru

der Reiskocher
炊飯器
suihanki

DAS HAUS - 家 ie

Koch- und Backutensilien - 調理と製菓器具 chōri to sēka kigu

der Küchenwecker
キッチンタイマー
kicchin taimā

das Ausstechförmchen
抜き型
nukigata

das Küchenpapier
キッチンペーパー
kicchin pēpā

die Schürze
エプロン
epuron

das Muffinförmchen
マフィン型
mafin gata

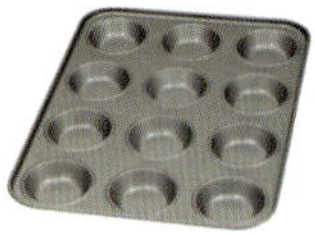

die Törtchenform
カップケーキ型
kappukēkigata

die Springform
ケーキの型
kēki no kata

das Backblech
天板
teppan

der Messerschärfer
包丁研ぎ器
hōchō togiki

das Teigrad
パイ車
pai guruma

der Topfhandschuh
鍋つかみ
nabetsukami

das Tablett
盆
bon

die Sandhur
砂時計
sunadokei

das Kuchengitter	ケーキクーラー kēkikūrā
der Spritzbeutel	絞り袋 shibori bukuro
das Backpapier	クッキングシート kukking shīto
die Frischhaltefolie	ラップ rappu
der Putzlappen	雑巾 zōkin
die Alufolie	アルミ箔 arumi haku
der Gefrierbeutel	冷凍用袋 reitō yō fukuro
die Rührschüssel	ミキシングボウル mikishingu bōru

DAS HAUS - 家 ie

Koch- und Backutensilien - 調理と製菓器具 chōri to sēka kigu

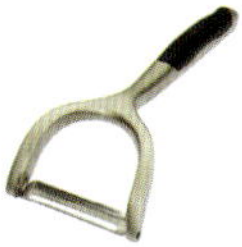

der Schäler
皮むき器
kawamuki ki

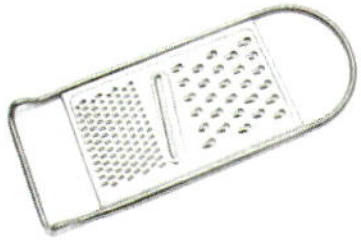

die Reibe
おろし器
oroshiki

das Hackmesser
出刃包丁
debabōchō

das Küchenmesser
包丁
hōchō

das Küchensieb
ふるい
furui

das Abtropfsieb
水切りざる
mizukiri zaru

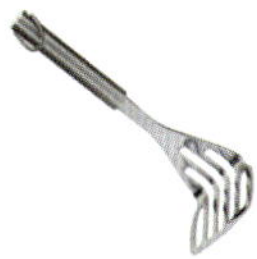

der Kartoffelstampfer
ポテトマッシャー
poteto masshā

die Knoblauchpresse
ガーリックプレス
gārikku puresu

die Schöpfkelle
お玉
otama

der Schneebesen
泡だて器
awadate ki

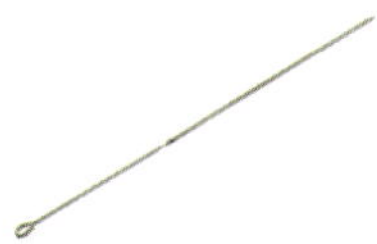

der Spieß
串
kushi

der Dosenöffner
缶きり
kankiri

der Mörser	すり鉢 suri bachi
der Stößel	すりこぎ suri kogi
der Messerblock	ナイフ立て naifu tate
der Fleischklopfer	肉たたき niku tataki
der Eierschneider	エッグスライサー eggu suraisā
der Eisportionierer	アイスクリームスクープ aisukurīmu sukūpu
die Thermoskanne®	魔法瓶 mahōbin
der Spüllappen	食器用ふきん shokki yō fukin

das Schneidebrett
まな板
manaita

DAS HAUS - 家 ie

Koch- und Backutensilien - 調理と製菓器具 chōri to sēka kigu

der Korkenzieher
栓抜き
sen nuki

der Backpinsel
刷毛
hake

das Nudelholz
のし棒
noshi bō

der Pfannenwender
フライ返し
furai kaeshi

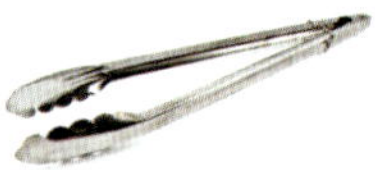

die Küchenzange
トング
tongu

der Teigschaber
スパチュラ
supachura

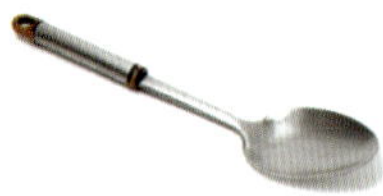

der Servierlöffel
サービングスプーン
sābingu supūn

der Kochlöffel
調理用スプーン
chōriyō supūn

die Bratpfanne
フライパン
furai pan

der Wok
中華鍋
chūka nabe

der Kochtopf
調理鍋
chōri nabe

der Schmortopf
キャセロール鍋
kyaserōru nabe

das Auflaufförmchen
ラメキン皿
ramekin zara

die Bratengabel	カービングフォーク kābingu fōku
der Untersetzer	コースター kōsutā
die Grillpfanne	グリルパン guriru pan
der Messbecher	計量カップ keiryō kappu
der Trichter	じょうご jōgo
der Messlöffel	計量スプーン keiryō supūn
der Abtropfständer	水切り台 mizukiri dai
der Flaschenöffner	栓抜き sen nuki

DAS HAUS - 家 ie

Das Schlafzimmer - 寝室 shinshitsu

der Bettbezug
布団カバー
futon kabā

die Bettdecke
掛け布団
kake buton

das Kopfteil
ヘッドボード
heddo bōdo

das Doppelbett
ダブルベット
daburu betto

das Kopfkissen
枕
makura

der Kissenbezug
マクラカバー
makura kabā

die Nachttischlampe
ベッドサイドランプ
beddo saido ranpu

die Kommode
たんす
tansu

das Bettgestell
ベッドフレーム
beddo furēmu

das Laken
シーツ
shītsu

der Teppich
絨毯
jūtan

der Hocker
腰掛椅子
koshikake isu

die Matratze
マットレス
mattoresu

der Nachttisch
ベッドサイドテーブル
beddo saido tēburu

der Kleiderschrank	洋服ダンス yōfuku dansu
der Wecker	目覚まし時計 mezamashi dokei
den Wecker stellen	目覚ましをセットする mezamashi o setto suru
die Wärmflasche	ゆたんぽ yutanpo
die Heizdecke	電気毛布 denki mōfu
die Tagesdecke	ベッドカバー beddo kabā
die Schlafbrille	アイマスク ai masuku
das Zimmer mit Bad	バス付きの部屋 basu tsuki no heya

DAS HAUS - 家 ie

Das Kinderzimmer - 子供部屋 kodomobeya

der Ball
ボール
bōru

die Puppe
人形
ningyō

die Wickeltasche
マザーズバッグ
mazāzu baggu

der Kinderwagen
ベビーカー
bebīkā

das Gitterbettchen
ベビーベッド
bebī beddo

die Flauschdecke
ソフト毛布
sofuto mōfu

das Mobile
モビール
mobīru

der Gitterstab
柵
saku

der Teddy
テディベア
teddy bēa

der Wickeltisch
おむつ交換台
omutsu kōkan dai

das Kuscheltier
縫いぐるみ
nuigurumi

das Spielzeug
おもちゃ
omocha

die Wickelauflage
おむつ替えシート
omutsu kae shīto

das Babyfon®
ベビーモニター
bebī monitā

der Laufstall
ベビーサークル
bebīsākuru

das Töpfchen
おまる
omaru

die Babytragetasche
キャリーコット
kyarīkotto

der Schulranzen
ランドセル
randoseru

das Bauklötzchen
積み木
tsumiki

DAS HAUS – 家 ie

Das Jugendzimmer – 子供部屋 kodomobeya

das Einzelbett
シングルベッド
singuru beddo

die Hängelampe
吊り下げ電灯
tsurisage dentō

der Schreibtisch
勉強机
benkyō zukue

das Bücherregal
本棚
hondana

die Schreibtischlampe
卓上電気スタンド
takujō denki sutando

die Schublade
引き出し
hikidashi

der Teppichboden
絨毯を敷き詰めた床
jūtan o shikitsumeta yuka

die Fensterbank
窓台
madodai

der Stuhl
椅子
isu

das Etagenbett	2段ベッド ni-dan beddo
einschlafen	寝入る neiru
schlafen	寝る neru
aufwachen	目覚める mezameru
aufstehen	起きる okiru
der Albtraum	悪夢 akumu
träumen	夢を見る yume o miru

tief schlafen	熟睡する jukusui suru
schnarchen	いびきをかく ibiki o kaku
ausschlafen	十分に眠る jyūbun ni nemuru
wach sein	目覚めている mezamete iru
das Bett machen	ベッドを整える beddo o totonoeru
ins Bett gehen	寝る neru
das Zimmer aufräumen	部屋を片づける heya o katazukeru

DAS HAUS - 家 ie

Das Arbeitszimmer - 書斎 shosai

der Bilderrahmen
額縁
gakubuchi

das Foto
写真
shashin

die Verandatür
ベランダのドア
beranda no doa

das Tageslicht
昼間の光
hiruma no hikari

der Bücherschrank
本棚
hondana

der/das Laptop
ノートパソコン
nōto pasokon

die Zimmerpflanze
鑑賞植物
kanshō shokubutsu

die Rückenlehne
背もたれ
se motare

der Sessel
アームチェア
āmuchea

der Schreibtisch
事務机
jimuzukue

der Rollcontainer
キャスター付きキャビネット
kyasutā tsuki kyabinetto

der Drehstuhl
回転椅子
kaiten isu

die Armlehne
肘掛け
hijikake

die Unterlage	資料 shiryō
die Steuererklärung	納税申告 nōzei shinkoku
arbeiten	働く hataraku
sich konzentrieren	集中する shūchū suru
die Überstunde	残業 zangyō
von zu Hause arbeiten	家で仕事をする ie de shigoto o suru
eine Pause machen	休憩する kyūkei suru
selbstständig sein	自営業 jiēgyō

DAS HAUS - 家 ie

Das Badezimmer - 浴室 yokushitsu

der Spiegel
鏡
kagami

das Waschbecken
洗面台
senmen dai

der Seifenspender
ソープディスペンサー
sōpu disupensā

der Waschbecken-unterschrank
シンクキャビネット
shinku kyabinetto

die Duschkabine
シャワー室
shawā shitsu

die Dusche
シャワー shawā

der Handtuchhalter
タオルかけ
taorukake

das Handtuch
タオル taoru

der Wasserhahn
蛇口 jaguchi

die Badewanne
浴槽
yokusō

die Toilette
トイレ
toire

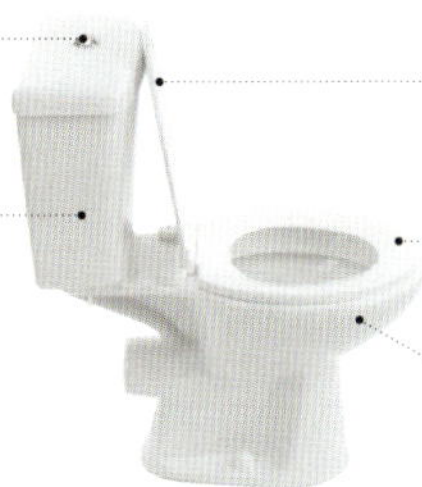

die Toilettenspülung
トイレの洗浄
toire no senjō

der Spülkasten
洗浄タンク
senjō tanku

auf die Toilette gehen
トイレに行く
toire ni iku

der Toilettendeckel
トイレの蓋
toire no futa

die Toilettenbrille
便座
benza

die Kloschüssel
便器
benki

die Klobürste
トイレブラシ
toire burashi

das Toilettenpapier
トイレットペーパー
toiretto pēpā

der Raumduft
芳香剤
hōkōzai

der Klostein
芳香洗浄剤
hōkō senjō zai

DAS HAUS - 家 ie

Sanitäre Anlagen - 衛生設備 eisei setsubi

der Elektroboiler
電気ボイラ
denki boira

der Behälter
タンク
tanku

das Thermostat
サーモスタット
sāmosutatto

der Warmwasserablauf
給湯
kyūyu

der Kaltwasserzulauf
給水
kyūsui

das Gas-Wandheizgerät
壁掛け式ガス給湯器
kabekake shiki gasu kyūtōki

das Sicherheitsventil
安全弁
anzen ben

der Regler
調節器
chōsetsuki

der Überlauf
オーバーフロー
ōbāfurō

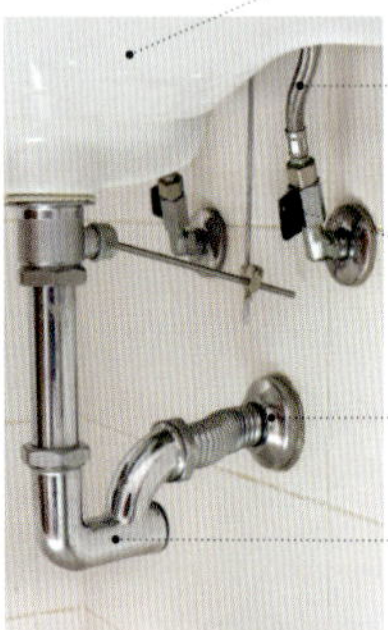

das Waschbecken
洗面台
senmen dai

die Zuleitung
供給パイプ
kyōkyūpaipu

der Absperrhahn
元栓
motosen

der Abfluss
排水口
haisui kō

der Siphon
排水トラップ
haisui torappu

der Spülkasten
洗浄タンク
senjō tanku

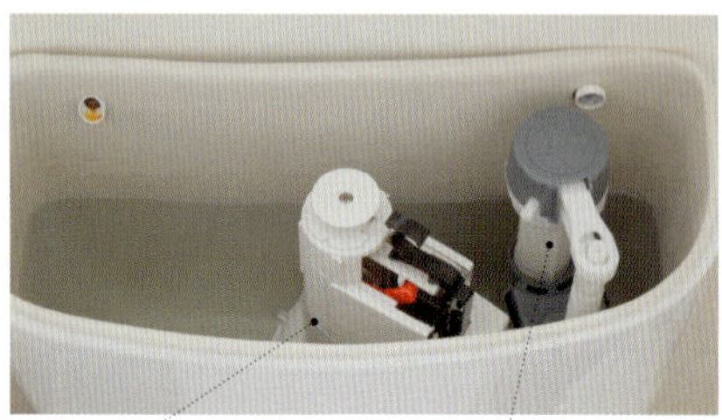

die Heberglocke
フラッシュバルブ
furasshu barubu

der Überlauf
オーバーフロー
ōbāfurō

DAS HAUS – 家 ie

Im Badezimmer – 浴室で yokushitsu de

das Wattepad
化粧用コットン
keshō yō kotton

der Duschschwamm
シャワー用スポンジ
shawā yō suponji

der Lockenstab
カールアイロン
kāru airon

das Glätteisen
ストレートアイロン
storēto airon

der Rasierapparat
電気かみそり
denkikamisori

das Schwammtuch
スポンジクロス
suponji kurosu

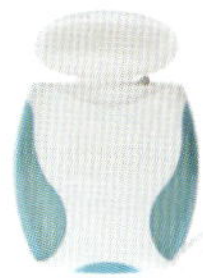

die Zahnseide
デンタルフロス
dentaru furosu

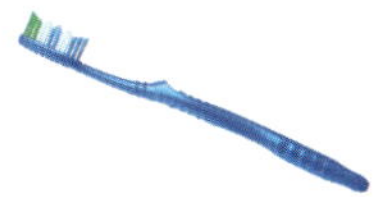

die Zahnbürste
歯ブラシ
haburashi

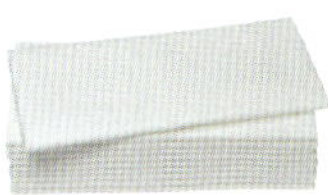

das Taschentuch
ティッシュ
tisshu

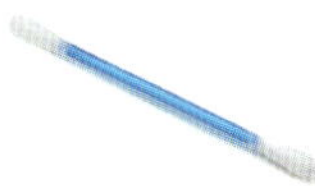

das Wattestäbchen
綿棒
menbō

der Föhn
ヘアドライヤー
heā doraiyā

der Rasierschaum
シェービングフォーム
shēbingu fōmu

der Rasierer
かみそり
kamisori

der Waschlappen	浴用タオル yokuyō taoru
das Mundwasser	口内洗浄液 kōnai senjyōeki
sich rasieren	髭をそる hige o soru
sich frisch machen	洗ってさっぱりする aratte sappari suru
sich schminken	化粧をする keshō o suru
sich die Zähne putzen	歯をみがく ha o migaku
das Rasierwasser	アフターシェーブ afutā shēbu
der Duschkopf	シャワーヘッド shawā heddo
der Duschvorhang	シャワーカーテン shawā kāten
die Badematte	バスマット basu matto
sich waschen	体を洗う karada o arau
baden	お風呂に入る ofuro ni hairu
den Hahn auf-/zudrehen	蛇口を開ける/閉める jyaguchi o akeru/shimeru
duschen	シャワーを浴びる shawā o abiru

DAS HAUSE – 家 ie

Die Waschküche – 洗濯場 sentaku ba

die Waschmaschine
洗濯機
sentaku ki

die Waschmittelkammer
洗剤引き出し
senzai hikidashi

der Frontlader
投入口
tōnyū guchi

der Wäschekorb
洗濯籠
sentakukago

die zusammengelegte Wäsche
たたんだ洗濯物
tatanda sentakumono

die Wäscheleine
物干しロープ
monohoshi rōpu

die Wäscheklammer
洗濯ばさみ
sentaku basami

der Fleckenentferner
しみ抜き剤
shiminuki zai

der Weichspüler
柔軟剤
jūnan zai

das Bleichmittel
漂白剤
hyōhaku zai

das Waschpulver
粉末洗剤
funmatsu senzai

das Bügeleisen
アイロン
airon

das Bügelbrett
アイロン台
airon dai

die Waschmaschine füllen	洗濯物を洗濯機に入れる sentakumono o sentaku ki ni ireru
die Wäsche waschen	洗濯物を洗う sentakumono o arau
die Wäsche schleudern	洗濯物を絞る sentakumono o shiboru
der Wäscheständer	洗濯物干し sentakumono hoshi
der Wäschetrockner	乾燥機 kansō ki
der Schmutzwäschekorb	洗濯物籠 sentakumonokago
die Wäsche zum Trocknen aufhängen	洗濯物を干す sentakumono o hosu
bügeln	アイロンをかける airon o kakeru

DAS HAUSE - 家 ie

Reinigungsartikel - 掃除道具 sōji dōgu

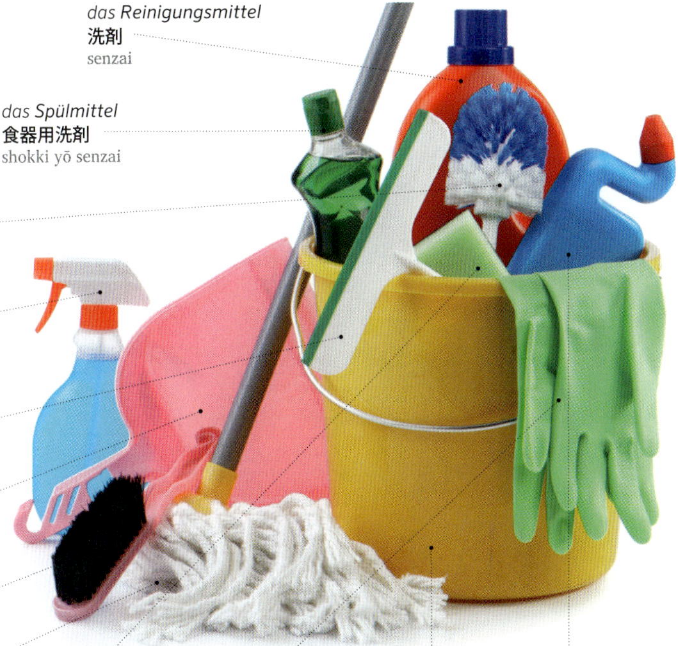

das Reinigungsmittel
洗剤
senzai

das Spülmittel
食器用洗剤
shokki yō senzai

die Bürste
ブラシ
burashi

die Sprühflasche
スプレーボトル
supurē botoru

der Gummiwischer
ウォータースクイジー
uōtā sukuijī

die Kehrschaufel
ちりとり
chiritori

der Handfeger
ハンドブラシ
hando burashi

der Wischmopp
モップ
moppu

der Schwamm
スポンジ
suponji

der Gummihandschuh
ゴム手袋
gomu tebukuro

der Eimer
バケツ
baketsu

der WC-Reiniger
トイレ用洗剤
toire yō senzai

schrubben	ごしごし洗う goshigoshi arau
fegen	箒で掃く hōki de haku
polieren	磨く migaku
putzen	きれいにする kirei ni suru
abwischen	ふき取る fukitoru
der Staubsauger	掃除機 sōji ki
Staub saugen	ほこりを吸う hokori o sū
der Staubwedel	はたき hataki

die Wurzelbürste
デッキブラシ
dekki burashi

DAS HAUS – 家 ie

Die Heimwerkstatt – 作業場 sagyōba

die Handsäge
手挽きのこぎり
tehikinokogiri

die Schere
はさみ
hasami

die Schraube
ボルト
boruto

die Mutter
ナット
natto

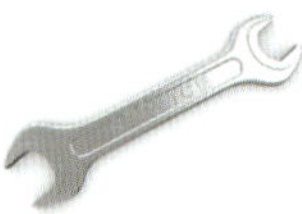

der Schrauben-schlüssel
スパナ
supana

der Holzhammer
木づち
kizuchi

die Rohrzange
パイプレンチ
paipu renchi

das Maßband
メジャー
mejā

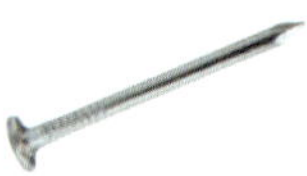

der Nagel
釘
kugi

der Hammer
ハンマー
hanmā

das Schleifpapier
サンドペーパー
sandopēpā

die Wasserwaage
水平器
suihei ki

die Kombizange
万能ペンチ
bannō penchi

der Schraubenzieher
ドライバー
doraibā

die Bügelsäge
弓のこ
yumi noko

das Teppichmesser
カッターナイフ
kattā naifu

DAS HAUS – 家 ie

Die Heimwerkstatt – 作業場 sagyōba

der Akkubohrer
充電式ドリル
jūden shiki doriru

der Akku
充電バッテリー
jūden batterī

der Bohrer
ドリル
doriru

der Elektrobohrer
電動ドリル
dendō doriru

das Stemmeisen	突きのみ tsuki nomi
die Nietenzange	リベットプライヤー ribetto puraiyā
der Seitenschneider	ワイヤーカッター waiyā kattā
das Sägeblatt	鋸刃 nokoba
schrauben	ネジで締める neji de shimeru
löten	半田付けする handazuke suru
messen	はかる hakaru
abschmirgeln	研磨する kenma suru
sägen	鋸で切る nokogiri de kiru
schneiden	切断する setsudan suru
bohren	穴をあける ana o akeru
hämmern	ハンマーで打つ hanmā de utsu
feilen	やすりをかける yasuri o kakeru
ausstemmen	えぐりとる eguri toru
nieten	リベットで固定する ribetto de kotei suru
streichen	塗る nuru
hobeln	かんなで削る kanna de kezuru

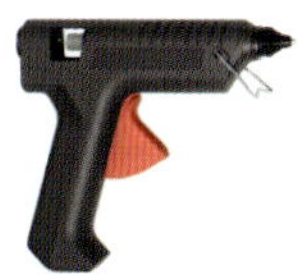

die Klebepistole
グルーガン
gūru gan

die Stichsäge
回しびきのこぎり
mawashibiki nokogiri

der Bandschleifer
ベルトサンダ
beruto sanda

die Kreissäge
丸のこ
maru noko

DAS HAUS – 家 ie

Die Heimwerkstatt – 作業場 sagyōba

der Müllbeutel
ごみ袋
gomi bukuro

das Mikrofasertuch
マイクロファイバー布
maikurofaibā nuno

der Dichtstoff
シーリング剤
shīringu zai

die Kartuschenpistole
コーキングガン
kōkingu gan

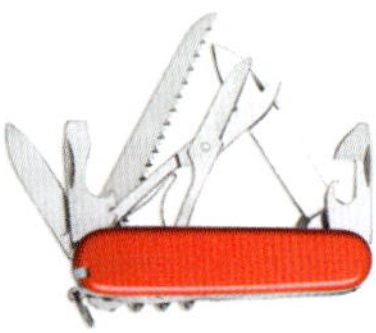

das Taschenmesser
ポケットナイフ
poketto naifu

der Werkzeugkasten
工具箱
kōgu bako

die Werkbank
作業台
sagyō dai

der Inbusschlüssel
六角レンチ
rokkaku renchi

der Besen
ほうき
hōki

die Schutzbrille
保護めがね
hogo megane

der Lötkolben
はんだごて
handa gote

das Lötzinn
はんだ
handa

das Sperrholz	合板 gōban
die Spanplatte	パーティクルボード pātikuru bōdo
der Lack	ニス nisu
das Metall	金属 kinzoku
der rostfreie Stahl	ステンレス sutenresu
der Kunststoff	プラスチック purasuchikku
der Draht	ワイヤー waiyā
das Holzbrett	木板 mokuban

DAS HAUS - 家 ie

Renovieren - リフォーム rifōmu

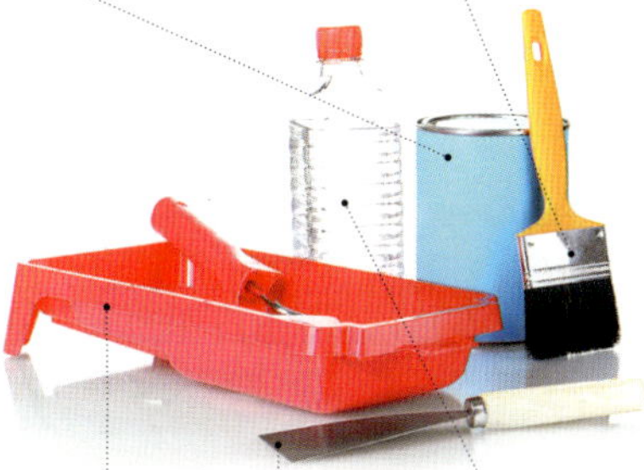

der Acryllack
アクリル系塗料
akuriru kei toryō

der Flachpinsel
平刷毛
hirahake

die Farbwanne
ペイントトレイ
peinto torei

das Verdünnungsmittel
塗料用シンナー
toryō yō shinnā

der/die Spachtel
へら
hera

der Farbroller
ローラー
rōrā

der Handwerker
職人
shokunin

die Leiter
はしご
hashigo

die Latzhose
胸当て付きズボン
muneate tsuki zubon

die Farbdose
塗料缶
toryō kan

tapezieren
壁紙を貼る
kabegami o haru

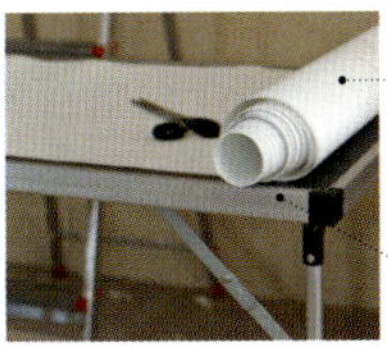

die Tapetenrolle
壁紙ロール
kabegami rōru

der Tapeziertisch
糊付け台
noritsuke dai

die Farbe
塗料
toryō

das Abdeckband
マスキングテープ
masukingu tēpu

kacheln	タイルを貼る tairu o haru
verputzen	漆喰を塗る shikkui o nuru
spachteln	埋める umeru
die Tapete entfernen	壁紙を剝がす kabegami o hagasu
die Abdeckfolie	マスキングシート masukingu sīto
die Spachtelmasse	充填剤 jūten zai
das Lösungsmittel	溶剤 yōzai
das Versiegelungsmittel	下塗り剤 shitanuri zai

das Farbmuster
カラーサンプル
karā sanpuru

DAS HAUS – 家 ie

Strom und Heizung – 電気と暖房 denki to danbō

der Stromzähler
電気メーター
denki mētā

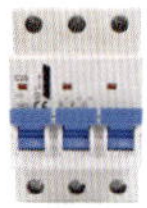

die Sicherung
ヒューズ
hyūzu

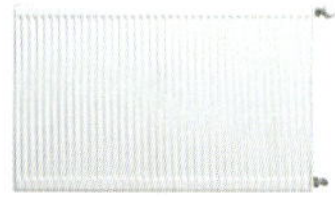

der Heizkörper
ラジエーター
rajiētā

der Kaminofen
暖炉
danro

der Stecker
プラグ
puragu

die Steckdose
コンセント
konsento

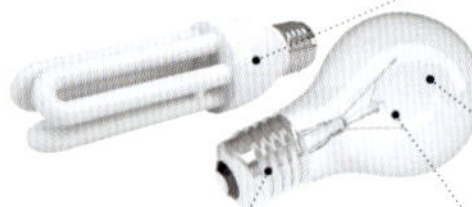

die Energiesparlampe
省エネランプ
shōene ranpu

die Glühbirne
白熱電球
hakunetsu denkyū

der Lampensockel
電球のソケット
denkyū no soketto

der Glühfaden
フィラメント
firamento

das Verlängerungskabel
延長ケーブル
enchōkēburu

der Schalter
スイッチ
suicchi

die Mehrfachsteckdose
マルチソケット
maruchi soketto

der Luftkanal	エアーダクト eā dakuto
die Heizung anschalten/ausschalten	暖房をつける/消す danbō o tsukeru/kesu
die erneuerbare Energie	再生可能なエネルギー saisei kanōna enerugī
das Stromnetz	電力供給 denryoku kyōkyū
die Stromstärke	電流の強さ denryū no tsuyosa
die Spannung	電圧 denatsu
die Solarheizung	太陽エネルギー利用の暖房 taiyō enerugī riyō no danbō
die Zentralheizung	セントラルヒーティング sentoraru hītingu
die Fußbodenheizung	床暖房 yuka danbō
der Sicherungskasten	ヒューズボックス hyūzu bokkusu
die Leitung	配線 haisen
das Ampere	アンペア anpea
das Watt	ワット watto
das Volt	ボルト boruto
der Adapter	アダプター adaputā
die Erdung	アース āsu

DER GARTEN - 庭 niwa

die Terrasse
テラス
terasu

der Gartenteich
庭の池
niwa no ike

der Gartenweg
庭の通路
niwa no tsūro

der Gemüsegarten
菜園
saien

die Küchenkräuter
ハーブ
hābu

das Gewächshaus
温室
onshitsu

das Gartenhaus
物置小屋
monooki goya

das Blumenbeet
花壇
kadan

die Gartenbank
庭のベンチ
niwa no benchi

die Gartenmöbel
庭用家具
niwa yō kagu

die Gartenmauer
庭の塀
niwa no hei

der Dachgarten
屋上庭園
okujōteien

der Komposter
堆肥
taihi

der Steingarten
石庭
sekitei

der Gartenzaun
庭のフェンス
niwa no fensu

die Hecke
垣根
kakine

DER GARTEN - 庭 niwa

Gartengeräte - 園芸用具 engei yōgu

die Rosenschere
剪定ばさみ
sentei basami

der Gartenschlauch
庭用散水ホース
niwa yō sansui hōsu

die Topfpflanze
鉢植え
hachiue

der Handrechen
ハンドフォーク
hando fōku

die Blumenkelle
移植ごて
ishoku gote

die Gießkanne
じょうろ
jōro

der Laubrechen
草かき熊手
kusakaki kumade

der Spaten
ショベル
shoberu

der Gartenhandschuh
ガーデングローブ
gāden gurōbu

der Rasenmäher
芝刈り機
shibakari ki

der Rasentrimmer
刈払機
kariharai ki

der Rechen
熊手
kumade

die Mistgabel
堆肥フォーク
taihi fōku

die Schubkarre
手押し車
teoshi guruma

die Heckenschere
刈込鋏
karikomi basami

die Hacke
鍬
kuwa

der Rasensprenger
スプリンクラー
supurinkurā

DER GARTEN – 庭 niwa

Die Gartenarbeit – 園芸 engei

Rollrasen verlegen
ロール芝生を敷く
rōru shibafu o shiku

den Rasen sprengen
芝生に水をまく
shibafu ni mizu o maku

das Laub rechen
落ち葉を熊手で掃除する
ochiba o kumate de sōji suru

pflanzen
植える
ueru

stutzen
刈り込む
karikomu

den Rasen mähen
芝刈りする
shibakari suru

Unkraut jäten
除草する
josō suru

umgraben
掘り起こす
horiokosu

zurückschneiden
剪定する
sentei suru

pflücken
摘む
tsumu

säen
種をまく
tane o maku

spritzen
散布する
sanpu suru

düngen	肥料をやる hiryō o yaru
ernten	収穫する shūkaku suru
züchten	栽培する saibai suru
vermehren	増殖する zōshoku suru
gießen	水をやる mizu o yaru
der Sämling	苗 nae
der Dünger	肥料 hiryō
der Unkrautvernichter	除草剤 josō zai

eintopfen
鉢に植え替える
hachi ni uekaeru

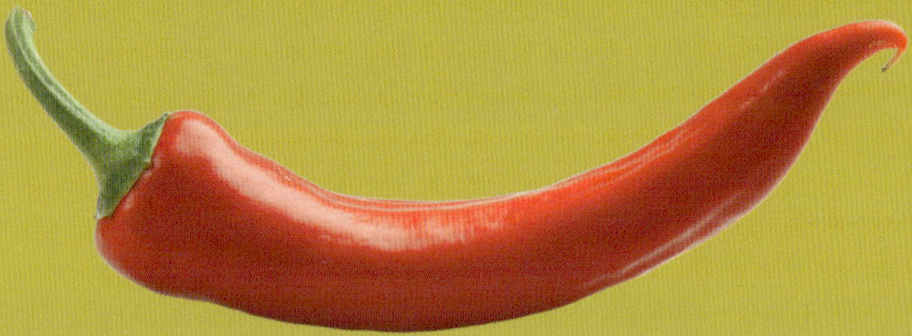

ESSEN UND TRINKEN

食べ物と飲み物

tabemono to nomimono

TIERISCHE PRODUKTE – 動物性食品 dōbutsu sei shokuhin

Fleisch – 肉 niku

das Lammfleisch
子羊の肉
kohitsuji no niku

das Rindfleisch
牛肉
gyūniku

das Steak
ステーキ
sutēki

das Schweinefleisch
豚肉
butaniku

das Filet
ヒレ肉
hireniku

das Kalbfleisch
子牛肉
koushiniku

die Keule
もも肉
momoniku

das Kotelett
あばら肉
abaraniku

die Leber
レバー
rebā

die Niere
腎臓
jinzō

das Kaninchen
兎肉
usaginiku

der Schinken
ハム
hamu

das Hackfleisch
挽肉
hikiniku

die Wurst
ソーセージ
sōsēji

der Aufschnitt
ハム、ソーセージの盛り合わせ hamu, sōsēji no moriawase

die Salami
サラミ
sarami

TIERISCHE PRODUKTE – 動物性食品 dōbutsu sei shokuhin

Geflügel – 鳥肉 toriniku

das Hähnchen
鶏肉
toriniku

die Brust
胸肉
muneniku

der Schenkel
大腿部
daitai bu

der Flügel
手羽肉
tebaniku

die Hähnchenkeule
鶏のもも肉
tori no momoniku

die Ente
鴨
kamo

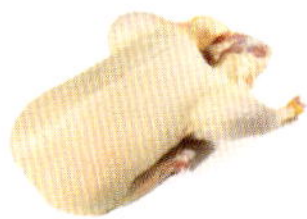

das Entenfleisch
鴨肉
kamoniku

die Gans
鵞鳥
gachō

das Gänsefleisch
鵞鳥肉
gachōniku

die Wachtel
鶉
uzura

das Wachtelfleisch
鶉肉
uzuraniku

die Pute
七面鳥
shichimenchō

das Putenfleisch
七面鳥肉
shichimenchōniku

das Bioprodukt	オーガニック製品 ōganikku
die Innereien	臓物 zōmotsu
mariniert	マリネした marine shita
geräuchert	燻製の kunsei no
gepökelt	塩漬けの shio zuke no
braten	焼いた yaita
schmoren	蒸し煮 mushini
grillen	グリル guriru

aus Freilandhaltung
放し飼いの
hanashi gai no

TIERISCHE PRODUKTE – 動物性食品 dōbutsu sei shokuhin

Fisch – 魚 sakana

die Forelle
鱒
masu

der Karpfen
鯉
koi

der Zander
ホタルジャコ
hotarujako

der Seeteufel
アンコウ
ankō

die Makrele
鯖
saba

die Seezunge
ひらめ
hirame

die Sardine
いわし
iwashi

die Scholle
かれい
karei

der Aal
鰻
unagi

der Thunfisch
鮪
maguro

der Kabeljau
鱈
tara

der Seebarsch
鱸
suzuki

der Lachs
鮭
sake

der Heilbutt
おひょう
ohyō

der Fischrogen
魚の腹子
sakana no harako

das Fischsteak
魚のステーキ
sakana no sutēki

TIERISCHE PRODUKTE – 動物性食品 dōbutsu sei shokuhin

Meeresfrüchte – 魚介類 gyokai rui

die Garnele
小エビ
koebi

der Hummer
ロブスター
robusutā

der Krebs
カニ
kani

der Flusskrebs
ザリガニ
zarigani

die Miesmuschel
ムール貝
mūru gai

die Kammmuschel
ホタテ貝
hotate gai

die Venusmuschel
マルスダレガイ
marusudare gai

die Herzmuschel
二枚貝
nimai gai

die Auster
牡蠣
kaki

der Tintenfisch
いか
ika

der Krake
おおだこ
ōdako

der Räucherfisch
燻製の魚
kunsei no sakana

das Filet	魚の切り身 sakana no kirimi
geräuchert	燻製の kunsei no
einen Fisch entgräten	魚の骨を取る sakana no hone o toru
die Gräte	魚の骨 sakana no hone
die Schuppe	鱗 uroko
abschuppen	鱗を落とす uroko o otosu
tiefgefroren	冷凍する reitō suru
frisch	新鮮だ shinsen da

der Dosenfisch
缶詰の魚
kanzume no sakana

TIERISCHE PRODUKTE – 動物性食品 dōbutsu sei shokuhin

Milchprodukte und Eier – 乳製品と卵 nyūseihin to tamago

die Sahne
生クリーム
nama kurīmu

die Milch
ミルク
miruku

der Hüttenkäse
カッテージチーズ
kattēji chīzu

der Ziegenkäse
山羊のチーズ
yagi no chīzu

der Quark
カード（凝乳）
kādo (gyōnyū)

der Joghurt
ヨーグルト
yōguruto

der Brie
ブリーチーズ
burī chīzu

der Gorgonzola
ゴルゴンゾーラチーズ
gorugonzōra chīzu

der Feta
フェタチーズ
feta chīzu

das Hühnerei
鶏卵
keiran

die Eierschale
卵の殻
tamago no kara

das Eiweiß
卵の白身
tamago no shiromi

das Eigelb
卵の黄身
tamago no kimi

das Wachtelei
鶉の卵
uzura no tamago

das Gänseei
鵞鳥の卵
gachō no tamago

TIERISCHE PRODUKTE – 動物性食品 dōbutsu sei shokuhin

Milchprodukte und Eier – 乳製品と卵 nyūseihin to tamago

der Eierkarton
紙の卵パック
kami no tamago pakku

die Butter
バター
batā

der Parmesan
パルメザンチーズ
parumezan chīzu

der Emmentaler
エメンタールチーズ
ementāru chīzu

der Cheddar
チェダーチーズ
chedā chīzu

der Raclettekäse
ラクレットチーズ
rakuretto chīzu

der Camembert
カマンベールチーズ
kamanbēru chīzu

der Gouda
ゴーダチーズ
gōda chīzu

der Mozzarella
モッツァレラチーズ
mozzarera chīzu

der geriebene Käse
卸したチーズ
oroshita chīzu

die Buttermilch
脱脂乳
dasshinyū

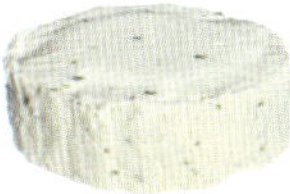

der Frischkäse
生チーズ
nama chīzu

die Kuhmilch	牛乳 gyūnyū
die Ziegenmilch	山羊乳 yaginyū
die laktosefreie Milch	無乳糖ミルク munyūtō miruku
die Sojamilch	豆乳 tōnyū
homogenisiert	均質の kinshitsu no
pasteurisiert	低温殺菌した teionsakkin shita
fettarm	低脂肪の teishibō no
die Vollmilch	全乳 zennyū

die Kondensmilch
コンデンスミルク
kondensu miruku

GEMÜSE – 野菜 yasai

die/der Trüffel
トリュフ
toryufu

der Champignon
マッシュルーム
masshurūmu

der Steinpilz
ヤマドリタケ
yamadoritake

der Pfifferling
アンズタケ
anzutake

der Spargel
アスパラガス
asuparagasu

der Kohlrabi
コールラビ
kōrurabī

der Rhabarber
ダイオウ
daiō

der Mangold
フダンソウ
fudansō

der Fenchel
フェンネル
fenneru

der/die Stangensellerie
セロリ
serori

die Artischocke
アーティチョーク
ātichōku

die Kresse
クレソン
kureson

die Brunnenkresse
ウォータークレソン
uōtā kureson

das Blatt	葉 ha
der Strunk	茎 kuki
das Röschen	カリフラワーの房 karifurawā no fusa
das Herz	芯 shin
die Spitze	先端 sentan
das gedämpfte Gemüse	蒸かした野菜 fukashita yasai
aus biologischem Anbau	有機栽培 yūkisaibai
aus heimischer Produktion	地場産物 jiba sanbutsu

GEMÜSE – 野菜 yasai

Wurzelgemüse – 根菜類 konsai rui

die Süßkartoffel
さつま芋
satsumaimo

die Karotte
人参
ninjin

die Kartoffel
ジャガイモ
jagaimo

die Schalotte
エシャロット
esharotto

die rote Zwiebel
赤たまねぎ
akatamanegi

die Pastinake
パースニップ
pāsunippu

der Knoblauch
ニンニク
ninniku

die Rübe
かぶ
kabu

die Zwiebel
玉ねぎ
tamanegi

das Radieschen
ラディッシュ
radisshu

die Frühlingszwiebel
ワケギ
wakegi

die Rote Bete
テーブルビート
tēburu bīto

die Knoblauchzehe	ニンニク一片 ninniku hitokake
die Knoblauchknolle	ニンニク一玉 ninniku hitotama
die Wurzel	根 ne
bitter	苦い nigai
roh	生 nama
scharf	辛い karai
mehligkochend	粉っぽく煮る konappoku niru
festkochend	固ゆで katayude

der Lauch
西洋ねぎ
seiyō negi

GEMÜSE – 野菜 yasai

Blattgemüse – 葉菜類 yōsai rui

der Kopfsalat
サラダ菜
saradana

der Eisbergsalat
玉レタス
tama retasu

der Römersalat
ロメインレタス
romein retasu

der/die Chicorée
チコリ
chikori

der Feldsalat
ノヂシャ
nojisha

der Spinat
ほうれん草
hōrensō

der Rucola
ルッコラ
rukkora

der Endiviensalat
エンダイブサラダ
endaibu sarada

GEMÜSE – 野菜 yasai

Fruchtgemüse – 果菜類 kasai rui

der/die Paprika
パプリカ
papurika

die Zucchini
ズッキーニ
zukkīni

die Aubergine
茄子
nasu

die Tomate
トマト
tomato

die Kirschtomate
プチトマト
puchi tomato

die Olive
オリーブ
orību

die Okraschote
オクラ
okura

die Chilischote
唐辛子
tōgarashi

die Avocado
アボカド
abokado

die Gurke
きゅうり
kyūri

der Kürbis
かぼちゃ
kabocha

der Butternusskürbis
バターナットスクワッシュ
batānattosukuwasshu

schälen	むく muku
schneiden	切る kiru
roh	生 nama
gekocht	調理した chōrishita
gegart	煮上げた niageta
das Püree	ピューレ pyurē
püriert	ピューレにする pyurē ni suru
braten	焼く yaku

der Mais
とうもろこし
tōmorokoshi

GEMÜSE – 野菜 yasai

Hülsenfrüchte – 豆果 tōka

die grüne Linse
緑のレンズマメ
midori no renzumame

die Ackerbohne
ソラマメ
soramame

die schwarze Bohne
黒豆
kuromame

die Gartenerbse
エンドウ豆
endōmame

die Kichererbse
ヒヨコマメ
hiyokomame

die rote Linse
赤レンズマメ
akarenzumame

die grüne Bohne
インゲン豆
ingenmame

die Zuckererbse
サヤエンドウ
sayaendō

die Kidneybohne
キドニービーンズ
kidonī bīnzu

die Limabohne
ライ豆
raimame

die Tellerlinse
レンズ豆
renzumame

die Hülse	サヤ saya
der Kern	穀粒 kokutsubu
die Schote	えんどう豆 endōmame
der Samen	種 tane
die Sojasprossen	もやし moyashi
die Sojabohne	大豆 daizu
die Mungobohne	リョクトウ ryokutō
die Schwarzaugenbohne	黒目豆 kurome mame

OBST – 果物 kudamono

Beeren und Steinobst – ベリーと核果 berī to kakuka

die Erdbeere
いちご
ichigo

die Brombeere
ブラックベリー
burakku berī

die Himbeere
ラズベリー
razuberī

die Heidelbeere
ブルーベリー
burūberī

die roten Johannisbeeren
レッドカラント
reddokaranto

die schwarzen Johannisbeeren
ブラックカラント
burakkukaranto

die Weintraube
ブドウ
budō

die Stachelbeere
セイヨウスグリ
seiyōsuguri

die Preiselbeere
コケモモ
kokemomo

die Kirsche
さくらんぼ
sakuranbo

die Holunderbeere
ニワトコの実
niwatoko no mi

der Pfirsich
桃
momo

die Nektarine
ネクタリン
nekutarin

die Zwetschge
プラム
puramu

die Aprikose
杏
anzu

der Apfel
リンゴ
ringo

die Birne
洋ナシ
yōnashi

die Quitte
マルメロ
marumero

OBST – 果物 kudamono

Exotische Früchte – エキゾチックな果実 ekizochikku na kajitsu

die Feige
いちじく
ichijiku

die Birnenmelone
ペピーノ
pepīno

die Physalis
ホオズキ
hoozuki

die Litschi
ライチ
raichi

die Sternfrucht
スターフルーツ
sutāfurūtsu

die Ananasguave
フェイジョア
feijoa

die Papaya
パパイア
papaia

die Cherimoya
チェリモヤ
cherimoya

die Passionsfrucht
パッションフルーツ
passhon frūtsu

die Mangostanfrucht
マンゴスチン
mangosutin

der Granatapfel
石榴
zakuro

die Kiwano
ツノニガウリ
tsunonigauri

die Rambutan
ランブータン
ranpūtan

die Drachenfrucht
ドラゴンフルーツ
doragonfurūtsu

die Ananas
パイナップル
painappuru

die Guave
グアバ
guaba

die Banane
バナナ
banana

die Kiwi
キウイー
kiuī

die Mango
マンゴー
mangō

die Kokosnuss
ココナツ
kokonatsu

OBST – 果物 kudamono

Zitrusfrüchte und Melonen – 柑橘類とメロン kankitsu rui to meron

die Orange
オレンジ
orenji

die Limette
ライム
raimu

die Grapefruit
グレープフルーツ
gurēpufurūtsu

die Zitrone
レモン
remon

geschält
皮をむく
kawa o muku

die Clementine
クレメンティンみかん
kurementin mikan

der Schnitz
みかんの房
mikan no fusa

die Schale
皮
kawa

die Zuckermelone
マスクメロン
masuku meron

die Honigmelone
ハネデューメロン
hanedyū meron

die Wassermelone
スイカ
suika

die Blutorange
ブラッドオレンジ
buraddo orenji

kernlos	種の無い tane no nai
saftig	みずみずしい mizumizushii
knackig	カリカリした karikarishita
das Kerngehäuse	果芯 kashin
sauer	すっぱい suppai
reif	熟した jukushita
frisch	新鮮な shinsen na
faulig	腐りかけた kusarikaketa

die Kumquat
金柑
kinkan

OBST – 果物 kudamono

Nüsse und Trockenobst – ナッツとドライフルーツ nattsu to dorai furūtsu

der Cashewkern
カシューナッツ
kashūnattsu

die Mandel
アーモンド
āmondo

die Kastanie
栗
kuri

die Walnuss
クルミ
kurumi

die Haselnuss
ヘーゼルナッツ
hēzerunattsu

die Erdnuss
ピーナッツ
pīnattsu

die Pekannuss
ペカンの実
pekan no mi

die Macadamianuss
マカダミアナッツ
makadamianattsu

der Pinienkern
松の実
matsu no mi

die Rosine
レーズン
rēzun

die Sultanine
スルタナレーズン
surutana rēzun

die Backpflaume
干しプラム
hoshipuramu

die Dattel
デーツ
dētsu

die Paranuss	ブラジルナッツ burajirunattsu
die Pistazie	ピスタチオ pistachio
geröstet	煎った itta
gesalzen	塩味の shioaji no
das Studentenfutter	レーズン入りミックスナッツ rēzun iri mikkusu nattsu
der Nussknacker	くるみ割り器 kurumiwari ki
die Nussschale	くるみの殻 kurumi no kara
eine Nuss knacken	くるみを割る kurumi o waru

KRÄUTER UND GEWÜRZE – ハーブと香辛料 hābu to kōshinryō

Kräuter – ハーブ hābu

der Lavendel
ラベンダー
rabendā

der Estragon
タラゴン
taragon

der Oregano
オレガノ
oregano

das/der Liebstöckel
ロベージ
robēji

der Salbei
セージ
sēji

die Minze
ミント
minto

der Majoran
マジョラム
majyoramu

der Rosmarin
ローズマリー
rōzumarī

das Basilikum
バジル
bajiru

die Petersilie
パセリ
paseri

der Thymian
タイム
taimu

der Koriander
コリアンダー
koriandā

der Schnittlauch
アサツキ
asatsuki

der Fenchel
フェンネル
fenneru

der Dill
ディル
diru

die Zitronenmelisse
レモンバーム
remon bāmu

KRÄUTER UND GEWÜRZE – ハーブと香辛料 hābu to kōshinryō

Gewürze – 香辛料 kōshinryō

der Sternanis
八角
hakkaku

das Lorbeerblatt
ローリエ
rōrie

der Koriander
コリアンダー
koriandā

die Zimtrinde
シナモン
shinamon

die Kurkuma
ウコン
ukon

das Currypulver
カレー粉
karēko

der Paprika
パプリカ
papurika

der Pfeffer
胡椒
koshō

die Muskatnuss
ナツメッグ
natsumeggu

der/das Kardamom
カルダモン
karudamon

die Nelken
クローブ
kurōbu

der Ingwer
ショウガ
shōga

die Chiliflocken
チリフレーク
chiri furēku

die Chilischote
唐辛子
tōgarashi

der Fenchel
フェンネル
fenneru

das Garam masala
ガラムマサラ
garamumasara

KRÄUTER UND GEWÜRZE - ハーブと香辛料 hābu to kōshinryō

Würzmittel und Soßen - スパイスとソース supaisu to sōsu

der Essig
酢
su

das Olivenöl
オリーブ油
orību yu

der Pfeffer
胡椒
koshō

das Salz
塩
shio

die Pfeffermühle
コショウひき器
koshōhiki ki

die Salsa
サルサソース
sarusa sōsu

der/das Ketchup
ケチャップ
kechappu

der Senf
マスタード
masutādo

die Mayonnaise
マヨネーズ
mayonēzu

zerstoßen	つぶした tsubushita
gemahlen	挽いた hiita
geraspelt	おろした oroshita
der Salzstreuer	塩入れ shioire
die Salatsoße	サラダドレッシング sarada doresshingu
würzen	味付けする ajitsuke suru
anmachen	混ぜ合わせる mazeawaseru
marinieren	マリネにする marine ni suru

die Sojasoße
醤油
shōyu

GETREIDE UND MEHL – 穀物と小麦粉 kokumotsu to komugiko

der Dinkel
スペルト小麦
superuto komugi

die Kürbiskerne
かぼちゃの種
kabocha no tane

die Sonnenblumen-kerne
ひまわりの種
himawari no tane

die Quinoa
キヌア
kinua

der Wildreis
野生米
yaseimai

der Hafer
オーツ麦
ōtsumugi

die Gerste
大麦
ōmugi

der Naturreis
玄米
genmai

der Mais
とうもろこし
tōmorokoshi

die Hirse
キビ
kibi

der Weizen
小麦
komugi

der/das Couscous
クスクス
kusukusu

der Buchweizen
そば
soba

der Basmatireis
バスマティ米
basumati mai

der Bulgur
ブルグア
burugua

der Reis
米
kome

GETREIDE UND MEHL – 穀物と小麦粉 kokumotsu to komugiko

die Penne
ペンネ
penne

die Spaghetti
スパゲティ
supageti

die Tagliatelle
タリアテッレ
tariaterre

die Ravioli
ラビオリ
rabiori

die Fusilli
フジッリ
fujirri

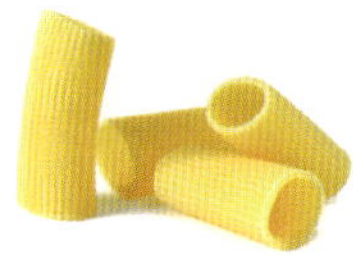

die Rigatoni
リガトーニ
rigatōni

die Tortellini
トレテリーニ
toreterīni

das Weizenmehl
小麦粉
komugiko

das Maismehl
トウモロコシ粉
tōmorokoshi ko

die Hefe
イースト
īsuto

der Teig
生地
kiji

das Backpulver	ベーキングパウダー bēkingupaudā
das glutenfreie Mehl	グルテンを含まない粉 guruten o fukumanai kona
das Roggenmehl	ライ麦粉 reimugi ko
das Vollkornmehl	全粒粉 zenryūfun
sieben	ふるいにかける furui ni kakeru
kneten	こねる koneru
verrühren	混ぜる mazeru
backen	焼く yaku

die Reisnudeln
米麺
beimen

GETREIDE UND MEHL - 穀物と小麦粉 kokumotsu to komugiko

Brot - パン pan

die Brezel
プレッツェル
purettsueru

das Croissant
クロワッサン
kurowassan

das/die Baguette
バゲット
bagetto

das Schwarzbrot
黒パン
kuropan

das Weißbrot
精白パン
seihaku pan

das Vollkornbrot
全粒粉パン
zenryūfun pan

das Mehrkornbrot
穀物パン
kokumotsupan

das Graubrot
ライ麦パン
raimugipan

das Fladenbrot
ピタパン
pita pan

die Tortilla
トルティーヤ
torutīya

das Toastbrot
トーストパン
tōsuto pan

das Sauerteigbrot
サワー種パン
sawādane pan

das Brötchen
丸パン
maru pan

der Bagel
ベーグル
bēguru

das belegte Brötchen
オープンサンドイッチ
ōpun sando icchi

das Knäckebrot
クリスプブレッド
kurisupu bureddo

GETREIDE UND MEHL – 穀物と小麦粉 kokumotsu to komugiko

Brotaufstriche – スプレッド supureddo

das Glas
瓶
bin

der Honig
蜂蜜
hachimitsu

der Waldhonig
ハニーデュー蜂蜜
hanīdū hachimitsu

der flüssige Honig
透明蜂蜜
tōmei hachimitsu

der Zitronenaufstrich
レモンカード
remon kādo

die Konfitüre
粒入りジャム
tsubu iri jamu

die Marmelade
マーマレード
māma rēdo

der Ahornsirup
メープルシロップ
mēburu shiroppu

die Erdnussbutter
ピーナツバター
pīnatsu batā

der Schokoladen-aufstrich
チョコレートスプレッド
chokorēto supureddo

die Margarine
マーガリン
māgarin

der Laib
パンの塊
pan no katamari

die Scheibe
スライス
suraisu

das Paniermehl
パン粉
pan ko

das Sandwich
サンドイッチ
sandoicchi

GETREIDE UND MEHL – 穀物と小麦粉 kokumotsu to komugiko

Kuchen und Gebäck – ケーキと焼き菓子 kēki to yakigashi

der Käsekuchen
チーズケーキ
chīzu kēki

die Schokoladentorte
チョコレートケーキ
chokorēto kēki

der Muffin
マフィン
mafin

die Makrone
マカロン
makaron

der Lebkuchen
レープクーヘン
rēpu kūhen

das Biskuit
ビスケット
bisuketto

der Berliner
ベルリーナー
berurīnā

der Gugelhupf
クグロフ
kugurofu

die Obsttorte
フルーツタルト
furūtsu taruto

die Schwarzwälder Kirschtorte
チェリータルト
cherī taruto

der Zwetschgenkuchen
スモモタルト
sumomo taruto

die Linzer Torte
リンツ風タルト
rintsu fū taruto

das Marmeladen-törtchen
ジャム入りクッキー
jamu iri kukkī

der Zuckerguss	アイシング aishingu
das Marzipan	マジパン majipan
der Geburtstagskuchen	誕生日ケーキ tanjōbi kēki
die Geburtstagskerze	誕生日のローソク tanjōbi no rōsoku
die Kuchendekoration	ケーキ用デコレーション kēki yō dekorēshon
das Gebäck	オーブンで焼いた菓子 ōbun de yaita kashi
das Eclair	エクレア ekurea
das Baiser	メレンゲ merenge

DESSERTS UND SÜẞSPEISEN – デザートと甘い物 dezāto to amaimono

der Apfelstrudel
アップルパイ
appurupai

das Tiramisu
ティラミス
tiramisu

die Eiscreme
アイスクリーム
aisukurīmu

die Eiskugel
スクープ
sukūpu

die Eiswaffel
コーン
kōn

der Pfannkuchen
パンケーキ
pankēki

die Crêpe
クレープ
kurēpu

der Eisbecher
アイスクリームパフェ
aisukurīmu pafe

der Karamellpudding
カスタードプリン
kasutādo purin

die Mousse
ムース
mūsu

die Schlagsahne
ホイップクリーム
hoippu kurīmu

die Crème brûlée
クレームブリュレ
kurēmu buryure

die Panna cotta
パンナコッタ
panna kotta

der Wackelpudding
ゼリー
zerī

der Obstsalat
フルーツサラダ
furūtsu sarada

GETRÄNKE – 飲料 inryō

Erfrischungsgetränke – 清涼飲料水 seiryōinryōsui

das Wasser
水
mizu

das Tonicwater
トニックウォーター
tonikku uōtā

der Orangensaft
オレンジジュース
orenjijūsu

der Tomatensaft
トマトジュース
tomatojūsu

das alkoholfreie Bier
ノンアルコールビール
non arukōru bīru

der Karottensaft
人参ジュース
ninjinjūsu

die/das Cola
コーラ
kōra

die Limonade
レモネード
remonēdo

der Eiskaffee
アイスコーヒー
aisukōhī

die Eisschokolade
アイスチョコレート
aisu chokorēto

der Eistee
アイスティー
aisutī

die Apfelschorle
りんごジュースの炭酸水割り
ringojūsu no tansansui wari

der Milchshake
ミルクシェーク
mitruku shēku

die Saftpresse	ジュース抽出器 jūsu chūshutsu ki
der frisch gepresste Grapefruitsaft	搾り立てのグレープフルーツ shiboritate no gurēpu frūtsu
das Tafelwasser	ミネラルウオーター mineraruuōtā
das Leitungswasser	水道の水 suidō no mizu
das Mineralwasser mit Kohlensäure	炭酸入りのミネラルウォーター tansan iri no mineraru uōtā
das stille Mineralwasser	炭酸抜きのミネラルウォーター tansannuki no mineraru uōtā
der Apfelsaft	りんごジュース ringojūsu
der Johannisbeersaft	ブラックカラントジュース burakkukarantojūsu

GETRÄNKE – 飲料 inryō

Heißgetränke – ホットドリンク hotto dorinku

der Espresso
エスプレッソ
esupuresso

die Kaffeebohnen
コーヒー豆
kōhī mame

der Amaretto
アマレット
amaretto

der Kaffee zum Mitnehmen
持ち帰りコーヒー
mochikaeri kōhī

der Deckel
蓋
futa

der Becher
カップ
kappu

der Milchschaum
ミルクの泡
miruku no awa

der Teebeutel
ティーバッグ
tī baggu

die Teeblätter
茶の葉
cha no ha

die Teekanne
ティーポット
tī potto

der Schwarztee
紅茶
kōcha

der/die Latte macchiato
ラテマキアート
rate makiāto

der Kaffee
コーヒー
kōhī

der Cappuccino
カプチーノ
kapuchīnō

der Milchkaffee
ミルクコーヒー
miruku kōhī

der Minztee
ミントティー
minto tī

der Kamillentee
カモミールティー
kamomīru tī

der Kräutertee
ハーブティー
hābu tī

der Glühwein
ホットワイン
hotto wain

GETRÄNKE – 飲料 inryō

Alkoholische Getränke – アルコール飲料 arukōruinryō

der Cocktail
カクテル
kakuteru

die Sangria
サングリア
san guria

mit Eis
オンザロック
on za rokku

der Whisky
ウイスキー
uisukī

der Gin Tonic
ジントニック
jintonikku

der Rum
ラム酒
ramu shu

das Bier
ビール
bīru

das Pils
ピルスナービール
pirusunā bīru

das dunkle Bier
黒ビール
kuro bīru

der Wodka
ウオッカ
uokka

der Roséwein
ロゼワイン
roze wain

der Weißwein
白ワイン
shiro wain

der Rotwein
赤ワイン
aka wain

der Sekt
スパークリングワイン
supākuringu wain

der Tequila
テキーラ
tekīra

der Weinbrand	ブランデー burandē
der Schnaps	スピリッツ supirittsu
der Sherry	シェリー sherī
der Likör	リキュール rikyūru
der Cidre	シードル shīdoru
die Weinschorle	スプリッツァー supurittsuā
das Hefeweizen	白ビール shiro bīru
der Champagner	シャンパン shanpan

KOCHEN – 料理する ryōri suru

Zubereitung – 調理 chori

schälen
皮をむく
kawa o muku

schneiden
切る
kiru

schlagen
泡立てる
awadateru

reiben
すりおろす
suriorosu

zerstoßen
つぶす
tsubusu

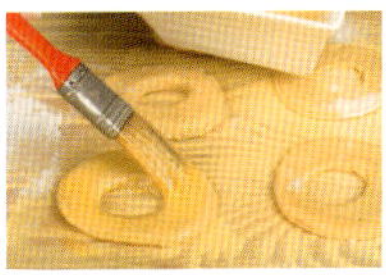

glasieren
照りをつける
teri o tsukeru

sieben
ふるう
furuu

stampfen
磨り潰す
suritsubusu

klopfen
トントン叩く
tonton tataku

ausrollen
ロールでのばす
rōru de nobasu

salzen
塩を加える
shio o kuwaeru

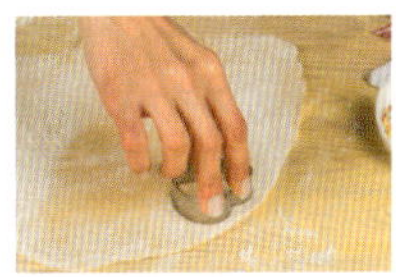

ausstechen
型で抜く
kata de nuku

rösten	焼く yaku
kochen	料理する ryōri suru
köcheln lassen	とろ火で煮る torobi de niru
grillen	グリルする guriru suru
anbraten	軽く焼く karuku yaku
braten	炒める itameru
frittieren	油で揚げる abura de ageru
pochieren	ゆでる yuderu

streuen
振りかける
furikakeru

GERICHTE UND MAHLZEITEN – 料理と食事 ryōri to shokuji

Das Frühstück – 朝食 chōshoku

das Brot パン pan

der Orangensaft オレンジジュース orengi jūsu

das Brötchen 丸パン maru pan

die Milch ミルク miruku

der Käse チーズ chīzu

die Marmelade マーマレード māma rēdo

der Cappuccino カプチーノ kapuchīno

das gekochte Ei ゆで卵 yude tamago

das Müsli ミューズリー myūzurī

die Melone メロン meron

der Schinken ハム hamu

die Butter バター batā

die Frühstücksflocken 朝食用シリアル chōshoku yō shiriaru

das Croissant クロワッサン kurowassan

die Cornflakes コーンフレーク kōnfrēku

der Früchtejoghurt フルーツヨーグルト furūtsu yōguruto

das frische Obst 新鮮な果物 shinsen na kudamono

der Müsliriegel ミューズリーバー myūzurī bā

die Weizenkeime 小麦胚芽 komugi haiga

GERICHTE UND MAHLZEITEN – 料理と食事 ryōri to shokuji

Das Frühstück – 朝食 chōshoku

das Toastbrot
トースト
tōsuto

die gegrillte Tomate
グリルしたトマト
guriru shita tomato

die gebackenen Bohnen
焼いた豆
yaita mame

die Rösti
ハッシュドポテト
hasshudo poteto

die Blutwurst
ブラッドソーセージ
buraddo sōsēji

der Speck
ベーコン
bēkon

die Pilze
キノコ
kinoko

die Wurst
ソーセージ
sōsēji

das Spiegelei
目玉焼き
medama yaki

das Rührei
いりたまご
iritamago

das Omelett
オムレツ
omuretsu

armer Ritter
フレンチトースト
furenchi tōsuto

die Waffel
ワッフル
waffuru

der Pfannkuchen
パンケーキ
pankēki

der Haferbrei
オートミール粥
ōtomīru gayu

der Fruchtshake
フルーツシェーク
furūtsu shēku

die heiße Schokolade
ホットチョコレート
hotto chokorēto

GERICHTE UND MAHLZEITEN - 料理と食事 ryōri to shokuji

Snacks und Knabbereien - スナックとおつまみ sunakku to otsumami

die Chips
ポテトチップ
poteto chippu

die Salzbrezel
塩プレッツェル
shio purettsueru

das Popcorn
ポップコーン
poppu kōn

der/das Bonbon
飴
ame

das Gummibärchen
熊型のグミ
kumagata no gumi

die Lakritze
甘草キャンディー
kanzō kyandī

der/das Kaugummi
チューインガム
chūingamu

der Lutscher
棒のついた飴
bō no tsuita ame

die weiße Schokolade
ホワイトチョコレート
howaito chokorēto

der Schokoriegel
チョコバー
choko bā

die Zartbitter-schokolade
ダークチョコレート
dāku chokorēto

die Milchschokolade
ミルクチョコレート
miruku chokorēto

der Eislutscher
アイスキャンディー
aisukyandī

der Frozen Yogurt
フローズンヨーグルト
furōzun yōguruto

der Keks
クッキー
kukkī

die Praline
プラリネチョコレート
purarine chokorēto

GERICHTE UND MAHLZEITEN – 料理と食事 ryōri to shokuji

Das Fastfood – ファーストフード fāsuto fūdo

das Stück Pizza
ピザー切れ
piza hitokire

die Pizza
ピザ
piza

der Hamburger
ハンバーガー
hanbāgā

die Pommes frites
フライドポテト
furaido poteto

die Tortilla-Chips
トルティーヤチップス
torutīya chippusu

der Taco
タコス
takosu

die gebratenen Nudeln
焼きそば
yakisoba

das Sushi
寿司
sushi

der/das Hot Dog
ホットドッグ
hottodoggu

der Döner
ドネルケバブ
doneru kebabu

der Wrap
ラップ
rappu

der Fisch mit Pommes
フィッシュアンドチップス
fisshu ando chippusu

Ich würde gerne etwas zum Mitnehmen bestellen.	持ち帰り用に注文したいのですが。 Mochikaeri yō ni chūmon shitai no desuga.
Eine Portion Pommes rot-weiß, bitte.	フライドポテト一人前、ケチャップとマヨネーズ付きでお願いします。 Furaidopoteto ichininmae, kechappu to mayonēzu tsuki de onegai shimasu.
klein/mittelgroß/groß	小さい/中ぐらい/大きい chiisai/chūgurai/ookii
süß	甘い amai
salzig	塩辛い shio karai
der Lieferservice	配達サービス haitatsu sābisu
bestellen	注文する chūmon suru
liefern	届ける todokeru

das Nugget
ナゲット
nagetto

GERICHTE UND MAHLZEITEN – 料理と食事 ryōri to shokuji

Hauptmahlzeit – 正餐 seisan

die Suppe
スープ
sūpu

die Frikadelle
フリカデルハンバーグ
furikaderu hanbāgu

das Steak
ステーキ
sutēki

der Beilagensalat
サラダの付け合せ
sarada no tsukeawase

die Kartoffelspalten
くし型に切ったポテト
kushigata ni kitta poteto

die Lasagne
ラザニア
razania

die Spaghetti Bolognese
スパゲッティミートソース
supagetti mīto sōsu

das Brathähnchen
ローストチキン
rōsuto chikin

das panierte Schnitzel
トンカツ
ton katsu

die Bratkartoffeln
炒めたじゃがいも
itameta jagaimo

der Eintopf
煮込み料理
nikomi ryōri

der Auflauf
グラタン
guratan

die Pastete
ミートパイ
mīto pai

die Quiche
キッシュ
kisshu

das Curry
カレー
karē

GERICHTE UND MAHLZEITEN – 料理と食事 ryōri to shokuji

Im Restaurant – レストランで resutoran de

① *der Gast*
来客
raikyaku

② *der Kellner*
ウェイター
wēitā

③ *der Tisch für zwei Personen*
二人掛けテーブル席
futarigake tēburu seki

④ *das Rotweinglas*
赤ワイングラス
aka wain gurasu

⑤ *die Speisekarte*
メニュー
menyū

⑥ *die Bestellung*
注文
chūmon

die Vorspeise
前菜
zensai

der Nachtisch
デザート
dezāto

die Beilage
付け合せ
tsukeawase

das Hauptgericht
メイン料理
mein ryōri

die Suppe
スープ
sūpu

der Aperitif
食前酒
shokuzen shu

der/das Sorbet
シャーベット
shābetto

der Salat
サラダ
sarada

der Käseteller
チーズ盛り合わせ
chīzu moriawase

der Kaffee
コーヒー
kōhī

der Likör
リキュール
rikyūru

das Käsemesser
チーズ用ナイフ
chīzu yō naifu

das Stäbchen
箸
hashi

GERICHTE UND MAHLZEITEN – 料理と食事 ryōri to shokuji

Geschirr und Besteck – 食器とカラトリー shokki to karatorī

die Serviette
ナプキン
napukin

der Brotteller
パン用皿
pan yō sara

die Gabel
フォーク
fōku

die Tischdecke
テーブルクロス
tēburu kurosu

der Essteller
ディナープレート
dinā purēto

das Wasserglas
水用グラス
mizu yō gurasu

das Weinglas
ワイングラス
wain gurasu

der Dessertlöffel
デザート用スプーン
dezāto yō supūn

der Suppenlöffel
スープ用スプーン
sūpu yō supūn

das Messer
ナイフ
naifu

die Schüssel
深皿
fukazara

die Karaffe
カラフ
karafu

das Steakmesser
ステーキ用ナイフ
sutēki yō naifu

der Zahnstocher
爪楊枝
tsumayōji

Könnten Sie uns bitte die Weinkarte bringen?	ワインリストをお願いします。 Wain lisuto o onegai shimasu.
Guten Appetit!	ごゆっくりどうぞ。 goyukkuri dōzo.
Zum Wohl!	乾杯! kanpai
Als Vorspeise/Hauptgericht/Nachtisch nehme ich ...	前菜/メイン料理/デザートは ...にします。 Zensai/mein ryōri/dezāto wa ... ni shimasu.
die Spezialitäten	特別料理 tokubetsu ryōri
Ich hätte gerne die Rechnung, bitte.	お勘定お願いします。 Okanjō onegai shimasu.
die Bezahlung	支払い shiharai
das Trinkgeld	チップ chippu

DIE ERNÄHRUNG – 食習慣 shoku shūkan

das Fett
脂質
shishitsu

der Zucker
糖分
tōbun

das Kohlenhydrat
炭水化物
tansuikabutsu

das Eiweiß
蛋白質
tanpaku shitsu

ohne Eier
卵不使用
tamago fushiyō

zuckerfrei
無糖
mutō

glutenfrei
グルテンを含まない
guruten o fukumanai

laktosefrei
ラクトースを含まない
rakutōsu o fukumanai

die Ballaststoffe
食物繊維
shokumotsu seni

das Cholesterin
コレステロール
koresuterōru

vegetarisch
ベジタリアン
bejitarian

vegan
絶対菜食主義
zettai saishoku shugi

die Lebensmittelintoleranz	**食物不耐症** shokumotsu futaishō
die Fruktose	**果糖** katō
die Glukose	**ブドウ糖** budōtō
das Natrium	**ナトリウム** natoriumu
die Kalorien	**カロリー** karorī
der Geschmacksverstärker	**うま味調味料** umami chōmiryō
die gesunde Ernährung	**健康食** kenkōshoku
fasten	**絶食** zesshoku

die Diät
ダイエット
daietto

UNTERWEGS

外出中

gaishutsu chū

STRAßEN UND VERKEHR – 道路と交通 dōro to kōtsū

① *die Straßenlaterne*
街灯
gaitō

② *die Einbahnstraße*
一方通行
ippō tsūkō

③ *die Fußgängerampel*
歩行者用交通信号灯
hokōshayō kōtsūshingōtō

④ *der Bürgersteig*
歩道
hodō

⑤ *der Bordstein*
縁石
enseki

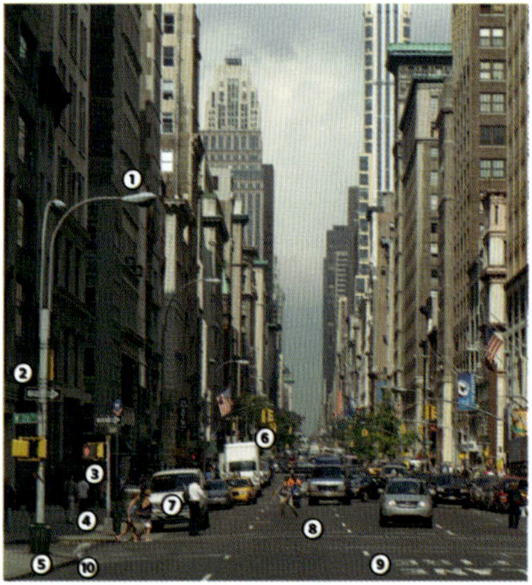

⑥ *die Ampel*
信号
shingō

⑦ *das geparkte Auto*
駐車中の車
chūshachū no kuruma

⑧ *die Fahrspur*
車線
shasen

⑨ *die Straßenmarkierung*
道路標示
dōro hyōji

⑩ *der Rinnstein*
側溝
sokkō

der Tunnel
トンネル
tonneru

der Parkscheinautomat
路上駐車券自動販売機
rojyō chūshaken jidōhanbaiki

der Fahrradweg
自転車専用道路
jitensha senyō dōro

der Behindertenparkplatz
障害者用駐車場
shōgaishayō chūshajō

die Brücke
橋
hashi

der Kreisverkehr
ロータリー
rōtarī

der Zebrastreifen
横断歩道
ōdan hodō

die Notrufsäule
非常電話
hijyō denwa

STRAßEN UND VERKEHR – 道路と交通 dōro to kōtsū

das Autobahnkreuz
高速道路の立体交差
kōsokudōro no rittai kōsa

die Autobahn
高速道路
kōsokudōro

der Berufsverkehr
通勤ラッシュ
tsūkin rasshu

① *der Mittelstreifen*
中央分離帯
chūō bunritai

② *die Überholspur*
追い越し車線
oikoshi shasen

③ *die Überführung*
高架橋
kōka kyō

④ *die Kurve*
カーブ
kābu

⑤ *die Unterführung*
高架下
kōka shita

⑥ *die Einfahrt*
入口
iriguchi

⑦ *die Ausfahrt*
出口
deguchi

der Verkehrspolizist
交通警官
kōtsū keikan

der Strafzettel
交通違反切符
kōtsū ihan kippu

die Mautstelle
料金所
ryōkinjo

abschleppen
レッカー移動する
rekkā idō suru

die Kreuzung	**交差点** kōsaten
die Vorfahrt	**優先通行権** yūsen tsūkōken
die Geschwindigkeitsüberschreitung	**スピード違反** supīdo ihan
anhalten	**止める** tomeru
der Standstreifen	**路肩** rokata
die Raststätte	**サービスエリア** sābisu eria
die Entfernungstafel	**距離表示板** kyori hyōji ban
rückwärtsfahren	**バックする** bakku suru

der Stau
交通渋滞
kōtsū jūtai

STRAßEN UND VERKEHR – 道路と交通 dōro to kōtsū

Verkehrsschilder – 道路標識板 dōro hyōshikiban

Einfahrt verboten
車両侵入禁止
sharyō shinnyū kinshi

das Halteverbot
駐停車禁止
chūteisha kinshi

die Baustelle
道路工事中
dōro kōji chū

der Tunnel
トンネル
tonneru

das Parkverbot
駐車禁止
chūsha kinshi

der Stau
交通渋滞
kōtsū jūtai

das Gefälle
急勾配あり
kyūkōbai ari

der Kreisverkehr
ロータリーあり
rōtarī ari

die Geschwindigkeits-begrenzung
速度制限
sokudo seigen

Vorfahrt gewähren!
前方優先道路
zenpō yūsen dōro

die Einbahnstraße
一方通行
ippō tsūkō

der Gegenverkehr
二方向交通
nihōkō kōtsū

Einbiegen nach rechts verboten
右折禁止
usetsu kinshi

Einbiegen nach links verboten
左折禁止
sasetsu kinshi

Wenden verboten
転回禁止
tenkai kinshi

die Schnee- oder Eisglätte
雪又は氷による路面凍結
yuki matawa kōri niyoru romen tōketsu

DAS AUTO - 自動車 jidōsha

Autotypen - 車のタイプ kuruma no taipu

die Stretchlimousine
ストレッチリムジン
sutorecchi rimujin

das Cabrio
カブリオレ
kaburiore

die Fließhecklimousine
ハッチバック
hacchibakku

der Sportwagen
スポーツカー
supōtsu kā

der Kleinstwagen
超小型車
chōkogatasha

der Kleinwagen
小型車
kogatasha

der Oldtimer
クラシックカー
kurashikku kā

die Limousine
リムジン
rimujin

der Kombiwagen
ステーションワゴン
sutēshon wagon

der Pick-up
ピックアップトラック
pikku appu torakku

der Kleintransporter
バン
ban

die Klimaanlage	クーラー kūrā
die Sitzheizung	シートヒーター shīto hītā
die Automatikschaltung	オートマチック変速機 ōtomachikku hensokuki
die Handschaltung	マニュアル変速機 manyuaru hensokuki
die Zündung	点火装置 tenka sōchi
zweitürig	ツードアの tsūdoa no
dreitürig	スリードアの surī doa no
viertürig	フォードアの fō doa no

der Geländewagen
オフロード車
ofurōdo sha

DAS AUTO – 自動車 jidōsha

Das Auto – Außenansicht – 自動車ー外観 jidōsha – gaikan

die Beifahrerseite
助手席側
joshu seki gawa

das Dach
ルーフ
rūfu

die Windschutzscheibe
フロントガラス
furonto garasu

die Fahrerseite
運転手側
untenshu gawa

die Begrenzungsleuchte
車幅灯
shahaba tō

der Rückspiegel
バックミラー
bakku mirā

die Blinkleuchte
ウインカー
uinkā

das Rad
車輪
sharin

der Scheibenwischer
ワイパー
waipā

der Kühlergrill
ラジエータグリル
rajiēta guriru

die Stoßstange
バンパー
banpā

das Nummernschild
ナンバープレート
nanbā purēto

das Markenemblem
メーカーエンブレム
mēkā enburemu

der Nebelscheinwerfer
フォグランプ
foguranpu

das Reifenprofil
タイヤのトレッドパターン
taiya no toreddopatān

der Ölmessstab	**オイルゲージ** oirugēji
der Luftfilter	**エアフィルター** eafirutā
der Bremsflüssigkeitsbehälter	**ブレーキフルードリザーバータンク** burēki furūdo rizābā tanku
die Antenne	**アンテナ** antena
die Radaufhängung	**サスペンション** sasupenshon
das Abblendlicht	**ロービーム** rōbīmu
das Fernlicht	**ハイビーム** haibīmu

DAS AUTO - 自動車 jidōsha

Das Auto - Außenansicht - 自動車ー外観 jidōsha – gaikan

① *der Seitenspiegel*
ドアミラー
doa mirā

② *die B-Säule*
B ピラー
B-pirā

③ *der Kofferraum*
トランク
toranku

④ *die Heckscheibe*
リアウインドーのガラス
ria uindō no garasu

⑤ *die Motorhaube*
ボンネット
bonnetto

⑥ *das Seitenfenster*
サイドウィンドウ
saido uindō

⑦ *die Autotür*
ドア
doa

⑧ *die Radkappe*
ホイールキャップ
hoīru kyappu

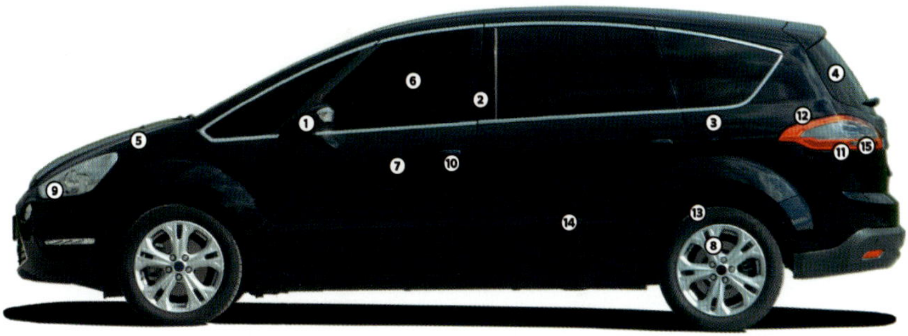

⑨ *der Scheinwerfer*
ヘッドライト
heddo raito

⑩ *der Türgriff*
ドアハンドル
doa handoru

⑪ *die Bremsleuchte*
ブレーキランプ
burēki ranpu

⑫ *die Rückleuchte*
テールランプ
tēru ranpu

⑬ *der Reifen*
タイヤ
taiya

⑭ *die Seitenschutzleiste*
プロテクティブストリップ
purotekutibu suturippu

⑮ *der Rückfahrscheinwerfer*
バックランプ
bakku ranpu

der Motor	エンジン enjin
der Benzintank	ガソリンタンク gasorin tanku
das Getriebe	ギア gia
der Kühler	ラジエーター rajiētā
der Ventilator	ファン fan
die Batterie	バッテリー batterī
der Auspufftopf	マフラー mafurā
das Auspuffrohr	排気管 haikikan

die Felge
リム
rimu

DAS AUTO – 自動車 jidōsha

Das Auto – Innenausstattung – 自動車一内装 jidōsha – naisō

① *der Seitenspiegel*
ドアミラー
doa mirā

② *das Lenkrad*
ハンドル
handoru

③ *das Armaturenbrett*
ダッシュボード
dasshu bōdo

④ *der Türöffner*
インナードアハンドル
innā doa handoru

⑤ *der Fahrersitz*
運転席
unten seki

⑥ *die Mittelkonsole*
センターコンソール
sentā konsōru

⑦ *die Handbremse*
サイドブレーキ
saido burēki

⑧ *der Heizungsregler*
温度調節
ondo chōsetsu

⑨ *das Handschuhfach*
グローブボックス
gurōbu bokkusu

⑩ *der Schalthebel*
シフトレバー
shifuto rebā

⑪ *der Beifahrersitz*
助手席
joshu seki

der Warnblinkschalter
ハザードランプスイッチ
hazādo ranpu suicchi

die Stereoanlage
ステレオ装置
sutereo sōchi

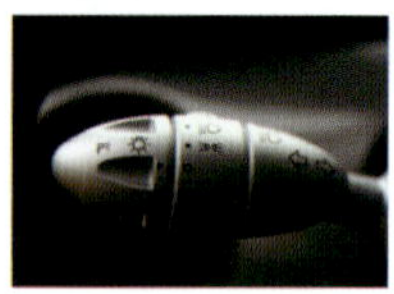

der Blinkerhebel
方向指示器レバー
hōkō shijiki rebā

der Zigaretten-anzünder
シガーライター
shigā raitā

das Navigationsgerät
カーナビ
kānabi

die Fußstütze	フットレスト futto resuto
das Kupplungspedal	クラッチペダル kuracchi pedaru
das Bremspedal	ブレーキペダル burēki pedaru
das Gaspedal	アクセル akuseru
der Sicherheitsgurt	シートベルト shīto beruto
die Kopfstütze	ヘッドレスト heddoresuto
der Airbag	エアバッグ ea baggu
die Hupe	クラクション kurakushon

DAS AUTO – 自動車 jidōsha

Die Tankstelle – ガソリンスタンド gasorin sutando

die Preisanzeige
価格表示
kakaku hyōji

die Literanzeige
リットル表示
rittoru hyōji

der Feuerlöscher
消火器
shōka ki

die Zapfsäule
ガソリンポンプ
gasorin ponpu

das Reifenfüllgerät
空気入れポンプ
kūkiire ponpu

das Rauchverbot
喫煙禁止
kitsuen kinshi

das Benzin
ガソリン
gasorin

der Diesel
ディーゼル
dīzeru

bleifrei
無鉛
muen

verbleit
有鉛
yūen

der Zapfschlauch
給油ホース
kyūyu hōsu

die Zapfpistole
給油ノズル
kyūyu nozuru

der Tankdeckel
給油口のキャップ
kyūyukō no kyappu

der Wagenheber
ジャッキ
jakki

(das) Öl wechseln	オイル交換する oiru kōkan suru
der Reifendruck	タイヤ圧 taiya atsu
der Keilriemen	ファンベルト fan beruto
die Lichtmaschine	オルタネータ orutanēta
der Sommerreifen	夏用タイヤ natsuyō taiya
der Winterreifen	冬用タイヤ fuyuyō taiya
der Allwetterreifen	全天候用タイヤ zen tenkōyō taiya
die Schneekette	スノーチェーン sunō chēn

tanken
給油する
kyūyu suru

DAS AUTO - 自動車 jidōsha

Die Tankstelle - ガソリンスタンド gasorin sutando

① *die Tankanzeige*
燃料計
nenryōkei

② *die Tankleuchte*
燃料残量警告灯
nenryō zanryō keikokutō

③ *der/das Tachometer*
スピードメーター supīdo mētā

④ *die Geschwindigkeit*
速度 sokudo

⑤ *der Kilometerstand*
トリップメーター torippu mētā

⑥ *der Drehzahlmesser*
タコメーター
tako mētā

⑦ *die Kühlmitteltemperaturanzeige*
冷却材温度表示
reikyakuzai ondo hyōji

den Reifen wechseln
タイヤ交換
taiya kōkan

der Radmutternschlüssel
ホイールナットスパナ
hoīru natto supana

das Reserverad
スペアタイヤ
supea taiya

die Reifenpanne
パンク
panku

der Verkehrsunfall	交通事故 kōtsū jiko
Ich habe eine Panne.	車が故障しました。Kuruma ga koshōshimashita.
Könnten Sie bitte den Pannendienst anrufen?	故障サービスに電話してくれませんか。 Koshōsābisu ni denwa shitekuremasen ka.
Der Motor springt nicht an.	エンジンがかかりません。Enjin ga kakarimasen.
das Starthilfekabel	ブースターケーブル būsutā kēburu
Könnten Sie mir Starthilfe geben?	ジャンプスタートをしてくれませんか。 Janpu sutāto o shite kuremasen ka.
der Ersatzreifen	スペアタイヤ supea taiya
Könnten Sie mir beim Reifenwechseln helfen?	タイヤ交換を手伝っていただけますか。 Taiyakōkan o tetsudatte itadakemasu ka.

DER BUS - バス basu

der Doppeldecker
２階建てバス
nikai date basu

die Liniennummer
路線番号
rosen bangō

das Fahrziel
目的地
mokutekichi

der Reisebus
団体旅行用バス
dantai ryokōyō basu

die Automatiktür
自動ドア
jidō doa

der Gepäckraum
トランク室
toranku shitsu

die Bushaltestelle
バス停
basu tei

der Fahrplan
時刻表
jikoku hyō

das Wartehäuschen
待合所
machiai jo

der Schulbus
スクールバス
sukūru basu

der Halteknopf
降車ボタン
kōsha botan

der Niederflurbus	ノンステップバス non suteppu basu
der Busbahnhof	バスターミナル basu tāminaru
der Linienbus	路線バス rosen basu
der Kleinbus	マイクロバス maikuro basu
die Monatskarte	定期券 teiki ken
der Fahrpreis	料金 ryōkin
die Fahrkarte	乗車券 jōsha ken
der Fahrkartenautomat	自動券売機 jidō kenbaiki

die Halteschlaufe
つり革
tsurikawa

DAS MOTORRAD - オートバイ ōtobai

die Rennmaschine
レーシングバイク
rēshingu baiku

das Cockpit
コックピット
kokku pitto

der Kupplungshebel
クラッチレバー
kuracchi rebā

der Lenkergriff
ハンドグリップ
hando gurippu

der Fahrersitz
運転席
unten seki

der Rückspiegel
バックミラー
bakku mirā

der Soziussitz
後部座席
kōbu zaseki

das Schutzblech
泥除け
doro yoke

der Seitenständer
スタンド
sutando

die Fußraste
ステップ
suteppu

die Rückleuchte
テールランプ
tēru ranpu

das Getriebe
トランスミッション
toransu misshon

der Fußschalthebel
シフトペダル
shifuto pedaru

die Radaufhängung
サスペンション
sasupenshon

der Motorroller
スクーター
sukūtā

das Quad
四輪バギー
yonrin bagī

das Geländemotorrad
ダートバイク
dāto baiku

der Chopper
チョッパー
choppā

DAS MOTORRAD - オートバイ ōtobai

der Motorradhelm
ヘルメット
herumetto

die Lederjacke
革ジャン
kawa jan

die Motorradkombi
バイクウエア
baiku uea

der Lederhandschuh
革手袋
kawa tebukuro

das Visier
バイザー
baizā

der Lufteinlass
空気取り入れ口
kūki toriire guchi

der Reflektorstreifen
反射ストライプ
hansha sutoraipu

der/das Tachometer
スピードメーター
supīdo mētā

der Lenker
ハンドル
handoru

der Tankdeckel
タンクキャップ
tanku kyappu

der Benzintank
ガソリンタンク
gasorin tanku

der Blinker
方向指示器
hōkō shijiki

der Bremshebel für die Vorderradbremse
フロントブレーキレバー
front burēki rebā

der Gasdrehgriff
アクセル
akuseru

das Motorradgespann
サイドカー
saidokā

der Tourer
ツーリングバイク
tsūringu baiku

der Beiwagen
側車
sokusha

DAS FAHRRAD – 自転車 jitensha

der Schalthebel	変速レバー hensoku rebā
der Bremshebel	ブレーキレバー burēki rebā
die Luftpumpe	空気入れ kūki ire
der Fahrradhelm	ヘルメット herumetto
der Dynamo	ダイナモ dainamo
in die Pedale treten	ペダルをこぐ pedaru o kogu
bremsen	ブレーキをかける burēki o kakeru
in einen höheren/niedrigeren Gang schalten	高い/低いギアに入れる takai/hikui gia ni ireru
Radfahren lernen	自転車に乗る練習をする jitensha ni noru renshū o suru
einen Fahrradschlauch flicken	自転車のチューブにパッチをあてる jitensha no chūbu ni pacchi o ateru

DAS FAHRRAD – 自転車 jitensha

der Kindersitz
チャイルドシート
chairudo sīto

das Einrad
一輪車
ichirin sha

das Tandem
タンデム自転車
tandemu jitensha

das BMX-Rad
BMX バイク
BMX baiku

das Rennrad
ロードレーサー
rōdo rēsā

das Tourenfahrrad
ツーリング自転車
tsūringu jitensha

das Mountainbike
マウンテンバイク
maunten baiku

das Elektrofahrrad
電気自転車
denki jitensha

das Liegerad
リカンベント
rikanbento

das Dreirad
三輪車
sanrin sha

das Fahrradschloss
自転車の鍵
jiten sha no kagi

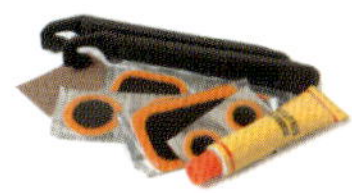

das Flickzeug
修理キット
shūri kitto

das Leihfahrrad
レンタサイクル
renta saikuru

der Kinderanhänger
チャイルドトレーラー
chairudo torērā

die Satteltasche
サドルバッグ
sadoru baggu

der Fahrradständer
自転車ラック
jitensha rakku

DAS LASTKRAFTFAHRZEUG – トラック torakku

der Sattelschlepper
連結式トラック
renketsushiki torakku

die Kühlerhaube
ボンネット
bonnetto

der Kühlergrill
ラジエータグリル
rajiētā guriru

der Scheinwerfer
ヘッドライト
heddo raito

das Auspuffrohr
排気管
haikikan

die Schlafkabine
仮眠コーナー
kamin kōnā

das Lufthorn
エアホーン
eahōn

der Stauraum
床下収納
yukashita shūnō

der Stoßfänger
バンパー
banpā

die Windschutzscheibe
フロントガラス
furonto garasu

die Trittstufe
ステップ
suteppu

der Kraftstofftank
ガソリンタンク
gasorin tanku

der Autotransporter
車輌運搬車
sharyō unpansha

die Schneefräse
除雪車
jyosetsusha

die Straßenkehr-maschine
路面清掃車
romen seisōsha

der Müllwagen
ごみ回収車
gomi kaishūsha

der Tankwagen
タンカー
tankā

der Sattelzug
連結式トラック
renketsushiki torakku

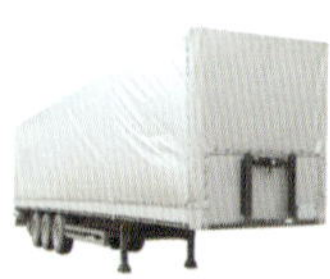

der Auflieger
トレーラー
torērā

der Flachbettauflieger
フラットベッドトレーラー
furattobeddo torērā

WEITERE FAHRZEUGE – その他の乗り物 sonota no norimono

der Bagger
パワーショベル
pawā shoberu

der Radlader
ホイールローダー
hoīru rōdā

der Betonmischer
コンクリートミキサー
konkurīto mikisā

der Kipper
ダンプカー
danpukā

der Wohnwagen
キャンピングトレーラー
kyanpingu torērā

das Wohnmobil
キャンピングカー
kyanpingu kā

der Gabelstapler
フォークリフト
fōkurifuto

das Feuerwehrfahrzeug
消防車
shōbōsha

der Anhänger
トレーラー
torērā

der Traktor
トラクター
torakutā

der Polizeiwagen
パトロールカー
patorōrukā

das Taxi
タクシー
takushī

der Abschleppwagen
レッカー車
rekkā sha

der Fahrzeugkran
クレーン車
kurēn sha

der Taxistand
タクシー乗り場
takushī noriba

ein Taxi herbeiwinken
タクシーを拾う
takushī o hirou

DER ZUG - 列車 ressha

der Zug 列車 ressha

der Führerstand 運転士室 untenshi shitsu

das Kleinabteil コンパートメント konpātomento

die Gepäckablage 手荷物置き場 tenimotsu okiba

die Schiene 線路 senro

der Waggon 車両 sharyō

die Armlehne 肘掛け hijikake

der Sitz 座席 zaseki

die Kopflehne ヘッドレスト heddo resuto

der Güterzug 貨物列車 kamotsu ressha

die Straßenbahn 路面電車 romen densha

die U-Bahn 地下鉄 chikatetsu

die Einschienenbahn モノレール monorēru

die Dampflok 蒸気機関車 jōki kikansha

der Hochgeschwindigkeitszug	高速列車 kōsoku ressha
das Großraumabteil	オープンサロン車両 ōpun saron sharyō
die Oberleitung	架線 kasen
die erste Klasse	一等車 ittōsha
die zweite Klasse	二等車 nitōsha
der Klapptisch	折り畳み式テーブル oritatamishiki tēburu
der Triebwagen	動力車 dōryokusha
die Sitzplatzreservierung	指定席 shitēseki

DER ZUG – 列車 ressha

Am Bahnhof – 駅で eki de

der Bahnsteig
プラットフォーム
purattofōmu

einsteigen
乗る
noru

aussteigen
降りる
oriru

das Geländer
柵
saku

die Gleisnummer
ホーム番号
hōmu bangō

der Wegweiser
案内標識
annai hyōshiki

der Reisende
乗客
jyōkyaku

die Rolltreppe
エスカレーター
esukarētā

die Bahnhofshalle
駅コンコース
eki konkōsu

der Fahrkartenschalter
切符発売窓口
kippu hatsubai madoguchi

der Fahrkarten-automat
切符自動販売機
kippu jidō hanbaiki

die Schaffnerin
車掌
shashō

die Verspätung	遅延 chien
pünktlich	時間通り jikan dōri
umsteigen	乗り換える norikaeru
schwarzfahren	無賃乗車 muchin jōsha
Eine einfache Fahrt nach ..., bitte.	。。。へ片道切符お願いします。 … e katamichi kippu onegai shimasu.
hin und zurück	往復 ōfuku
Ist dieser Platz noch frei?	この席は空いていますか。Kono seki wa aite imasu ka.

der Kofferkuli
手荷物運搬用カート
tenimotsu unpanyō kāto

DAS FLUGZEUG – 飛行機 hikōki

das Verkehrsflugzeug
旅客機
ryokakuki

der Windsack
吹き流し
fukinagashi

Ihr Flug ist jetzt zum Einsteigen bereit.	ただいまお客様を機内にご案内する準備が整いました。 Tadaima okyakusama o kinai ni goannaisuru jyunbi ga totonoi mashita.
die Fluggesellschaft	航空会社 kōkūgaisha
der Flugsicherungsdienst	航空交通管制 Kōkūkōtsū kansei
der Pilot/die Pilotin	パイロット pairotto
die erste Klasse	ファーストクラス fāsuto kurasu
die Businessklasse	ビジネスクラス bijinesu kurasu
die Economyklasse	エコノミークラス ekonomī kurasu

DAS FLUGZEUG – 飛行機 hikōki

Im Flugzeug – 機内で kinai de

die Sicherheitsanweisung
機内安全説明
kinai anzen setsumei

die Flugbegleiterin
乗務員
jōmuin

der Sitzplatz
座席
zaseki

das Gepäckfach
荷物入れ
nimotsu ire

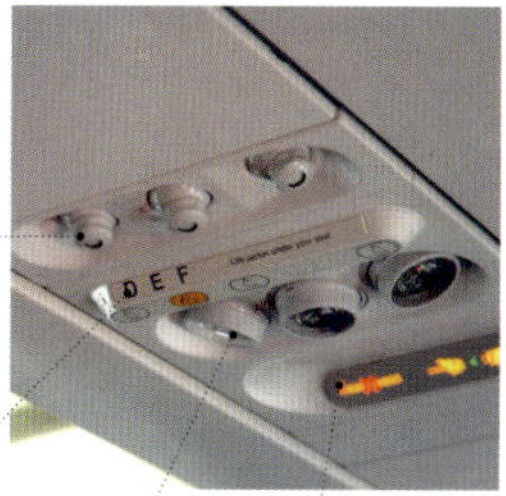

die Luftdüse
空気噴射口
kūki funsha guchi

die Sitznummer
座席番号
zaseki bangō

der Nichtraucherflug
禁煙フライト
kinen furaito

die Leselampe
読書灯
dokusho tō

das Handgepäck
手荷物
tenimotsu

der Gang
通路
tsūro

der Notausgang
非常口
hijōguchi

der Sitzabstand
座席間隔
zaseki kankaku

die Sitzreihe	座席の列 zaseki no retsu
der Sicherheitsgurt	シートベルト sīto beruto
sich anschnallen	シートベルトを締める sīto beruto o shimeru
die Start- und Landebahn	滑走路 kassōro
fliegen	飛ぶ tobu
starten	離陸する ririku suru
landen	着陸する chakuriku suru
die Turbulenzen	乱気流 rankiryū
die Notlandung	緊急着陸 kinkyū chakuriku
die Sauerstoffmaske	酸素マスク sanso masuku

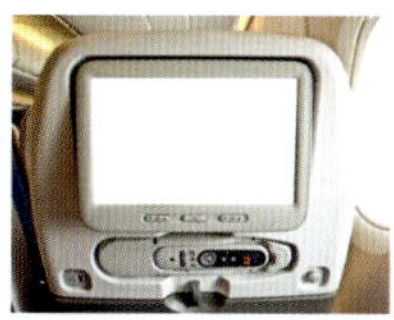

der Bildschirm für das Bordprogramm
機内エンターテイメントシステムの画面
kinai entāteimento shisutemu no gamen

DAS FLUGZEUG – 飛行機 hikōki

Am Flughafen – 空港で kūkō de

der Check-in-Automat
自動チェックイン機
jidō chekkuinki

der Check-in-Schalter
チェックインカウンター
chekkuin kauntā

die Bordkarte
搭乗券
tōjōken

der Reisepass
パスポート
pasupōto

die Ankunft
到着
tōchaku

der Abflug
出発
shuppatsu

das Terminal
ターミナル
tāminaru

der Zoll
税関
zeikan

die Sicherheits-kontrolle
保安検査
hoan kensa

die Ticketkontrolle
搭乗券のチェック
tōjōken no chekku

der Duty-free-Laden
免税店
menzeiten

die Fluggasttreppe
タラップ
tarappu

der Flugsteig
搭乗ゲート
tōjō gēto

die Fluggastbrücke
ボーディングブリッジ
bōdingu burijji

der Kontrollturm
管制塔
kanseitō

der Fluglotse
航空管制官
kōkū kanseitō

DAS FLUGZEUG – 飛行機 hikōki

Am Flughafen – 空港で kūkō de

① *die Anzeigetafel*
案内板
annai ban

② *das Reiseziel*
行先
ikisaki

der Langstreckenflug
長距離フライト
chōkyori furaito

der Auslandsflug
国際線
kokusai sen

der Inlandsflug
国内線
kokunai sen

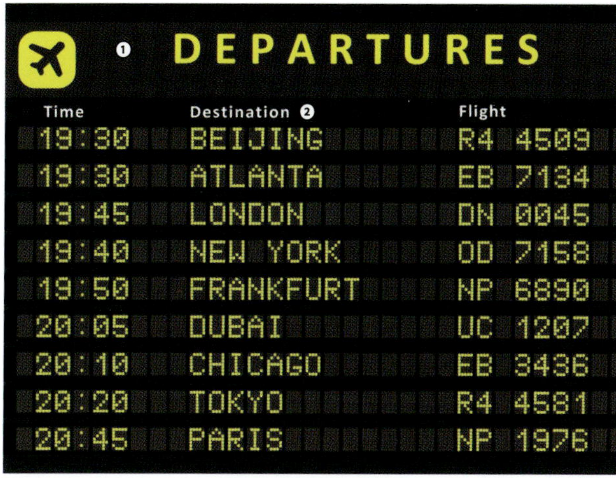

der Rollkoffer
トローリーバッグ
torōrī baggu

das Übergepäck
超過荷物
chōka nimotsu

das Gepäckband
荷物引き取りターンテーブル
nimotsu hikitori tāntēburu

der Fahrsteig
動く歩道
ugoku hodō

die Zwischenlandung	ストップオーバー sutoppu ōbā
einen Flug buchen	フライトを予約する furaito o yoyaku suru
der/das Online-Check-in	オンラインチェックイン onrain chekku in
die Buchungsnummer	予約番号 yoyaku bangō
das Visum	ビザ biza
die Gepäckkontrolle	手荷物検査 tenimotsu kensa
der Gepäckabschnitt	手荷物半券 tenimotsu hanken
der Währungsumtausch	両替 ryōgae

der Rucksack
リュックサック
ryukkusakku

DAS SCHIFF – 船舶 senpaku

das Kreuzfahrtschiff
クルージング船
kurūjingu sen

die Radarantenne
レーダー用アンテナ
rēdāyō antena

das Deck
甲板
kanpan

die Kabine
船室
senshitsu

der Schornstein
煙突
entotsu

die Funkantenne
無線用アンテナ
musenyō antena

die Backbordseite
左舷側
sagen gawa

der Rumpf
船体
sentai

das Bullauge
舷側の丸窓
gensoku no marumado

die Steuerbordseite
右舷側
ugen gawa

der Bug
船首
senshu

das Rettungsboot
救命ボート
kyūmei bōto

der Bugwulst
船首バルブ
senshu barubu

das Segelboot
ヨット
yotto

die Motorjacht
エンジン付きヨット
enjin tsuki yotto

das Motorboot
モーターボート
mōtā bōto

der Katamaran
双胴型ヨット
sōdōgata yotto

DAS SCHIFF – 船舶 senpaku

Der Hafen – 港 minato

der Containerhafen
コンテナターミナル
kontena tāminaru

das Containerlager
コンテナ倉庫
kontena sōko

die Fracht
貨物
kamotsu

der Kai
波止場
hatoba

der Kran
クレーン
kurēn

das Containerschiff
コンテナ船
kontena sen

der Leuchtturm
燈台
tōdai

die Vertäuung
係留
keiryū

der Poller
係柱
keichū

die Boje
浮標
fuhyō

den Anker werfen/lichten	錨を下ろす/上げる ikari o orosu/ageru
die Küstenwache	沿岸警備隊 engan keibitai
anlegen	接岸させる setsugan saseru
auslaufen	出港する shukkō suru
an Bord gehen	乗船する jyōsen suru
von Bord gehen	下船する gesen suru
der Landungssteg	上陸用桟橋 jōriku yō sanbashi
das U-Boot	潜水艦 sensuikan

die Fähre
フェリー
ferī

IN DER STADT

町で

machi de

DIE INNENSTADT – 都心 toshin

die Vorstadt
郊外
kōgai

die Brücke
橋
hashi

der Fluss
川
kawa

die Straße
通り
tōri

das Geschäftsviertel
オフィス街
ofisu gai

der Fernsehturm
テレビ塔
terebitō

der Wohnblock
住宅街区
jyūtakugaiku

der Dom
大聖堂
daiseidō

der Gehweg
歩道
hodō

die Altstadt
旧市街
kyūshigai

der Turm
塔
tō

die Straßenbeleuchtung
街灯
gaitō

die Seitenstraße
裏通り
uradōri

der Boulevard
大通り
ōdōri

die Treppe
階段
kaidan

die Gasse
路地
roji

DIE INNENSTADT - 都心 toshin

der Park
公園
kōen

der Kanal
運河
unga

das Ausgehviertel
繁華街
hankagai

der Platz
広場
hiroba

das Einkaufsviertel
ショッピング街
shoppingugai

das Industriegebiet
工業地域
kōgyō chiiki

das Wohngebiet
住宅区域
jūtaku kuiki

das Rathaus
市庁舎
shichōsha

die Universität
大学
daigaku

die Schule
学校
gakkō

die Post
郵便局
yūbinkyoku

die Feuerwache
消防署
shōbōsho

die Polizeiwache
交番
kōban

das Krankenhaus
病院
byōin

die Bibliothek
図書館
toshokan

das Gerichtsgebäude
裁判所
saibansho

DIE INNENSTADT – 都心 toshin

Gebäude in der Innenstadt – 都心の建物 toshin no tatemono

der Wolkenkratzer
超高層ビル
chō kōsōbiru

die Burg
城塞
jōsai

das Schloss
城
shiro

die Kirche
教会
kyōkai

die Moschee
モスク
mosuku

die Synagoge
シナゴーグ
sinagōgu

der Tempel
寺院
jiin

die Ruine
崩れた古城
kuzureta kojō

das Bürogebäude
オフィスビル
ofisu biru

das Theater
劇場
gekijō

das Kino
映画館
eigakan

die Fabrik
工場
kōjō

die Botschaft
大使館
taishikan

das Opernhaus
オペラハウス
opera hausu

das Museum
博物館
hakubutsukan

die Kunsthalle
美術館
bijutsukan

DIE INNENSTADT – 都心 toshin

Auf der Straße – 通りで tōri de

die Straßenlaterne
街灯
gaitō

die Fußgängerampel
歩行者用交通信号灯
hokōshayō kōtsūshingōtō

die Ampel
信号
shingō

das Denkmal
記念碑
kinenhi

der Abfalleimer
ゴミ箱
gomibako

der Kanaldeckel
マンホールのふた
manhōru no futa

der Hydrant
消火栓
shōka sen

der Friedhof
墓地
bochi

die Bushaltestelle
バス停
basutei

der Kiosk
キオスク
kiosuku

die Tiefgarage
地下駐車場
chika chūshajō

die Fußgängerzone
歩行者天国
hokōsha tengoku

Entschuldigen Sie bitte, wie komme ich nach …?	すみません。。。へはどう行けばいいですか。 Sumimasen … ewa dōikeba ii desu ka.
Könnten Sie mir bitte sagen, wo … ist?	。。。がどこにあるのか教えていただけますか。 … ga dokoni arunoka oshiete itadakemasu ka.
Könnten Sie mir das bitte auf der Karte zeigen?	それを地図で示して下さいませんか。 Sore o chizu de shimeshite kudasaimasen ka.
an der Ecke	角に kado ni
rechts/links abbiegen	右/左に曲がる migi/hidari ni magaru
auf der rechten/linken Seite	右/左側に migi/hidari gawa ni

DIE INNENSTADT – 都心 toshin

Das Hotel – ホテル hoteru

die Rezeption
レセプション
resepushon

die Empfangsdame
フロントの女性
furonto no josei

die Schlüsselkarte
カードキー
kādo kī

die Klingel
卓上ベル
takujyō beru

die Lobby
ロビー
robī

die Bar
バー
bā

das Restaurant
レストラン
resutoran

die Hotelanlage
ホテルの設備
hoteru no setsubi

das Doppelzimmer
ダブルルーム
daburu rūmu

das Zweibettzimmer
ツインルーム
tsuin rūmu

das Einzelzimmer
シングルルーム
singuru rūmu

der Fitnessraum
ジム
jimu

der Pool
プール
pūru

Ich habe ein Zimmer unter dem Namen ... gebucht.	。。。の名前でシングルルームを予約しました。 ... no namae de singuru rūmu o yoyaku shimashita.
Was kostet das Zimmer, bitte?	その部屋はいくらですか。 Sono heya wa ikura desu ka.
Ich hätte gerne ein Doppelzimmer für eine Nacht.	ダブルルームを一泊お願いしたいんですが。 Daburu rūmu o ippaku onegai shitain desu ga.
Haben Sie ein Zimmer frei?	一部屋空いていますか。 Hitoheya aite imasu ka.

DIE INNENSTADT – 都心 toshin

Das Hotel – ホテル hoteru

der/die Concierge
コンシェルジュ
konsheruju

der Kofferwagen
カート
kāto

der Türanhänger „Bitte nicht stören“
ドア札「邪魔しないで下さい」
doa fuda „Jama shinai de kudasai“

die Gepäckablage
バゲージラック
bagēji rakku

der Zimmerservice
ルームサービス
rūmu sābisu

das Zimmermädchen
客室係
kyakushitsu gakari

die Suite
スイート
suīto

die Toilettenartikel
アメニティ用品
amenitī yōhin

die Minibar
ミニバー
minibā

die Zimmernummer
部屋番号
heya bangō

das Frühstücksbuffet
朝食ビュッフェ
chōshoku byuffe

das Drei-/Vier-Sterne-Hotel	三ツ/四ツ星ホテル mitsu/yotsu boshi hoteru
das Familienzimmer	ファミリールーム famirī rūmu
ein-/auschecken	チェックイン/アウト chekku in/auto
die Halbpension	2食付宿泊 ni-shoku tsuki shukuhaku
die Vollpension	3食付宿泊 san-shoku tsuki shukuhaku
das Zimmer mit Frühstück	朝食付きの部屋 chōshoku tsuki no heya
das Zustellbett	エキストラベッド ekisutora beddo
der Weckanruf	モーニングコール mōningu kōru

der Tresor
金庫
kinko

DIE INNENSTADT – 都心 toshin

Die Bank – 銀行 ginkō

das Chipkartenterminal
ICチップカード端末
IC chippu kādo tanmatsu

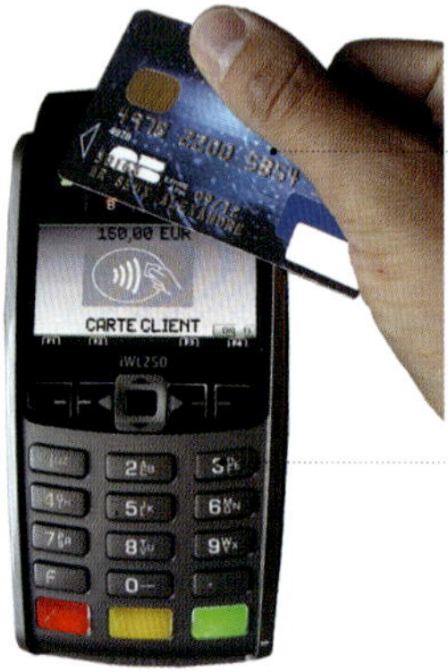

die EC-Karte
キャッシュカード
kyasshu kādo

das Tastenfeld
キーパッド
kī paddo

der Schalter
窓口
madoguchi

die Kassiererin
現金出納係
genkin suitō gakari

das Onlinebanking
オンラインバンキング
onrain bankingu

der Geldautomat
現金自動預け払い機
genkin jidō azuke baraiki

Geld abheben
引き出す
hikidasu

Geld einzahlen
払い込む
haraikomu

einen Scheck ausstellen
小切手を切る
kogitte o kiru

die Kontoüberziehung	超過引き出し chōka hikidashi
das Girokonto	振替口座 furikae kōza
das Sparkonto	貯蓄口座 chochiku kōza
die PIN-Nummer	暗証番号 anshō bangō
der Zinssatz	利率 riritsu
das Darlehen	ローン rōn
die Hypothek	抵当権 teitōken
die Kontonummer	口座番号 kōza bangō

DIE INNENSTADT – 都心 toshin

Die Bank – 銀行 ginkō

der Geldschein
紙幣
shihei

die Münze
硬貨
kōka

die Währung
通貨
tsūka

das Wertpapier
有価証券
yūka shōken

der Wechselkurs
外国為替相場
gaikoku kawase sōba

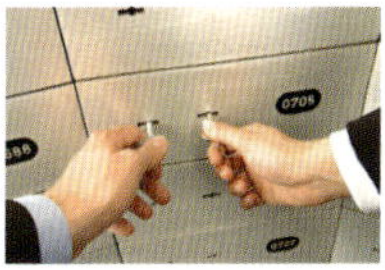

das Bankschließfach
銀行の貸金庫
ginkō no kashikinko

der Tresor
金庫
kinko

die Kreditkarte
クレジットカード
kurejitto kādo

die Börse
株式市場
kabushiki shijō

der Börsenkurs
株式相場
kabushiki sōba

der Finanzberater
ファイナンシャルアドバイザー
fainansharu adobaizā

die Rechnung
請求書
seikyūsho

Könnten Sie mir das bitte wechseln?	これを両替していただけますか。 Kore o ryōgae shite itadakemasu ka.
Wie ist der aktuelle Wechselkurs?	本日のレートはいくらですか。 Honjitsu no rēto wa ikuradesu ka.
Ich möchte gerne ein Konto eröffnen.	口座を開きたいのですが。 Kōza o hirakitai no desu ga.
der Betrag	金額 kingaku
der Reisescheck	トラベラーズチェック toraberāzu chekku
das Eigenkapital	自己資本 jikoshihon
die Provision	手数料 tesūryō
die Wechselstube	両替所 ryōgae sho

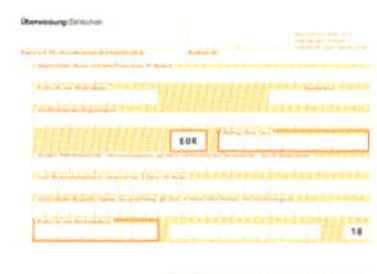

der Überweisungs-schein
口座振込み用紙
kōza furikomi yōshi

EINKAUFEN – 買い物 kaimono

Läden und Geschäfte – 店と商店 mise to shōten

der Markt
市場
ichiba

der Marktstand
露店
roten

das Schaufenster
ショーウインドー
shō uindō

die Tierhandlung
ペットショップ
petto shoppu

der Gemüseladen
八百屋
yaoya

die Metzgerei
肉屋
nikuya

die Bäckerei
パン屋
panya

die Konditorei
ケーキ屋
kēkiya

der Supermarkt
スーパーマーケット
sūpā māketto

das Fischgeschäft
魚屋
sakanaya

die Weinhandlung
ワイン販売店
wain hanbaiten

der Blumenladen
花屋
hanaya

das Lebensmittel-geschäft
食料品店
shokuryōhin ten

der Bioladen
オーガニック食料品店
ōganikku shokuryōhin ten

das Schreibwaren-geschäft
文房具店
bunbōguya

der Tante-Emma-Laden
小さな個人商店
chiisana kojin shōten

EINKAUFEN – 買い物 kaimono

Läden und Geschäfte – 店と商店 mise to shōten

der Buchladen
本屋
honya

die Drogerie
ドラッグストア
doraggu stoa

die Boutique
ブティック
butikku

der Antiquitätenladen
骨董品店
kottōhin ten

der Spielzeugladen
玩具屋
omochaya

das Juweliergeschäft
宝石店
hōsekiten

das Möbelgeschäft
家具店
kaguten

der Elektrofachmarkt
電器店
denki ten

das Schuhgeschäft
靴屋
kutsuya

der Friseursalon
美容院
biyōin

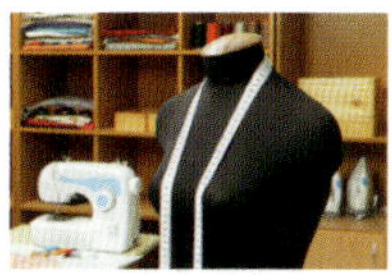

die Schneiderei
洋裁店
yōsaiten

die Parfümerie
香水店
kōsuiten

der Baumarkt
ホームセンター
hōmu sentā

der Geschenkeladen
ギフトショップ
gifuto shoppu

die Apotheke
薬局
yakkyoku

der Optiker
眼鏡店
meganeten

EINKAUFEN - 買い物 kaimono

Das Einkaufszentrum - ショッピングセンター shoppingu sentā

der Lichthof
吹き抜け
fukinuke

die zweite Etage
三階
sangai

die erste Etage
二階
nikai

das Geschäft
店
mise

die Rolltreppe
エスカレーター
esukarētā

das Erdgeschoss
一階
ikkai

die Verkäuferin
店員
tenin

der Food Court
フードコート
fūdo kōto

die Umkleidekabine
試着室
shichaku shitsu

der Parkplatz
駐車場
chūsha jō

der Wickelraum
ベビールーム
bebī rūmu

der Kundendienst	サービスカウンター sābisu kauntā
Könnten Sie mir bitte ... zeigen?	...を見せていただけますか。 ... o misete itadakemasu ka.
Wie viel kostet es?	それはいくらですか。 Sore wa ikura desu ka.
Kann ich das bitte umtauschen?	これを交換していただきたいのですが。 Kore o kōkan shite itadakitai no desuga.
Könnten Sie das bitte als Geschenk einpacken?	これをプレゼント用に包んでいただけますか。 Kore o purezentoyō ni tsutsunde itadakemasu ka.
der Ausverkauf	バーゲンセール bāgen sēru

EINKAUFEN - 買い物 kaimono

Das Kaufhaus - デパート depāto

die Schaufensterpuppe
ショーウインドーのマネキン人形 shō uindō no manekin ningyō

die Einkaufstüte
買い物袋
kaimono bukuro

die Taschenabteilung
鞄用品売り場
kaban yōhin uriba

der Imbissbereich
カフェテリア
kafeteria

die Sportabteilung
スポーツ用品売り場
supōtsu yōhin uriba

die Kurzwaren
裁縫用品
saihō yōhin

die Unterwäsche
下着
shitagi

die Kosmetikabteilung
化粧品売り場
keshōhin uriba

die Herrenabteilung
紳士用品売り場
shinshi yōhin uriba

die Damenabteilung
婦人用品売り場
fujin yōhin uriba

die Kinderabteilung
子供用品売り場
kodomo yōhin uriba

die Schuhabteilung
靴売り場
kutsu uriba

die Lebensmittel-abteilung
食料品売り場
shokuryōhin uriba

die Multimedia-Abteilung
マルチメディア製品売り場
maruchimedia seihin uriba

die Heimtextilien-abteilung
家庭用品売り場
kateiyōhin uriba

die Schreibwaren-abteilung
文房具売り場
bunbōgu uriba

EINKAUFEN - 買い物 kaimono

Der Supermarkt - スーパー sūpā

der Kassierer
レジ係
reji gakari

die Kundin
客
kyaku

die Ware
商品
shōhin

das Warentransport-band
ベルトコンベア
beruto konbea

das Warenregal
陳列棚
chinretsu dana

der Einkaufswagen
カート
kāto

die Kasse
レジ
reji

der Scanner
スキャナー
sukyanā

die Käsetheke
チーズ売り場
chīzu uriba

die Fleischtheke
肉売り場
niku uriba

die Einkaufsliste
買い物リスト
kaimono risuto

der Gang
通路
tsūro

der Einkaufskorb
買い物籠
kaimono kago

der Strichcode
バーコード
bākōdo

das Sonderangebot
セール
sēru

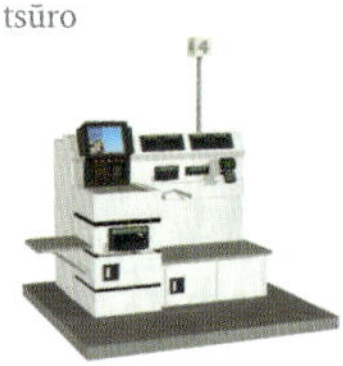

die Selbstbedienungs-kasse
セルフサービスのレジ
serufu sābisu no reji

EINKAUFEN - 買い物 kaimono

Der Supermarkt - スーパー sūpā

das Kühlregal
冷蔵ショーケース
reizō shōkēsu

die Milchprodukte
乳製品
nyūseihin

die Tiefkühlkost
冷凍食品
reitōshokuhin

das Obst und Gemüse
果物と野菜
kudamono to yasai

das Fleisch und Geflügel
肉類
nikurui

die Konserven
保存食品
hozonshokuhin

die Feinkost
惣菜
souzai

der Kassenzettel
レシート
reshīto

die Babyartikel
ベビー用品
bebī yōhin

die Frühstücksflocken
朝食用シリアル
chōshoku yō shiriaru

die Backwaren
ベーカリー製品
bēkarīseihin

die Fischtheke
鮮魚売り場
sengyo uriba

die Getränke	飲料品 inryōhin
die Süßigkeiten	菓子 kashi
das Tierfutter	ペットフード petto fūdo
die Bioprodukte	オーガニック製品 ōganikku seihin
bezahlen	支払う shiharau
das Kleingeld	小銭 kozeni
der Preis	値段 nedan
das Preisschild	値札 nefuda

die Reinigungsmittel
洗剤
senzai

EINKAUFEN - 買い物 kaimono

Der Kiosk - キオスク kiosuku

die Zeitung
新聞
shinbun

die Zeitschrift
雑誌
zasshi

das Notizbuch
メモ帳
memochō

der/das Comic
漫画
manga

das Zeitschriftenregal
雑誌の棚
zasshi no tana

die Grußkarte
グリーティングカード
gurītingu kādo

der Lottoschein
宝くじ
takarakuji

das Buch
本
hon

der/das Kaugummi
チューインガム
chūingamu

der/das Pfefferminz-bonbon
ハッカ飴
hakkaame

der Schokoriegel
チョコバー
choko bā

der Tabak
たばこ
tabako

die Zigarette
紙巻たばこ
kamimaki tabako

die Pfeife
パイプタバコ
paipu tabako

das Feuerzeug
ライター
raitā

die Zigarre
葉巻
hamaki

CAFÉS UND BARS - 喫茶店とバー kissaten to bā

das Straßencafé
オープンカフェ
ōpun kafe

die Sonnenterrasse
日光浴向きのテラス
nikkōyoku muki no terasu

die Theke
カウンター
kauntā

die Kaffeemaschine
コーヒーメーカー
kōhīmēkā

das Tablett
トレイ
torei

der Zapfhahn
タップ
tappu

der Barkeeper
バーテンダー
bātendā

der Barista
バリスタ
barisuta

der Barhocker
バーの高い腰掛
bā no takai koshikake

der Korkenzieher
コルク栓抜き
korukusen nuki

der Cocktailshaker
シェーカー
shēkā

der Weinkühler
ワインクーラー
wain kūrā

etwas auf Rechnung setzen	勘定につける kanjyō ni tsukeru
die Rechnung übernehmen	勘定を持つ kanjō o motsu
sich auf einen Kaffee treffen	お茶する ochasuru
Wo sind bitte die Toiletten?	トイレはどこですか。Toire wa doko desu ka.
Ich hätte gern ...	｡｡｡をお願いします。 … o onegai shimasu.
Bitte ein Glas ...	｡｡｡をグラス一杯お願いします。 … o gurasu ippai onegai shimasu.
Das Gleiche noch einmal.	同じ物をもう一度お願いします。 Onajimono o mōichido onegai shimasu.

der Aschenbecher
灰皿
haizara

SEHENSWÜRDIGKEITEN – 観光名所 kankōmeisho

der Stadtplan
地図
chizu

die Touristen-information
観光案内所
kankō annaijo

der Reiseführer
観光ガイドブック
kankō gaido bukku

das Souvenir
おみやげ
omiyage

die Stadtbesichtigung
市内見物
shinai kenbutsu

die Stadtrundfahrt
市内巡り
shinai meguri

die Flussfahrt
川のクルーズ
kawa no kurūzu

das Aquarium
水族館
suizokukan

die Aussichtsplattform
展望台
tenbōdai

die Ausstellung
展覧会
tenrankai

der Straßenmusiker
ストリートミュージシャン
sutorīto myūjishan

der Straßenkünstler
大道芸人
daidō geinin

die Warteschlange
順番待ちの列
jyunbanmachi no retsu

der Fremdenführer	観光ガイド kankō gaido
die Fremdenführerin	観光ガイド kankō gaido
der Ausflug	小旅行 shō ryokō
die Öffnungszeiten	開館時間 kaikan jikan
geöffnet	開館 kaikan
geschlossen	閉館 heikan
das Eintrittsgeld	入場料 nyūjōryō
die Ermäßigung	割引 waribiki

DIE ARCHITEKTUR - 建築 kenchiku

klassizistisch
擬古典主義の
gikotenshugi no

gotisch
ゴシック様式の
goshikku yōshiki no

barock
バロック様式の
barokku yōshiki no

romanisch
ロマネスク様式の
romanesuku yōshiki no

die Renaissance
ルネッサンス
runessansu

der/das Art déco
アールデコ
āru deko

der Jugendstil
ユーゲント様式
yūgento yōshiki

das Rokoko
ロココ様式
rokoko yōshiki

das Bauhaus
バウハウス
bauhausu

die Säule
円柱
enchū

der Bogen
アーチ形
āchigata

die Kuppel
ドーム
dōmu

die Fassade	ファサード fasādo
der Flügel	翼部 tsubasabu
das Gewölbe	丸天井 marutenjō
das Grabmal	墓標 bohyō
der Innenhof	中庭 nakaniwa
die Stadtmauer	市の外壁 shi no gaiheki
die Katakomben	地下墓地 chikabochi
die Gedenkstätte	記念の地 kinen no chi

das Wahrzeichen
シンボル
shinboru

PARK UND SPIELPLATZ – 公園と遊び場 kōen to asobiba

der Kurpark
遊歩公園
yūho kōen

① *der Pavillon*
パビリオン
pabirion

② *der Fußweg*
歩道
hodō

③ *die Liegewiese*
日光浴用の芝生
nikkōyokuyō no shibafu

die Gartenanlage
庭園
teien

④ *der Brunnen*
噴水
funsui

⑤ *die Parkbank*
公園のベンチ
kōen no benchi

der botanische Garten
植物園
shokubutsuen

der Schlosspark
宮殿の大庭園
kyūden no daiteien

der Landschaftspark
風景式庭園
fūkeishiki teien

der See
湖
mizuumi

der Nationalpark
国立公園
kokuritsu kōen

der Bergpark
山岳公園
sangaku kōen

der Zoo
動物園
dōbutsuen

der Wildpark
サファリパーク
safari pāku

PARK UND SPIELPLATZ – 公園と遊び場 kōen to asobiba

der Spielplatz
遊び場
asobiba

① *das Klettergerüst*
ジャングルジム
jangurujimu

② *die Rutsche*
すべり台
suberi dai

der Sandkasten
砂場
sunaba

das Hangelgerüst
うんてい
untei

③ *die Schaukel*
ぶらんこ
buranko

④ *die Wippe*
シーソー
shīsō

der Irrgarten
迷路
meiro

der Vergnügungspark
遊園地
yūenchi

der Grillplatz
バーベキューエリア
bābekyū eria

das Picknick
ピクニック
pikunikku

spazieren gehen
散歩する
sanpo suru

das Slacklining
スラックライン
surakkurain

joggen
ジョギングする
jogingu suru

das Planschbecken
水遊び用の池
mizuasobiyō no ike

BILDUNG UND BERUF

教育と職業

kyōiku to shokugyō

DIE SCHULE – 学校 gakkō

der Kindergarten
幼稚園
yōchien

die Vorschule
就学前教育
shūgaku mae kyōiku

die Grundschule
小学校
shōgakkō

die weiterführende Schule
上級学校
jōkyūgakkō

das Gymnasium
ギムナジウム
gimunajiumu

die Klasse
学年
gakunen

die Prüfung
試験
shiken

die Aula
大講堂
daikōdō

der Computerraum
コンピューター室
konpyūtā shitsu

die Schulleiterin
校長
kōchō

die Lehrerin
先生
sensei

der Sportplatz
運動場
undō jō

die Schuluniform
学校の制服
gakkō no seifuku

der Aufsatz	作文 sakubun
die Klassenarbeit	筆記テスト hikki tesuto
die Note	成績 seiseki
seinen/ihren Abschluss machen	最終試験を受ける saishūshiken o ukeru
der mittlere Schulabschluss	上級学校卒業資格 jyōkyu gakkō sotsugyō shikaku
die Privatschule	私立学校 shiritsugakkō
das Abitur	高校卒業資格試験 kōkō sotsugyō shikaku shiken
das Internat	学生寮 gakuseiryō

DIE SCHULE – 学校 gakkō

Das Klassenzimmer – 教室 kyōshitsu

das Lehrerpult
教卓
kyōtaku

die Tafel
黒板
kokuban

der Schüler
生徒
seito

die Schülerin
女子生徒
joshiseito

der Winkelmesser
分度器
bundoki

der Bleistift
鉛筆
enpitsu

das Schulheft
ノート
nōto

das Federmäppchen
筆箱
fudebako

das Zeichendreieck
三角定規
sankaku jōgi

das Lineal
定規
jōgi

die Schultasche	通学鞄 tsūgaku kaban
das Wörterbuch	辞書 jisho
die Nachhilfe	補習 hoshū
die Kreide	チョーク chōku
das Schulbuch	教科書 kyōkasho
der Füller	万年筆 mannenhitsu
die Tintenpatrone	インクカートリッジ inkukātorijji
der Marker	マーカー mākā

der Taschenrechner
計算器
keisanki

DIE SCHULE – 学校 gakkō

Die Schulfächer – 教科 kyōka

die Biologie
生物
seibutsu

die Mathematik
数学
sūgaku

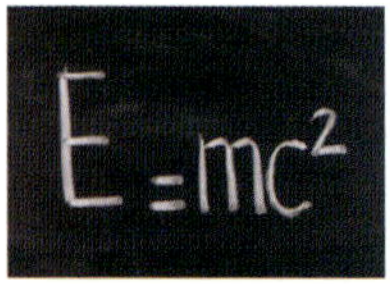

die Physik
物理
butsuri

die Chemie
化学
kagaku

der Religionsunterricht
宗教の授業
shūkyō no jugyō

der Ethikunterricht
倫理の授業
rinri no jugyō

die Kunst
芸術
geijutsu

die Erdkunde
地理
chiri

die Fremdsprachen
外国語
gaikokugo

die Geschichte
歴史
rekishi

der Sport
体育
taiiku

die Musik
音楽
ongaku

das Drama
演劇
engeki

die Informatik
情報科学
jōhōkagaku

der Werkunterricht
工作の授業
kōsaku no jugyō

die Gemeinschaftskunde
社会科
shakaika

DIE SCHULE – 学校 gakkō

Die Schulfächer – 教科 kyōka

das Technische Zeichnen
図面
zumen

die Hauswirtschaft
家政
kasei

schreiben
書く
kaku

rechnen
計算する
keisan suru

buchstabieren
字をつづる
ji o tsuzuru

lesen
読む
yomu

sich melden
手をあげる
te o ageru

die Klassenfahrt
修学旅行
shūgaku ryokō

der Stundenplan
時間割
jikan wari

der Abschlussball
卒業ダンスパーティ
sotsugyō dansu pātī

die Hausaufgabe
宿題
shukudai

das Sportfest
運動会
undōkai

zeichnen	図面を書く zumen o kaku
zählen	数える kazoeru
die Übung	練習 renshū
der Elternabend	保護者会 hogosha kai
das Zeugnis	成績表 seisekihyō
der Schüleraustausch	生徒交換プログラム seito kōkan puroguramu
der Lehrplan	カリキュラム karikyuramu
das Schulfach	学科 gakka

die Ferien
休暇
kyūka

DIE SCHULE – 学校 gakkō

Im Labor – 実験室で jikkenshitsu de

der Versuch
実験
jikken

die Schutzbrille
保護めがね
hogo megane

der Kittel
白衣
hakui

das Reagenzglas
試験官
shikenkan

der Chemikalienhandschuh
ゴム手袋
gomu tebukuro

die Laborausrüstung
実験室設備
jikkenshitsu setsubi

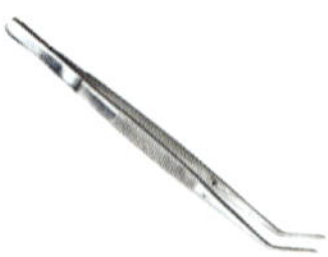

die Pinzette
ピンセット
pinsetto

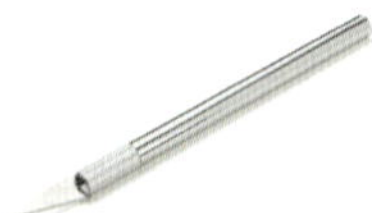

das Skalpell
メス
mesu

die Lupe
虫眼鏡
mushi megane

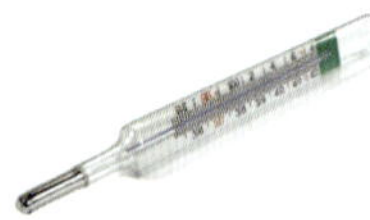

das Thermometer
温度計
ondokei

die Laborwaage
天秤
tenbin

die Stoppuhr
ストップウォッチ
sutoppu wocchi

der Magnet
磁石
jishaku

die Batterie
電池
denchi

DIE SCHULE – 学校 gakkō

Im Labor – 実験室で jikkenshitsu de

das Mikroskop
顕微鏡
kenbikyō

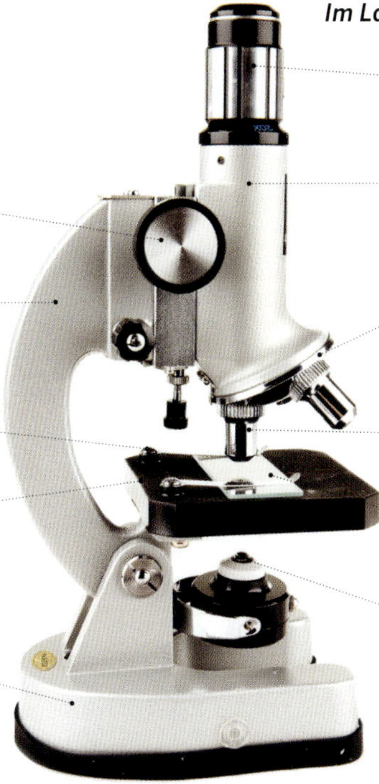

das Okular
接眼レンズ
setsugan renzu

der Tubus
鏡筒
kyōtō

das Einstellrad
焦点調節ノブ
shōten chōsetsu nobu

der Objektivrevolver
レボルバー
reborubā

das Stativ
アーム
āmu

die Objektklemme
クリップ
kurippu

das Objektiv
対物レンズ
taibutsu renzu

der Objekttisch
ステージ
sutēji

der Objektträger
スライドガラス
suraido garasu

der Fuß
台座
daiza

die Lampe
光源ランプ
kōgen ranpu

die Pipette
ピペット
pipetto

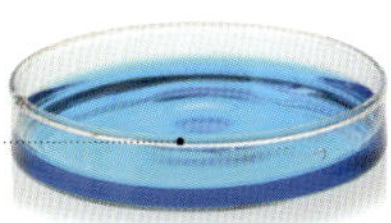

die Petrischale
シャーレー
shāre

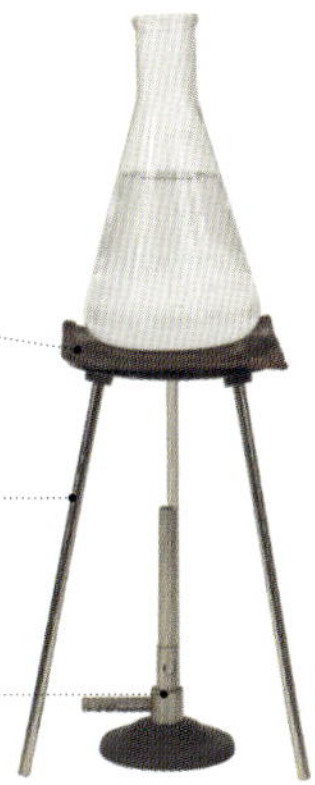

das Drahtnetz
ワイヤー金網
waiyā kanaami

der Dreifuß
三脚
sankyaku

der Bunsenbrenner
ブンゼンバーナー
bunzenbānā

DIE SCHULE – 学校 gakkō

In der Pause – 休憩時間に kyūkei jikan ni

die Mittagspause
昼休み
hiruyasumi

das Tablett
トレー
torē

die Butterbrotdose
弁当箱
bentō bako

das Pausenbrot
休憩の軽食
kyūkei no keishoku

die Schulglocke
始業ベル
shigyō beru

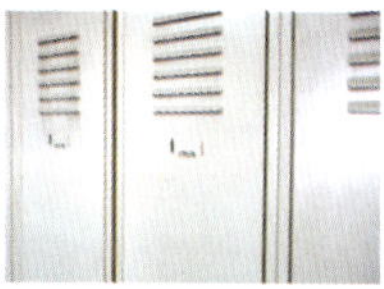

der Spind
ロッカー
rokkā

die Pause
休憩
kyūkei

der Schulhof
校庭
kōtei

Himmel und Hölle spielen
ケンケンパ遊びをする
kenkenpa asobi o suru

der Speisesaal
食堂
shokudō

das Lunchpaket
お弁当
obentō

die Essensausgabe
配食窓口
haishoku madoguchi

DIE SCHULE – 学校 gakkō

Die Sporthalle – 体育館 taiikukan

der Volleyball
バレーボール
barēbōru

der Basketball
バスケットボール
basukettobōru

der Handball
ハンドボール
handobōru

der Fußball
サッカーボール
sakkābōru

der Baseball
野球ボール
yakyūbōru

der Federball
シャトル
shatoru

der Tennisball
テニスボール
tenisubōru

der Football
アメリカンフットボール
amerikan futtobōru

der Puck
パック
pakku

der Basketballkorb
バスケット
basuketto

die Sprossenwand
ろくぼく
rokuboku

das Korbbrett
バックボード
bakkubōdo

die Strickleiter
縄ばしご
nawabashigo

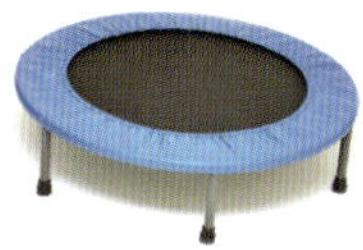

das Trampolin
トランポリン
toranborin

die Ringe
吊り輪
tsuriwa

das Springseil
縄跳びの縄
nawatobi no nawa

DIE UNIVERSITÄT – 大学 daigaku

der Campus
キャンパス
kyanpasu

der Hörsaal
講堂
kōdō

die Politikwissenschaft
政治学
seijigaku

die Kunstgeschichte
美術史
bijyutsushi

die Rechtswissenschaft
法学
hōgaku

die Betriebswirtschaftslehre
経営学
keieigaku

die Geisteswissenschaften
人文科学
jinmonkagaku

die Naturwissenschaften
自然科学
shizenkagaku

das Ingenieurwesen
工学
kōgaku

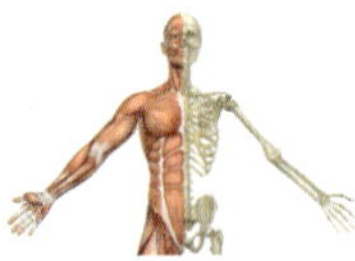

die Medizin
医学
igaku

die Pädagogik
教育学
kyōikugaku

der Professor
教授
kyōju

die Dozentin
大学講師
daigakukōshi

das Diplom	卒業証書 sotsugyō shōsho
der Bachelor	学士 gakushi
der Master	修士 shūshi
die Dissertation	学術論文 gakujutsu ronbun
die Promotion	博士号の取得 hakushigō no shutoku
die Habilitation	大学教授資格の取得 daigakukyōju shikaku no shutoku
die Forschung	研究 kenkyū
das Forschungsinstitut	研究機関 kenkyū kikan

DIE UNIVERSITÄT – 大学 daigaku

ein Referat halten
研究報告をする
kenkyūhōkoku o suru

das Seminar
セミナー
seminā

die Vorlesung
講義
kōgi

die Klausur
筆記試験
hikki shiken

der Lesesaal
閲覧室
etsuranshitsu

die Ausleihe
貸出窓口
kashidashi madoguchi

das Bücherregal
本棚
hondana

die mündliche Prüfung
口答試験
kōtō shiken

sein Studium abschließen
大学を卒業する
daigaku o sotsugyō suru

das Studentenwohnheim
学生寮
gakuseiryō

die Mensa
学生食堂
gakusei shokudō

die Bibliothek
図書館
toshokan

der Student
学生
gakusei

der Bibliothekar	司書 shisho
die Bibliothekarin	司書 shisho
der Bibliotheksausweis	図書館カード toshokan kādo
ausleihen	借りる kariru
verlängern	延長する enchō suru
vorbestellen	予約する yoyaku suru
das Rückgabedatum	返却日 henkyakubi
das Periodikum	定期刊行物 teiki kankōbutsu

DIE UNIVERSITÄT – 大学 daigaku

die Lerngruppe
研究グループ
kenkyū gurūpu

lernen
学ぶ
manabu

das Praxissemester
実習学期
jisshū gakki

das Praktikum
インターンシップ
intānshippu

das Volontariat
研修期間
kenshū kikan

das freie Jahr
ギャップイヤー
gyappu iyā

jobben
アルバイトする
arubaito suru

das schwarze Brett
掲示板
keijiban

die Ausbildung
職業訓練
shokugyō kunren

die Berufsfachschule
職業専門学校
shokugyō senmongakkō

die Kunsthochschule
美術大学
bijutsu daigaku

die Musikhochschule
音楽大学
ongaku daigaku

die Akademie für darstellende Künste
舞台芸術大学
butai geijutsu daigaku

der Studentenausweis	学生証 gakuseisho
der Kurs	コース kōsu
das Semester	学期 gakki
die Semesterferien	期末休暇 kimatsu kyūka
der Fachbereich	学部 gakubu
die Hausarbeit	課題 kadai
der Hochschulabschluss	大学の学位 daigaku no gakui
das Stipendium	奨学金 shōgakukin

DIE ARBEITSWELT – 仕事の世界 shigoto no sekai

Die Bewerbung – 応募 ōbo

das Bewerbungsgespräch
就職面接
shūshoku mensetsu

die Personalreferentin
人事担当者
jinjitantōsha

der Lebenslauf
履歴書
rirekisho

die Bewerbungsunterlagen
応募書類
ōbo shorui

die Bewerberin
応募者
ōbosha

die Stellenanzeige
求人広告
kyūjin kōkoku

die Zeitarbeit
派遣社員
hakenshain

die Festanstellung
正社員
seishain

die Karriere
キャリア
kyaria

sich um eine Stelle bewerben	**職に応募する** shoku ni ōbo suru
die Arbeitsbedingungen	**労働条件** rōdō jōken
die Schichtarbeit	**交代制労働** kōtaisei rōdō
die Teilzeit	**パートタイム** pātotaimu
die Vollzeit	**フルタイム** furutaimu
die Qualifikation	**資格** shikaku
die Berufserfahrung	**職歴** shokureki

jemanden einstellen
誰かを雇う
dareka o yatou

DIE ARBEITSWELT – 仕事の世界 shigoto no sekai

Berufe – 職業 shokugyō

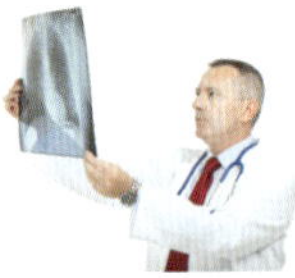

der Arzt
医師
ishi

der Chirurg
外科医
gekai

der Krankenpfleger
看護士
kangoshi

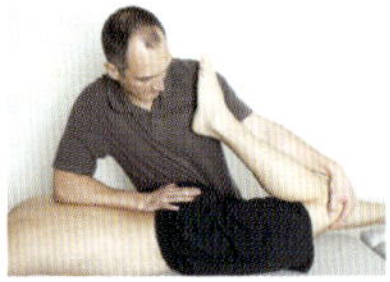

der Physiotherapeut
理学療法士
rigakuryōhōshi

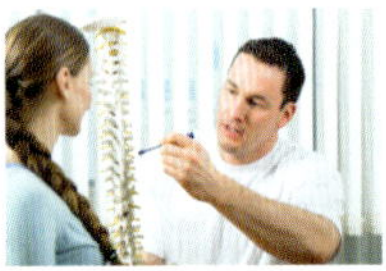

der Orthopäde
整形外科医
seikeigekai

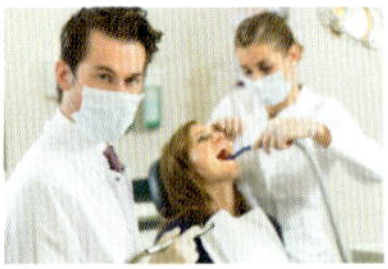

der Zahnarzt
歯科医
shikai

die Psychologin
心理学者
shinri gakusha

die Apothekerin
薬剤師
yakuzaishi

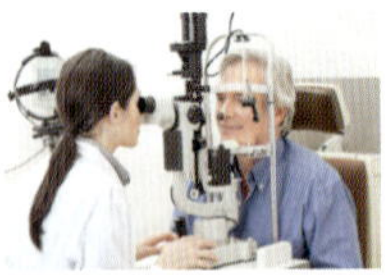

die Optikerin
眼鏡技師
gankyō gishi

der Tierarzt
獣医
jūi

die Empfangsdame
女性の受付係
josei no uketsukegakari

der Rechtsanwalt
弁護士
bengoshi

die Richterin
裁判官
saibankan

der Wirtschaftsprüfer
公認会計士
kōnin kaikeishi

die Unternehmens-beraterin
企業コンサルタント
kigyō konsarutanto

der Informatiker
情報科学者
jōhōkagakusha

DIE ARBEITSWELT – 仕事の世界 shigoto no sekai

Berufe – 職業 shokugyō

der Architekt
建築家
kenchikuka

die Ingenieurin
エンジニア
enjinia

der Schreiner
家具職人
kagushokunin

der Elektriker
電気技師
denkigishi

der Klempner
配管工
haikankō

der Dachdecker
瓦職人
kawara shokunin

der Maler
塗装工
tosōkō

der Müllmann
ごみ収集者
gomishūshūsha

die Kfz-Mechanikerin
自動車整備工
jidōsha seibikō

der Landwirt
農業経営者
nōgyō keieisha

die Soldatin
兵士
heishi

die Briefträgerin
郵便局員
yūbinkyokuin

der Bauarbeiter
土木作業員
dobokusagyōin

der Gebäudereiniger
建物清掃管理業
tatemonoseisō kanrigyō

der Landschafts-gärtner
造園家
zōenka

der Fischer
漁師
ryōshi

DIE ARBEITSWELT – 仕事の世界 shigoto no sekai

Berufe – 職業 shokugyō

der Pilot
パイロット
pairotto

die Flugbegleiterin
フライトアテンダント
furaito atendanto

der Koch
料理人
ryōrinin

der Kellner
ウェイター
weitā

der Bäcker
パン屋
panya

die Metzgerin
肉屋
nikuya

der Verkäufer
店員
tenin

die Friseurin
美容師
biyōshi

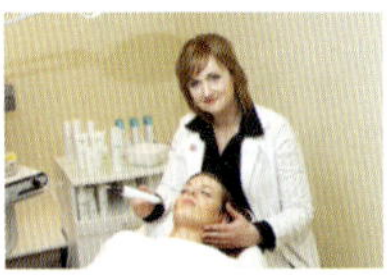

die Kosmetikerin
ビューティシャン
byūtishan

der Gärtner
庭師
niwashi

die Immobilien-maklerin
不動産業
fudōsangyō

die Bürokauffrau
事務員
jimuin

der Sanitäter
救急隊員
kyūkyūtaiin

der Busfahrer
バスの運転手
basu no untenshu

der Taxifahrer
タクシーの運転手
takushī no untenshu

der Paketzusteller
小包配達人
kozutsumi haitatsunin

DIE ARBEITSWELT – 仕事の世界 shigoto no sekai

Berufe – 職業 shokugyō

die Journalistin
ジャーナリスト
jānarisuto

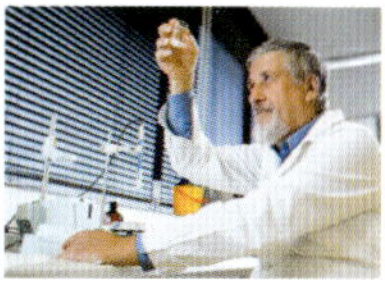

der Wissenschaftler
学者
gakusha

die Grafikerin
グラフィックデザイナー
gurafikku dezainā

der Profisportler
プロのスポーツ選手
puro no supōtsusenshu

die Moderatorin
司会者
shikaisha

die Schauspielerin
女優
joyū

die Sängerin
歌手
kashu

der Tänzer
ダンサー
dansā

die Kunstmalerin
画家
gaka

der Fotograf
写真家
shashinka

die Musikerin
音楽家
ongakuka

die Schneiderin
洋裁師
yōsaishi

der Bildhauer
彫刻家
chōkokuka

die Bankkauffrau
女性銀行員
josei ginkōin

der Bibliothekar
司書
shisho

der Lehrer
教師
kyōshi

DIE ARBEITSWELT – 仕事の世界 shigoto no sekai

Das Organigramm – 会社の組織 kaisha no soshiki

das Sekretariat
秘書課
hishoka

der kaufmännische Bereich
業務管理部門
gyōmukanri bumon

die kaufmännische Leitung
業務管理マネージメント
gyōmukanri manējimento

die IT-Leitung
ITマネージメント
IT manējimento

die Buchhaltung
経理部 keiribu

das Controlling
統括 tōkatsu

das sekundäre Geschäftsfeld
第二事業区分
daini jigyōkubun

die Geschäftsführung
本部長
honbuchō

das primäre Geschäftsfeld
第一事業区分
daiich jigyōkubun

die Geschäftsführung
本部長
honbuchō

das Team
チーム chīmu

die Teamleitung
チームリーダー
chīmu rīdā

der Angestellte
社員 shain

die Zweigstelle
支社
shisha

der Manager
マネージャー
manējā

die Aktiengesellschaft (AG)	株式会社 kabushiki gaisha
der Aktionär	株主 kabunushi
die Aktionärin	株主 kabunushi
die Gesellschaft mit beschränkter Haftung (GmbH)	有限会社 yūgen gaisha
die GmbH & Co. KG	有限合資会社 yūgen gōshi gaisha
die Kommanditgesellschaft (KG)	合資会社 gōshi gaisha
die offene Handelsgesellschaft (OHG)	合名会社 gōmei gaisha
der Konzern	コンツェルン kontsuerun

der Vorstand
取締役
torishimariyaku

der Gesellschafter
共同出資者
kyōdō shusshisha

die Geschäftsführung
社長
shachō

die stellvertretende Geschäftsführung
副社長
fukushachō

der Prokurist
署名権限者
shomei kengensha

die Personalabteilung
人事部
jinjibu

die Personalleitung
人事部マネージメント
jinjibu manējimento

die Rechtsabteilung
法務部
hōmubu

die Marketingabteilung
マーケティング部
māketingu

die Marketingleitung
マーケティングマネージメント
māketingu manējimento

die PR-Abteilung
広報部
kōhōbu

die Produktion
生産
seisan

die Produktionsleitung
生産マネージメント
seisan manējimento

der Betriebsrat
職場委員会
shokuba iinkai

der Vertrieb
営業部
eigyōbu

die Vertriebsleitung
営業マネージメント
eigyō manējimento

das Key-Account-Management
キーアカウントマネージメント
kīakaunto manējimento

der Außendienst
外勤
gaikin

der Innendienst
内勤
naikin

der Kundendienst
サービス部門
sābisu bumon

die Kundenakquise
顧客開拓
kokyaku kaitaku

DAS BÜRO – オフィス ofisu

Büromöbel – オフィス家具 ofisu kagu

der Arbeitsplatz
職場
shokuba

die Ablage
文書トレイ
bunsho torei

die Schublade
引き出し
hikidashi

die Büromöbel
オフィス家具
ofisu kagu

der Schreibtisch
机
tsukue

die Schreibunterlage
デスクマット
desuku matto

der Bürostuhl
椅子
isu

der Safe
金庫
kinko

der Aktenschrank
ファイルキャビネット
fairu kyabinetto

der Wasserspender
ウォーターサーバー
wōtasābā

die Schreibtischlampe
卓上スタンド
takujyō sutando

die Pinnwand
掲示板
keijiban

der Papierkorb
紙くずかご
kami kuzukago

der Terminkalender	システム手帳	shisutemu techō
die Akte	書類	shorui
der Aktenvernichter	シュレッダー	shureddā
das Postfach	私書箱	shishobako
der Termin	約束	yakusoku
die Hauspost	社内郵便	shanai yūbin
die Ablage für Eingänge	未決箱	miketsubako
die Teeküche	給湯室	kyūtōshitsu

DAS BÜRO – オフィス ofisu

Der Bürobedarf – 事務用品 jimu yōhin

die Schere
はさみ
hasami

der Textmarker
蛍光マーカー
keikōmākā

der Stiftehalter
デスクオーガナイザー
desuku ōganaizā

das Notizbuch
ノート
nōto

die Haftnotiz
付箋メモ
fusenmemo

der Haftstreifen
付箋紙
fusenshi

der Bleistift
鉛筆
enpitsu

der Bleistiftspitzer
鉛筆削り
enpitsu kezuri

der Radiergummi
消しゴム
keshigomu

der Kugelschreiber
ボールペン
bōrupen

die Büroklammer
ゼムクリップ
zemukurippu

die Reißzwecke
画鋲
gabyō

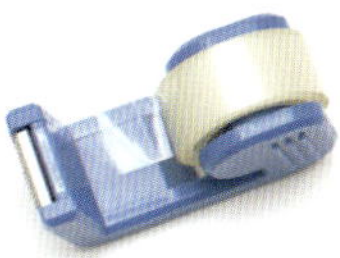

der Tesafilm®
セロテープ
serotēpu

der Tacker
ホッチキス
hocchikisu

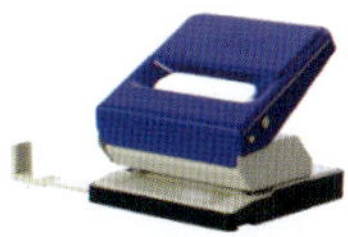

der Locher
穴あけパンチ
anaake panchi

das Hängeregister
吊り下げ式フォルダー
tsurisageshiki forudā

der Briefumschlag
封筒
fūtō

das Tipp-Ex®
修正テープ
shūsei tēpu

der Ordner
ファイル
fairu

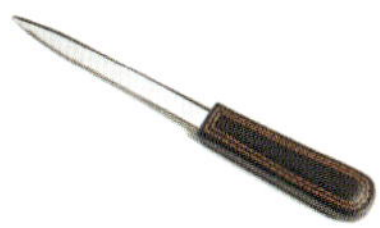

der Brieföffner
ペーパーナイフ
pēpā naifu

DAS BÜRO – オフィス ofisu

Der Besprechungsraum – 会議室 kaigi shitsu

die Sitzung
会議
kaigi

der Teamleiter
チームリーダー
chīmu rīdā

der Teilnehmer
出席者
shussekisha

die Tagesordnung
議事日程
gijinittei

protokollieren
議事録を取る
gijiroku o toru

der Besprechungstisch
会議のテーブル
kaigi no tēburu

die Präsentation
プレゼンテーション
purezentēshon

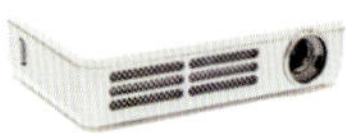

der Beamer
プロジェクター
purojekutā

das Balkendiagramm
棒グラフ
bō gurafu

das Tortendiagramm
円グラフ
engurafu

die Folie
スライド
suraido

organisieren	企画準備する kikakujunbi suru
die Besprechung	協議 kyōgi
der Bericht	報告 hōkoku
das Protokoll	議事録 gijiroku
der Vertrag	契約 keiyaku
der Geschäftsmann	実業家 jitsugyōka
die Geschäftsfrau	実業家 jitsugyōka
die Geschäftsreise	出張 shucchō

DAS BÜRO – オフィス ofisu

Der Büroalltag – オフィスの日常 ofisu no nichijō

der Arbeitgeber
雇い主
yatoinushi

① *die Assistentin*
アシスタント
ashisutanto

② *der Kollege*
同僚
dōryō

③ *der Arbeitnehmer*
従業員
jūgyōin

④ *die Kollegin*
同僚
dōryō

⑤ *die Managerin*
マネージャー
manējā

⑥ *der Chef*
上司
jōshi

die Visitenkarte
名刺
meishi

entlassen werden
解雇される
kaiko sareru

das Personal
スタッフ
sutaffu

die Elternzeit
育児休暇
ikuji kyūka

die Vertretung	代理 dairi
der Jahresurlaub	年次休暇 nenji kyūka
das Gehalt	給与 kyūyo
die Beförderung	昇級 shōkyū
jemandem kündigen	誰かを解雇する dareka o kaiko suru
seine Stelle kündigen	退職を申し出る taishoku o mōshideru
verdienen	稼ぐ kasegu
in Rente gehen	年金生活に入る nenkinseikatsu ni hairu

der Mutterschutz
出産休暇
shussan kyūka

KOMMUNI-KATION

コミュニケーション

komyunikēshon

DER COMPUTER - コンピューター konpyūtā

Der Desktop-Computer - デスクトップコンピューター desukutoppu konpyūtā

der Desktop-Computer
デスクトップコンピューター
desukutoppu konpyūtā

der Ein/Aus-Schalter
オン/オフスイッチ
on/ofu suicchi

die USB-Schnittstelle
USBインターフェース
USB intāfēsu

das CD/DVD-Laufwerk
CD/DVDディスクドライブ
CD/DVD disuku doraibu

das Computergehäuse
ケース
kēsu

die Tastatur
キーボード
kībōdo

der Bildschirm
画面
gamen

die Maus
マウス
mausu

das Scrollrad
スクロールホイール
sukurōruhoīru

die Tastatur
キーボード
kībōdo

die Escapetaste
エスケープキー
esukēpukī

die Tabulatortaste
タブキー
tabukī

die Feststelltaste
キャプスロックキー
kyapusu rokkukī

die Rücklöschtaste
バックスペースキー
bakkusupēsukī

die Eingabetaste
エンターキー
entākī

die Umschalttaste
シフトキー
sifutokī

die Steuerungstaste
コントロールキー
kontorōrukī

die Leertaste
スペースキー
supēsukī

DER COMPUTER - コンピューター konpyūtā

Hardware und Zubehör - ハードウエアと付属部品 hādouea to fuzokubuhin

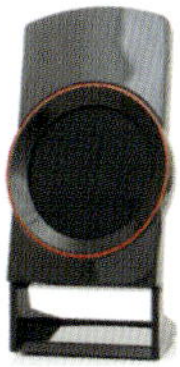

der Lautsprecher
スピーカー
supīkā

der/das Laptop
ノートパソコン
nōto pasokon

das Stromkabel
電源ケーブル
dengen kēburu

die Laptoptasche
パソコンケース
pasokon kēsu

der Prozessor
プロセッサー
purosessā

die (externe) Festplatte
外付けハードディスク
sotozuke hādodisuku

der Arbeitsspeicher
メインメモリー
meinmemorī

die Webcam
ウェブカム
uebukamu

die CD-ROM
CDロム
CD romu

der USB-Stick
USBメモリー
USB memorī

der Scanner
スキャナー
sukyanā

der Tintenstrahldrucker
インクジェットプリンター
inkujetto purintā

der Laserdrucker
レーザープリンター
rēzā purintā

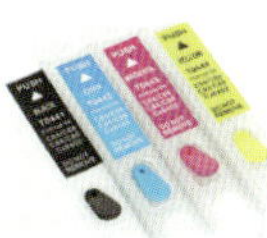

die Tintenpatrone
インクカートリッジ
inkukātorijji

die Tonerkartusche
トナーカートリッジ
tonākātorijji

das Mauspad
マウスパッド
mausupaddo

DER COMPUTER - コンピューター konpyūtā

Am Computer arbeiten - コンピューターで作業をする konpyūtā de sagyō o suru

tippen
タイプする
taipu suru

klicken
クリックする
kurikku suru

scrollen
スクロールする
sukurōru suru

ausschneiden
切り取り
kiritori

kopieren
コピーする
kopī suru

einfügen
貼り付ける
haritsukeru

eine Datei ausdrucken
ファイルを印刷する
fairu o insatsu suru

speichern
ファイルに保存する
fairu ni hozon suru

eine Datei öffnen
ファイルを開く
fairu o hiraku

löschen
削除する
sakujo suru

der Ordner
フォルダ
foruda

der Papierkorb
ゴミ箱
gomibako

suchen
検索する
kensaku suru

eingeben	入力する nyūryoku suru
eine Datei verschieben	ファイルを移動する fairu o idō suru
eine Sicherungskopie erstellen	バックアップコピーを作成する bakku appu kopī o sakusei suru
markieren	印をつける shirushi o tsukeru
sich einloggen	ログオンする roguon suru
sich ausloggen	ログオフする roguofu suru
der Neustart	再起動 saikidō
(die) Bytes	バイト baito

DER COMPUTER - コンピューター konpyūtā

Am Computer arbeiten - コンピューターで作業をする konpyūtā de sagyō o suru

rückgängig machen
元に戻す
motoni modosu

wiederherstellen
やり直し
yarinaoshi

die Einstellungen
設定
settei

die Schriftart
フォント
fonto

die Fehlermeldung
エラーメッセージ
erāmessēji

der Mauszeiger
カーソル
kāsoru

die Sanduhr
砂時計
sunadokei

der Lautstärkeregler
音量調節
onryō chōsetsu

ein Fenster minimieren
ウインドウを縮小する
uindō o shukushō suru

eine CD/DVD auswerfen
CD/DVDをイジェクトする
CD/DVD o ijekuto suru

den Rechner hochfahren
コンピューターを起動する
konpyūtā o kidō suru

den Rechner herunterfahren
コンピューターを シャットダウンする
konpyūtā o shattodaun suru

die Datei	ファイル fairu
das Programm	プログラム puroguramu
der Scrollbalken	スクロールバー sukurōrubā
ein Programm deinstallieren	プログラムをアンインストールする puroguramu o aninsutōru suru
das Betriebssystem	オペレーティングシステム operētingu sisutemu
die Taskleiste	タスクバー tasukubā
der Fortschrittsbalken	プログレスバー puroguresubā

das Fenster
ウインドー
uindō

DER COMPUTER - コンピューター konpyūtā

Das Internet - インターネット intānetto

das WLAN
無線LAN
musen LAN

der Router
ルーター
rūtā

das LAN-Kabel
LANケーブル
LAN kēburu

der Browser
ブラウザ
burauza

das Lesezeichen
ブックマーク
bukkumāku

der Download
ダウンロード
daunrōdo

die Nachricht
メッセージ
messēji

die Social Media
ソーシャルメディア
sōsharumedia

der Online-Einkauf
オンライン購入
onrain kōnyū

die Verschlüsselung
データーの暗号化
dētā no angōka

die E-Mail-Adresse
Eメールアドレス
E mēru adoresu

der Anhang
添付
tenpu

eine Mail weiterleiten
メールを転送する
mēru o tensō suru

senden	送信 sōshin
empfangen	受信 jushin
das Benutzerkonto	ユーザーアカウント yūzā akaunto
der Posteingang	受信トレイ jushin torei
der Postausgang	送信トレイ sōshin torei
die Abwesenheitsnotiz	不在通知 fuzai tsūchi
die Spammail	スパム supamu
im Internet surfen	ネット検索する netto kensaku suru

DER COMPUTER - コンピューター konpyūtā

Mobile Endgeräte - モバイル装置 mobairu sōchi

der Tablet-Computer
タブレット
taburetto

der E-Book-Reader
電子書籍リーダー
denshishoseki rīdā

der MP3-Player
MP 3プレーヤー
MP surī purēyā

das Bluetooth®-Headset
Bluetooth® ヘッドセット
Bluetooth heddo setto

die App
アプリ
apuri

die SIM-Karte
SIMカード
SIM kādo

die Handytasche
携帯ケース
keitai kēsu

das Handy
携帯電話
keitai denwa

der Surfstick
ドングル
donguru

wischen
スワイプ
suwaipu

die SMS
ショートメッセージサービス
shōto messēji sābisu

das Smartphone
スマートフォン
smātofon

der Touchscreen
タッチスクリーン
tacchi sukurīn

der Datenspeicher	データ記憶装置 dēta kioku sōchi
die Software	ソフトウエア sofuto uea
das Funkloch	不感エリア fukan eria
die Flatrate	定額制料金 teigakusei ryōkin
die Prepaidkarte	プリペイドカード puripeido kādo
das Guthaben	残高 zandaka
der Klingelton	着信音 chakushinon
der Akku	バッテリー batterī

DAS TELEFON – 電話 denwa

das Display
ディスプレー
disupurē

das Telefonbuch
電話帳
denwachō

der Anrufbeantworter
留守番電話
rusuban denwa

das Tastenfeld
ダイヤルボタン
daiyaru botan

der Telefonhörer
受話器
juwaki

das Kabel
ケーブル
kēburu

das schnurlose Telefon
コードレス電話
kōdoresu denwa

der Hörer
受話器
juwaki

abheben
取る
toru

auflegen
置く
oku

die Basisstation
ベースステーション
bēsu sutēshon

der Kopfhörer
ヘッドフォン
heddofon

das Mikrofon
マイク
maiku

das Faxgerät
ファックス
fakkusu

jemanden anrufen	誰かに電話する dareka ni denwa suru
wählen	ダイヤルを回す daiyaru o mawasu
klingeln	ベルが鳴る beru ga naru
Ich möchte bitte ... sprechen.	◦◦◦さんをお願いします。 … san o onegai shimasu.
Entschuldigung, ich habe mich verwählt.	すいません、ダイヤルを間違えました。 Suimasen, daiyaru o machigae mashita.
Ich stelle Sie durch.	おつなぎ致します。 Otsunagi itashimasu.
Bitte hinterlassen Sie eine Nachricht nach dem Signalton.	ピーと音が鳴ったらメッセージを残して下さい。 Pī to oto ga nattara messēji o nokoshite kudasai.
Können Sie mich bitte zurückrufen?	折り返しお電話いただけませんか。 Orikaeshi odenwa itadakemasen ka.

DIE MEDIEN - メディア media

Das Fernsehen - テレビ terebi

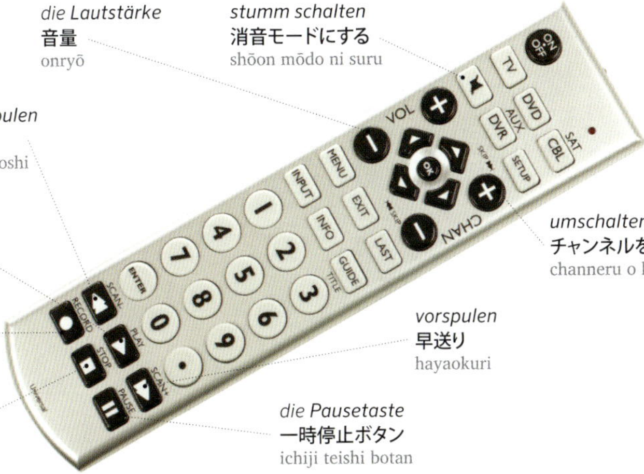

die Fernbedienung
リモートコントロール
rimōto kontorōru

die Lautstärke
音量
onryō

stumm schalten
消音モードにする
shōon mōdo ni suru

zurückspulen
巻き戻し
makimodoshi

abspielen
再生する
saisei suru

umschalten
チャンネルを替える
channeru o kaeru

aufnehmen
録画
rokuga

vorspulen
早送り
hayaokuri

die Stopptaste
停止ボタン
teishi botan

die Pausetaste
一時停止ボタン
ichiji teishi botan

das Videospiel
テレビゲーム
terebi gēmu

der Fernseher
テレビ
terebi

der Digitalempfänger
デジタルレシーバー
dejitaru reshībā

der DVD-Player
DVDプレーヤー
DVD purēyā

die DVD
DVD
DVD

das Kabelfernsehen	ケーブルテレビ kēburu terebi
das Free-TV	フリーテレビ furī terebi
das Bezahlfernsehen	有料テレビ yūryō terebi
fernsehen	テレビを見る terebi o miru
die Fernsehserie	テレビの連続番組 terebi no renzoku bangumi
zappen	チャンネルをコロコロ換える channeru o korokoro kaeru
die Folge	連続物の一話 renzokumono no ichiwa
der Raumklang	ステレオ音響 sutereo onkyō

die Satellitenschüssel
衛星アンテナ
eisei antena

DIE MEDIEN - メディア media

Das Fernsehen - テレビ terebi

das Set
セット
setto

der Teleprompter®
テレプロンプター
terepronputā

die Nachrichtensprecherin
ニュースアナウンサー
nyūsu anaunsā

die Nachrichten
ニュース
nyūsu

das Interview
インタビュー
intabyū

der Interviewpartner
インタビューパートナー
intabyū pātonā

die Reporterin
報道記者
hōdōkisha

das Mikrofon
マイクロフォン
maikurofon

die Szene
シーン
shīn

der Schauspieler
俳優
haiyū

die Klappe
カチンコ
kachinko

die Livesendung
生放送
namahōsō

das Publikum
観客
kankyaku

der Dokumentarfilm	ドキュメンタリー映画 dokyumentarī eiga
die Talkshow	トークショー tōkushō
die Reportage	ルポルタージュ ruporutāju
die Quizshow	クイズ番組 kuizu bangumi
der Moderator	司会者 shikaisha
die Moderatorin	司会者 shikaisha
der Teilnehmer	参加者 sankasha
die Teilnehmerin	参加者 sankasha

DIE MEDIEN - メディア media

Das Radio - ラジオ rajio

der DJ
ディスクジョッキー
disuku jokkī

die Tonaufnahme
録音
rokuon

die Antenne
アンテナ
antena

das Radio
ラジオ
rajio

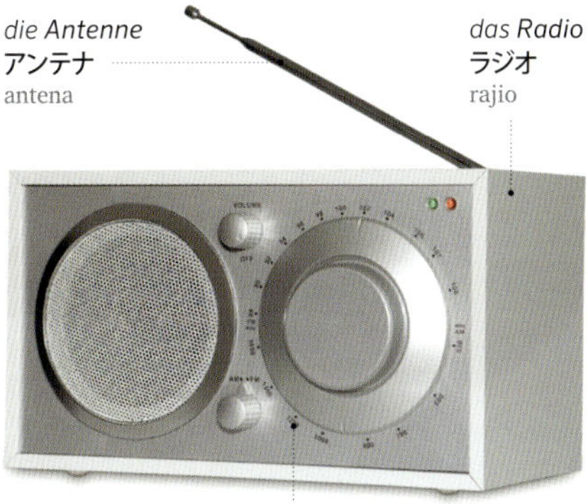

die Frequenz
周波数
shūhasū

der Radiosender
ラジオ放送
rajio hōsō

der Wetterbericht
天気予報
tenki yohō

die Verkehrsnachrichten
交通情報
kōtsū jōhō

die Hitparade
ヒットパレード
hittoparēdo

das Hörspiel
放送劇
hōsōgeki

die Liveaufzeichnung
生レコーディング
nama rekōdingu

die Sendung	放送 hōsō
der Berichterstatter	レポーター repōtā
die Berichterstatterin	レポーター repōtā
die Erkennungsmelodie	コマーシャルソング komāsharu songu
der Werbespot	コマーシャルスポット komāsharu supotto
senden	放送する hōsō suru
die Langwelle	長波 chōha
die Kurzwelle	短波 tanpa

DIE MEDIEN - メディア media

Die Printmedien - プリントメディア purinto media

die Zeitung
新聞
shinbun

das Tabloidformat
タブロイド判
taburoido ban

das Bild
写真
shashin

der Artikel
記事
kiji

die Titelseite
1面
ichimen

die Schlagzeile
ヘッドライン
heddo rain

der Vorspann
リード
rīdo

die Zeitungsspalte
コラム
koramu

die großformatige Zeitung
大判の新聞
ōban no shinbun

der Stellenmarkt
求人求職広告
kyūjin kyūshoku kōkoku

der Werbeprospekt
折込チラシ
orikomi chirashi

die Anzeige
広告
kōkoku

das Abonnement
予約購読
yoyaku kōdoku

der Leitartikel	社説 shasetsu
die Todesanzeige	死亡広告 shibō kōkoku
die Qualitätszeitung	高級紙 kōkyūshi
die Boulevardzeitung	大衆紙 taishūshi
die Wochenzeitung	週刊紙 shūkanshi
die Tageszeitung	日刊紙 nikkanshi
die Kolumne	コラム koramu
die Beilage	付録 furoku

DIE MEDIEN - メディア media

Die Printmedien - プリントメディア purinto media

das gebundene Buch
製本
seihon

das Taschenbuch
ポケット版の本
poketto ban no hon

der Einband
装丁
sōtei

der Buchdeckel
表紙
hyōshi

der Buchrücken
本の背
hon no se

der Schutzumschlag
本のカバー
hon no kabā

die Seite
ページ
pēji

das Lesebändchen
しおりリボン
shiori ribon

in einem Buch blättern
本のページを捲る
hon no pēji o mekuru

das Sachbuch
実用書
jitsuyōsho

der Roman
小説
shōsetsu

die Seitenzahl	ページ数 pēji sū
der Index	索引 sakuin
eine Seite überfliegen	ざっと目を通す zatto me o tōsu
das Kinderbuch	児童図書 jidōtosho
die Erzählliteratur	フィクション fikushon
die Sachliteratur	ノンフィクション nonfikushon
das Inhaltsverzeichnis	目次 mokuji
das Kapitel	章 shō

der Bildband
写真が豊富に入った本
shashin ga hōfu ni haitta hon

DIE POST – 郵便 yūbin

der Briefumschlag
封筒
fūtō

die Briefmarke
切手
kitte

der Empfänger
受取人
uketori nin

die Adresse
住所
jūsho

der Absender
差出人
sashidashi nin

die Postleitzahl
郵便番号
yūbin bangō

der Poststempel
消印
keshiin

das Postfach
私書箱
shishobako

die Postkarte
はがき
hagaki

die Empfangsbestätigung unterschreiben
受領証に署名する
juryōsho ni shomei suru

der Briefkasten
郵便受け
yūbinuke

einen Brief einwerfen
手紙を出す
tegami o dasu

das Paket
荷物
nimotsu

der Brief	手紙 tegami
der Eilbrief	速達郵便 sokutatsu yūbin
portofrei	郵便料金別納 yūbin ryōkin betsunō
einen Brief erhalten	手紙を受け取る tegami o uketoru
einen Brief beantworten	返事を書く henji o kaku
jemandem einen Brief schicken	誰かに手紙を送る dareka ni tegami o okuru
das Einschreiben	書留郵便 kakitome yūbin
die Schneckenpost	従来の郵便 jyūrai no yūbin

DIE POST - 郵便 yūbin

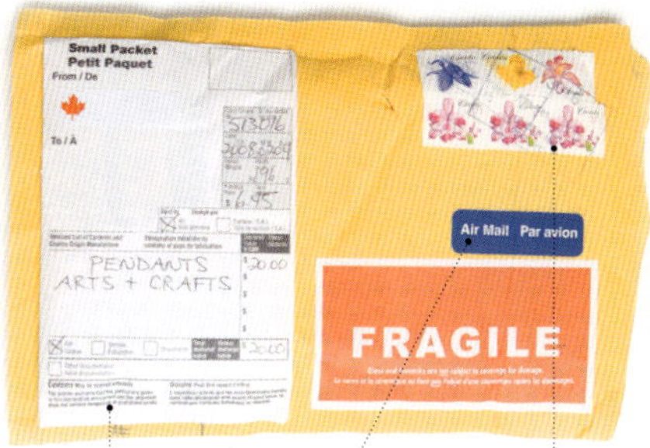

das Klebeband
接着テープ
secchaku tēpu

die Styroporflocken
発泡スチロール粒
happō suchirōru tsubu

das Päckchen
小包
kozutsumi

per Luftpost
航空便
kōkūbin

das Porto
郵便料金
yūbin ryōkin

zerbrechlich
ワレモノ注意
waremono chūi

vor Nässe schützen
水濡注意
mizunure chūi

oben
天地無用
tenchi muyō

die Zustellung
配達
haitatsu

liefern	配達する haitatsu suru
die Leerungszeiten	回収時間 kaishūjikan
versandkostenfrei	送料無料 sōryō muryō
das Gewicht	重量 jūryō
die Waage	はかり hakari
der Hausbriefkasten	郵便受け yūbinuke
die Postanweisung	郵便為替 yūbin kawase
Nicht knicken!	折り曲げ禁止 orimage kinshi

der Kurierdienst
宅配業者
takuhai gyōsha

SPORT UND FITNESS

スポーツとフィットネス

supōtsu to fittonesu

BALLSPORTARTEN - 球技種目 kyūgi shumoku

Der Fußball - サッカー sakkā

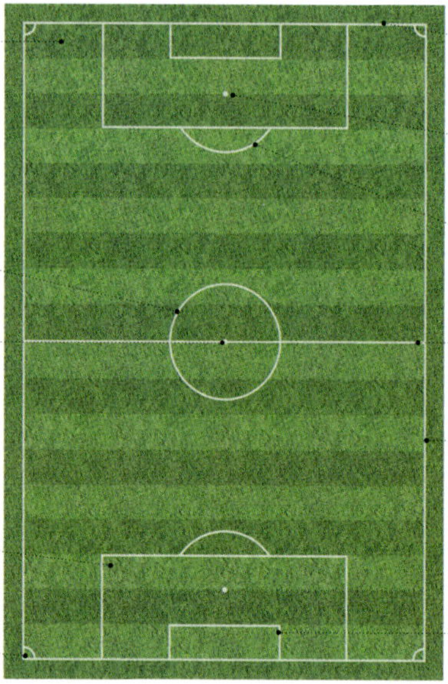

das Spielfeld
ピッチ
picchi

der Mittelkreis
センターサークル
sentā sākuru

der Anstoßpunkt
センターマーク
sentā māku

der Strafraum
ペナルティー エリア
penarutī eria

der Eckbogen
コーナーエリア
kōnā eria

die Torlinie
ゴールライン
gōru rain

der Elfmeterpunkt
ペナルティーマーク
penarutī māku

der Teilkreis am Strafraum
ペナルティー アーク
penarutī āku

die Mittellinie
センターライン
sentā rain

die Seitenlinie
タッチライン
tacchi rain

der Torraum
ゴールエリア
gōru eria

das Stadion
スタジアム
sutajiamu

die Zuschauertribüne
観覧席
kankyakuseki

die Zuschauer
観客
kankyaku

der Platzverweis
退場命令
taijōmeirei

die rote Karte
レッドカード
reddo kādo

der Schiedsrichter
審判
shinpan

BALLSPORTARTEN - 球技種目 kyūgi shumoku

Der Fußball - サッカー sakkā

die Mannschaftsaufstellung
チーム編成
chīmu hensei

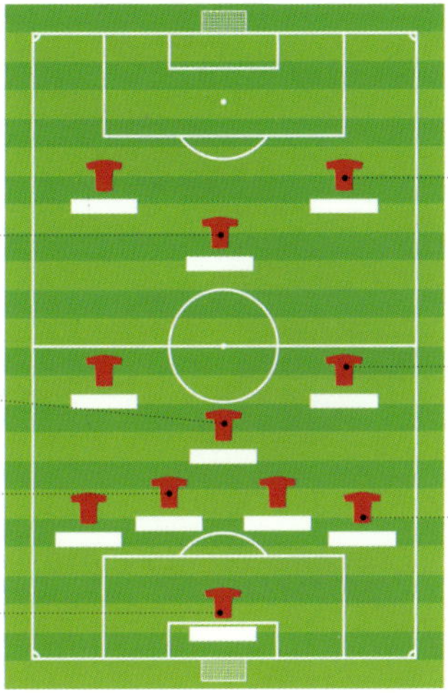

der Mittelstürmer
センターフォワード
sentā fowādo

der Libero
リベロ
ribero

der Innenverteidiger
センターバック
sentābakku

der Torwart
ゴールキーパー
gōru kīpā

der Außenstürmer
ウィング
wingu

der Mittelfeldspieler
ミッドフィールダー
middofirudā

der Außenverteidiger
サイドバック
saidobakku

angreifen
タックルする
takkuru suru

der Eckstoß
コーナーキック
kōnā kikku

der Freistoß
フリーキック
furī kikku

der Einwurf
スローイン
surō in

die Liga	リーグ rīgu
die erste Liga	一部リーグ ichibu rīgu
die Meisterschaft	チャンピオンシップ chanpionshippu
der Pokal	優勝カップ yūshō kappu
die gelbe Karte	イエローカード ierō kādo
einen Spieler sperren	出場停止にする shutsujō teishi ni suru
das Foul	反則 hansoku
die Verteidigung	ディフェンス difensu

das Tor
ゴール
gōru

BALLSPORTARTEN - 球技種目 kyūgi shumoku

Der Fußball - サッカー sakkā

der Fußball
サッカーボール
sakkābōru

der Fußballschuh
サッカースパイク
sakkāsupaiku

der Stollen
スタッド
sutaddo

das Trikot
ユニフォーム
yunifōmu

die Hose
ハーフパンツ
hāfupantsu

der Schienbeinschoner
すね当て
suneate

der Stutzen
サッカーソックス
sakkāsokkusu

den Ball halten
セーブする
sēbu suru

das Tornetz
ネット
netto

der Torpfosten
ゴールポスト
gōru posuto

der Torwarthandschuh
キーパーグローブ
kīpā gurōbu

schießen
シュートする
shūto suru

die Querlatte	クロスバー kurosubā
die Halbzeit	ハーフタイム hāfutaimu
das Unentschieden	引き分け hikiwake
die Verlängerung	延長戦 enchō sen
der Elfmeter	ペナルティーキック penarutī kikku
das Abseits	オフサイド ofu saido
köpfen	ヘディングする hedingu suru
kicken	蹴る keru

BALLSPORTARTEN - 球技種目 kyūgi shumoku

Der Handball - ハンドボール handobōru

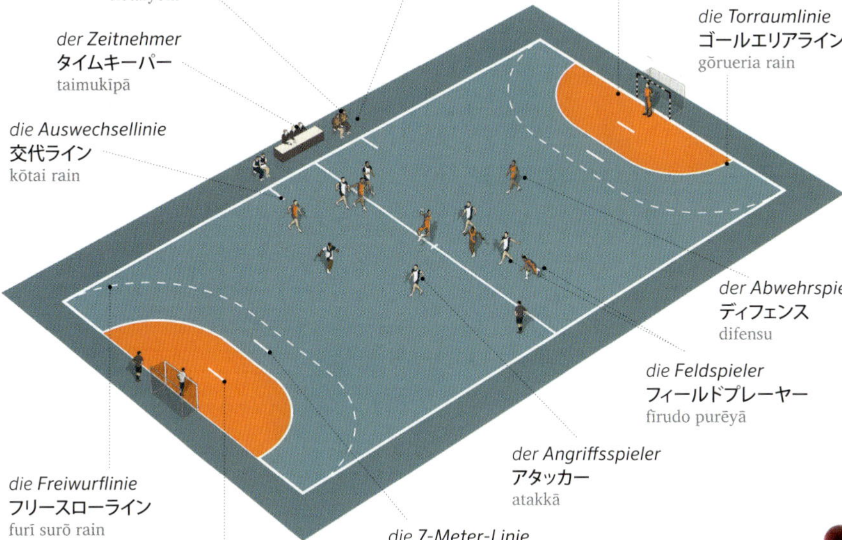

der linke Flügel	左サイド hidari saido
der rechte Flügel	右サイド migi saido
der Schlagwurf	ステップシュート suteppu shūto
die Zeitstrafe	タイムペナルティー taimu penarutī
die Disqualifikation	資格剥奪 shikaku hakudatsu
die Auszeit	タイムアウト taimu auto
die Verwarnung	警告 keikoku
der Siebenmeter	7メートルスロー nana mētoru surō

der Sprungwurf
ジャンプシュート
janpu shūto

BALLSPORTARTEN - 球技種目 kyūgi shumoku

Der Volleyball - バレーボール barēbōru

die Angriffszone フロントゾーン furontozōn

der Außenangreifer フロントレフト furontorefuto

der Mittelangreifer フロントセンター furontosentā

die Verteidigungszone バックゾーン bakkuzōn

die Netzkante 水平帯 suiheiobi

das Netz ネット netto

die Angriffslinie アタックライン attakkurain

der Freiraum フリーゾーン furīzōn

der Libero リベロ ribero

die Grundlinie エンドライン endorain

der Abwehrspieler バック bakku

die Seitenlinie サイドライン saido rain

der Linienrichter ラインジャッジ rain jajji

die Reservebank 補欠者用ベンチ hoketsusha yō benchi

der Beachvolleyball ビーチバレーボール bīchi barēbōru

schmettern スパイクする supaiku suru

blocken ブロックする burokku suru

der Aufschlag サーブ sābu

baggern レシーブする reshību suru

pritschen トス tosu

die Hechtabwehr フライングレシーブ furaingu reshību

BALLSPORTARTEN - 球技種目 kyūgi shumoku

Der Basketball - バスケットボール basuketto bōru

die Seitenlinie
サイドライン
saido rain

die Drei-Punkte-Linie
スリーポイントライン
surī pointo rain

die begrenzte Zone
制限区域
seigen kuiki

die Grundlinie
エンドライン
endorain

im Aus sein
アウトオブバウンズである
auto obu baunzu de aru

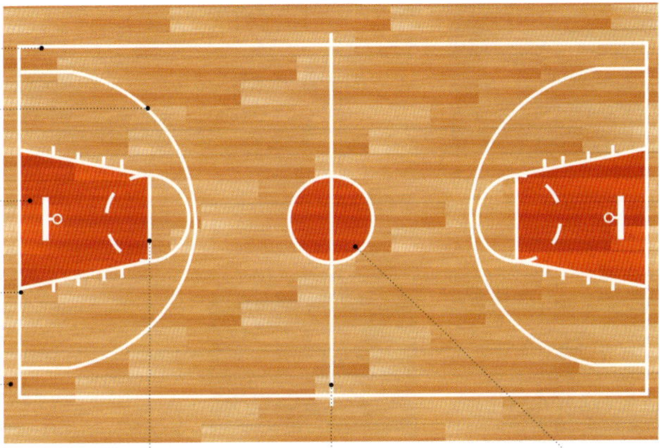

die Freiwurflinie
フリースローライン
furī surō rain

die Mittellinie
センターライン
sentā rain

der Mittelkreis
センターサークル
sentā sākuru

der Dunk
ダンクシュート
danku shūto

das Korbbrett
バックボード
bakkubōdo

der Korbring
ゴールリング
gōru ringu

das Netz
ネット
netto

der Korb
バスケット
basuketto

der Korbleger	レイアップシュート reiappu shūto
das Doppeldribbling	ダブルドリブル daburu doriburu
der Rebound	リバウンド ribaundo
der Sprungball	ジャンプボール janpu bōru
fangen	受ける ukeru
werfen	投げる nageru
zielen	狙う nerau
decken	マークする māku suru

WEITERE BALLSPORTARTEN - その他の球技 sonota no kyūgi

das Hockey
ホッケー
hokkē

das Eishockey
アイスホッケー
aisu hokkē

der Hockeyschläger
ホッケースティック
hokkē sutikku

der Puck
パック
pakku

der Softball
ソフトボール
sofuto bōru

der Baseball
野球
yakyū

der Baseballschläger
バット
batto

der Baseballhandschuh
ミット
mitto

der American Football
アメリカンフットボール
amerikan futtobōru

das Rugby
ラグビー
ragubī

das Kricket
クリケット
kuriketto

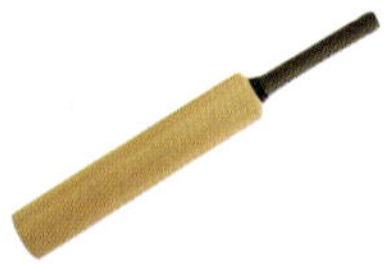

das Schlagholz
バット
batto

die Trillerpfeife
ホイッスル
hoissuru

die Mannschaft	チーム chīmu
der Sieger	勝者 shōsha
der Verlierer	敗者 haisha
der Weltmeister	ワールドチャンピオン wārudo chanpion
das Turnier	トーナメント tōnamento
der Spielstand	得点 tokuten
der Trainer	トレーナー torēnā
die Trainerin	トレーナー torēnā
die Anzeigetafel	スコアボード sukoa bōdo

BALLSPORTARTEN MIT SCHLÄGERN – ラケットを用いた球技 raketto o mochiita kyūgi

Das Badminton – バドミントン badominton

der Badmintonplatz
バドミントンコート
badominton kōto

das linke Aufschlagfeld
左サービスコート
hidari sābisu kōto

das rechte Aufschlagfeld
右サービスコート
migi sābisu kōto

die hintere Aufschlaglinie Einzel
シングルスロングサービスライン
singurusu rongu sābisu rain

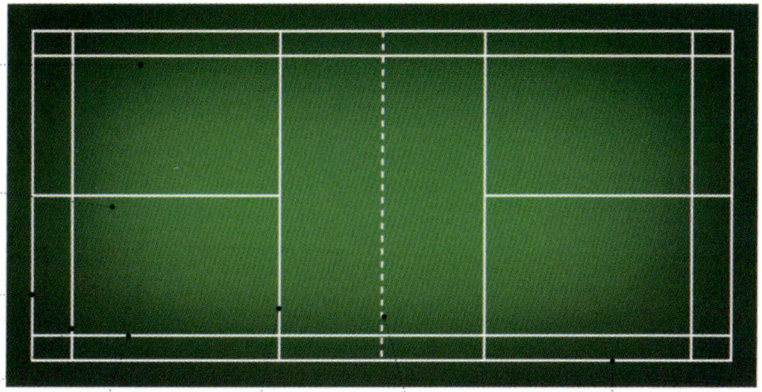

die hintere Aufschlaglinie Doppel
ダブルスロングサービスライン
daburusu rongu sābisu rain

die vordere Aufschlaglinie
ショートサービスライン
shōto sābisu rain

die Seitenlinie Doppel
ダブルスサイドライン
daburusu saido rain

die Seitenlinie Einzel
シングルスサイドライン
singurusu saido rain

die Mittellinie
ネット
netto

das Squash
スカッシュ
sukasshu

der Racquetball
ラケットボール
raketto bōru

der Badmintonschläger
バドミントンラケット
badominton raketto

der Rahmen
フレーム
furēmu

die Bespannung
ストリング
sutoringu

der Griff
グリップ
gurippu

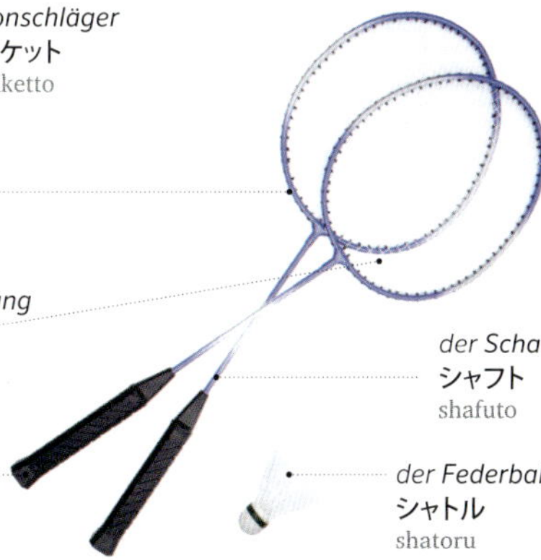

der Schaft
シャフト
shafuto

der Federball
シャトル
shatoru

BALLSPORTARTEN MIT SCHLÄGERN – ラケットを用いた球技 raketto o mochiita kyūgi

Das Tennis – テニス tenisu

die Rückhand	バックハンド bakku hando
das Einzel	シングルス singurusu
das Doppel	ダブルス daburusu
der/das Tiebreak	タイブレーク tai brēku
der Einstand	デュース deyūsu
der Fehler	フォールト fōruto
das Ass	サービスエース sābisu ēsu
der Satz	セット setto
der Schiedsrichter	審判員 shinpanin
die Schiedsrichterin	審判員 shinpanin
der Linienrichter	ラインズマン rainzu man
die Linienrichterin	ラインズマン rainzu man

BALLSPORTARTEN MIT SCHLÄGERN – ラケットを用いた球技 raketto o mochiita kyūgi

Das Tischtennis – 卓球 takkyū

der Tischtennistisch
卓球台
takkyūdai

die Netzoberkante
ネット上縁
netto jyōen

der Netzhalter
ネット支柱
netto shichū

die Seitenlinie
サイドライン
saido rain

das Netz
ネット
netto

die Maschen
メッシュ
messhu

die Grundlinie
エンドライン
endo rain

die Mittellinie
センターライン
sentā rain

der Tischtennisschläger
卓球ラケット
takkyū raketto

die Schlagfläche
ブレード
burēdo

der Belag
ラバー
rabā

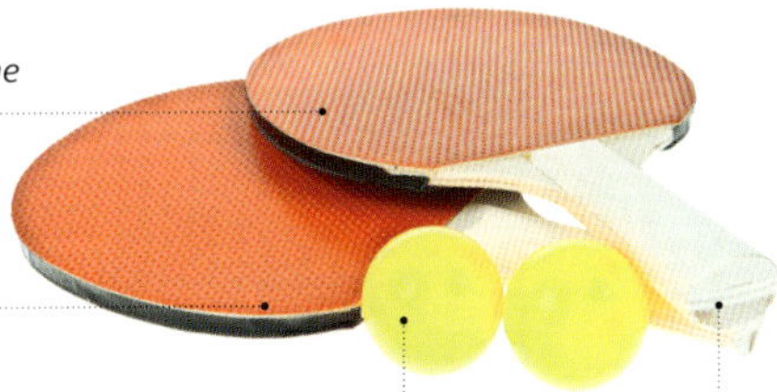

der Tischtennisball
卓球ボール
takkyū bōru

der Griff
グリップ
gurippu

der Penholdergriff
ペンホルダーグリップ
penhorudā gurippu

der Shakehandgriff
シェークハンドグリップ
shēku hando gurippu

DAS GOLF - ゴルフ gorufu

der Golfplatz
ゴルフコース
gorufu kōsu

das Wasserhindernis
ウォーターハザード
wōtā hazādo

der Bunker
バンカー
bankā

das Fairway
フェアウエイ
feauei

das Rough
ラフ
rafu

der Abschlag
ティーショット
tī shotto

die Haltung
アドレス
adoresu

das Tee
ティー
tī

der Golfball
ゴルフボール
gorufu bōru

einlochen
パッティングする
patthingu suru

die Fahne
ピンフラッグ
pin furaggu

das Loch
ホール
hōru

das Grün
グリーン
gurīn

DAS GOLF - ゴルフ gorufu

die Golfschläger
ゴルフクラブ
gorufu kurabu

das Holz
ウッド
uddo

das Eisen
アイアン
aian

der Wedge
ウェッジ
uejji

der Putter
パター
patā

die Golftasche
ゴルフバッグ
gorufu baggu

driven
ドライバーショットを打つ
doraibā shotto o utsu

der Golfspieler
ゴルファー
gorufā

der Caddie
キャディ
kyadī

der Golftrolley
手引きカート
tebiki kāto

der Durchschwung
フォロースルー
forō surū

schwingen	スイングする suingu suru
chippen	チップショットを打つ chippu shotto o utsu
den Ball vom Abschlag spielen	ティーオフする tī ofu suru
das Par	パー pā
das Birdie	バーディー bā dī
das Bogey	ボギー bogi
das Handicap	ハンディキャップ handī kyappu
das Hole-in-one	ホールインワン hōru in wan

das Golfcart
ゴルフカート
gorufu kāto

DIE LEICHTATHLETIK – 陸上競技 rikujōkyōgi

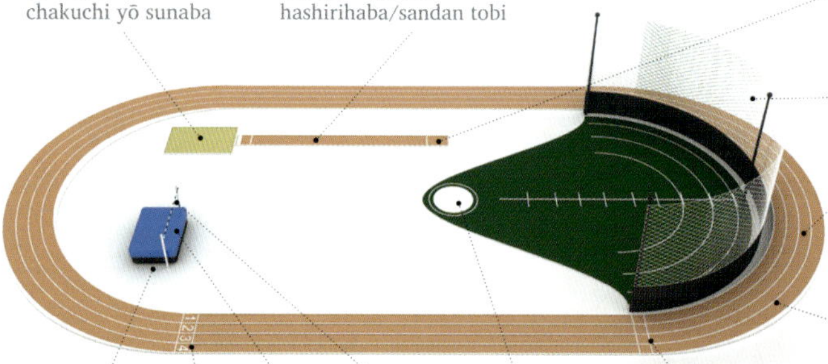

die Sprunggrube
着地用砂場
chakuchi yō sunaba

der Weit- und Dreisprung
走り幅/三段跳び
hashirihaba/sandan tobi

die Anlaufbahn
助走路
jyosōro

das Schutznetz
防護ネット
bōgo netto

die Bahn
レーン
rēn

die Aschenbahn
トラック
torakku

der Hochsprung
走り高跳び
hashiri takatobi

die Latte
バー
bā

die Ziellinie
フィニッシュライン
finisshu rain

der Diskus- und Hammerwurf
円盤とハンマー投げ
enban to hanmā nage

die Startlinie
スタートライン
sutāto rain

die Matte
マット
matto

der Wurfkreis
サークル
sākuru

der Sprint
短距離走
tankyorisō

der Startblock
スターティングブロック
sutātingu burokku

der Hürdenlauf
ハードル走
hādoru sō

die Hürde
ハードル
hādoru

der Stabhochsprung
棒高跳び
bōtakatobi

der Staffellauf	リレー競争 rirē kyōsō
der Stab	バトン baton
einen Rekord brechen	記録を破る kiroku o yaburu
der Marathon	マラソン marason
der Speerwurf	槍投げ yari nage
die persönliche Bestleistung	自己最高記録 jikosaikō kiroku
die Stoppuhr	ストップウォッチ sutoppu wocchi
die Startpistole	スタート合図用ピストル sutāto aizuyō pisutoru

DAS TURNEN - 器械体操 kikai taisō

der Sprungtisch
跳馬
chōba

der Handstand
逆立ち
sakadachi

der/das Spagat
スプリット
supuritto

das Reck
鉄棒
tetsubō

der Barren
平行棒
heikōbō

das Pauschenpferd
鞍馬
anba

die Ringe
吊り輪
tsuriwa

der Schwebebalken
平均台
heikindai

das Bodenturnen
床運動
yuka undō

der Stufenbarren
段違い平行棒
danchigai heikōbō

das Gold	金 kin
das Silber	銀 gin
die Bronze	銅 dō
die Medaille	メダル medaru
der Wettkampf	試合 shiai
der Salto	宙返り chūgaeri
der Aufgang	演技開始 engi kaishi
der Abgang	演技終了 engi shūryō

der Turnanzug
レオタード
reotādo

die Turnhalle
体育館
taiikukan

die Turnerin
体操選手
taisō senshu

die Magnesia
炭酸マグネシウム
tansan maguneshiumu

DER WASSERSPORT - 水上競技 suijōkyōgi

Das Schwimmen - 水泳 suiei

das Wettkampfbecken
競技用プール
kyōgiyō pūru

① *der Wendehinweis für Rückenschwimmer*
背泳ぎ用ターン標識
seoyogiyō tān hyōshiki

② *die Bahn*
レーン
rēn

③ *das Ziel*
ゴール
gōru

④ *die Linie*
ライン
rain

⑤ *das Wasser*
水
mizu

⑥ *der Startblock*
スタート台
sutāto dai

⑦ *die Schwimmleine*
水泳ロープ
suiei rōpu

die Wende
ターン
tān

der Armzug
ストローク
sutorōku

das Rückenschwimmen
背泳ぎ
seoyogi

das Brustschwimmen
平泳ぎ
hiraoyogi

kraulen
クロール
kurōru

das Schmetterlingsschwimmen
バタフライ
batafurai

der Startsprung
飛び込みスタート
tobikomi sutāto

der Fehlstart
フライイング
furaiingu

DER WASSERSPORT - 水上競技 suijōkyōgi

Das Schwimmen - 水泳 suiei

der Wasserball
水球
suikyū

springen
飛び込む
tobikomu

das Kunstspringen
飛び板飛び込み
tobiita tobikomi

das Synchronschwimmen
シンクロナイズドスイミング
sinkuronaizudo suimingu

der Schwimmflügel
アームヘルパー
āmuherupā

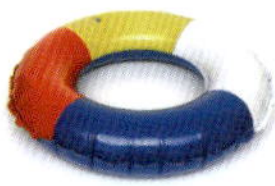

der Schwimmring
浮き輪
ukiwa

das Schwimmerbecken
競泳用プール
kyōei yō pūru

das Nichtschwimmerbecken
泳げない人用のプール
oyogenai hito yō no pūru

die Schwimmweste
ライフジャケット
raifu jaketto

die Schwimmnudel
プールヌードル
pūru nūdoru

die Schwimmerin
水泳選手
suiei senshu

die Badekappe
スイムキャップ
suimu kyappu

der Schwimmanzug
水着
mizugi

die Schwimmbrille
ゴーグル
gōguru

das Sprungbrett	泳ぐ oyogu
schwimmen	飛び板 tobiita
der Sprungturm	飛び込み台 tobikomidai
das Schwimmbrett	ビート板 bītoban
plantschen	水をはね散らす mizu o hanechirasu
der Bademeister	プール監視員 pūru kanshiin
die Bademeisterin	プール監視員 pūru kanshiin
der Wasserpark	アクアパーク akua pāku

DER WASSERSPORT – 水上競技 suijōkyōgi

Das Segeln – セーリング sēringu

der Mast
マスト
masuto

die Takelage
索具
sakugu

das Großsegel
メインスル
meinsuru

die Fock
フォアスル
foasuru

der Bug
船首
senshu

der Rumpf
艇体
teitai

das Heck
船尾
senbi

der Rettungsring
救命浮き輪
kyūmei ukiwa

die Leuchtrakete
救難火口品
kyūnan kakōhin

der Segler
ヨット操縦者
yotto sōjūsha

der Baum
ブーム
būmu

das Cockpit
コックピット
kokku pitto

die Pinne
蛇柄
dahei

der Seegang	海面状態 kaimen jōtai
der Wind	風 kaze
die Meeresströmung	海流 kairyū
der Anker	錨 ikari
die Crew	クルー kurū
das Ruder	舵 kaji
kentern	転覆する tenpuku suru
kreuzen	巡航する junkō suru
der Jachthafen	マリーナ marīna
das Rettungsboot	救命ボート kyūmei bōto
der Katamaran	カタマラン katamaran

DER WASSERSPORT - 水上競技 suijōkyōgi

Das Tauchen - ダイビング daibingu

der Tauchanzug
ウエットスーツ
uetto sūtsu

die Druckluftflasche
タンク
tanku

der Lungenautomat
レギュレーター
regyurētā

die Taschenlampe
懐中電灯
kaichūdentō

der Tiefenmesser
水深計
suishin kei

die Schwimmflosse
フィン
fin

der Tauchstiefel
ダイビングブーツ
daibingu būtsu

der Schnorchel
スノーケル
sunōkeru

die Tauchmaske
マスク
masuku

das Finimeter
残圧計
zanatsu kei

der/das Kajak
カヤック
kayakku

das Doppelpaddel
ダブルブレードパドル
daburu burēdo padoru

der Kanadier
カナディアンカヌー
kanadian kanū

das Stechpaddel
シングルブレードパドル
shinguru burēdo padoru

der Sitz
シート
sīto

der Vordersteven
船首材
senshuzai

das Heck
船尾
senbi

der Bug
船首
senshu

der Bootsrumpf
船体
sentai

der Achtersteven
船尾材
senbizai

DER WASSERSPORT - 水上競技 suijōkyōgi

Das Surfen - サーフィン sāfin

surfen
サーフィン
sāfin

das Surfbrett
サーフボード
sāfu bōdo

der Surfer
サーファー
sāfā

die Welle
波
nami

das Windsurfen
ウインドサーフィン
uindo sāfin

das Schothorn
クリュー
kuryū

der Mast
マスト
masuto

das Segel
セール
sēru

der Windsurfer
ウインドサーファー
uindo sāfā

das Paddelbrett
パドルボード
padorubōdo

das Kitesurfen
カイトサーフィン
kaito sāfin

das Bodyboarden
ボディーボーディング
bodībōdingu

das Wakeboarden
ウエークボード
uēku bōdo

der Jetski®
ジェットスキー
jetto sukī

das Wasserski
水上スキー
suijō sukī

das Rudern
ボートをこぐ
bōto o kogu

das Rafting
ラフティング
rafutingu

DER KAMPFSPORT – 格闘技 kakutōgi

das Karate
空手
karate

das Aikido
合気道
aikidō

das Kendo
剣道
kendō

das Taekwondo
テコンドー
tekondō

der schwarze Gürtel
黒帯
kuro obi

das Judo
柔道
jūdō

das Kung-Fu
カンフー
kanfū

das Kickboxen
キックボクシング
kikku bokushingu

das Ringen
レスリング
resuringu

das Boxen
ボクシング
bokushingu

der Sandsack
サンドバッグ
sando baggu

der Boxball
パンチングボール
panchingu bōru

der Kopfschutz
ヘッドガード
heddogādo

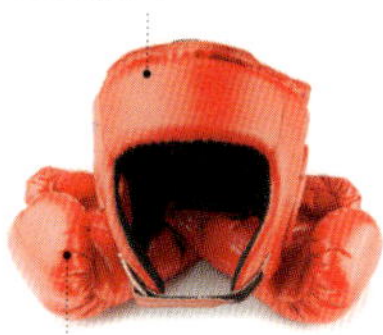

der Boxhandschuh
ボクシンググローブ
bokushingu gurōbu

der Mundschutz	マウスピース mausu pīsu
das Sparring	練習試合 renshū jiai
der Knock-out	ノックアウト nokku auto
die Selbstverteidigung	防御 bōgyo
das Tai-Chi	太極拳 taikyokuken
das Jiu-Jitsu	ブラジルの柔術 burajiru no jūjutsu
die Capoeira	カポエイラ kapoeira
das Wing Chun	ウインチュン uinchun

DER REITSPORT – 乗馬 jōba

DER REITSPORT - 乗馬 jōba

das Pferderennen
競馬
keiba

das Rennpferd
競走馬
kyōsōba

der Jockey
騎手
kishu

das Dressurreiten
ドレサージュ
doresāju

der Ausritt
遠乗り
tōnori

der Trabrennsport
繋駕速歩競争
keiga sokuho kyōsō

das Jagdrennen
障害競走
shōgai kyōsō

ohne Sattel reiten
鞍なしでの乗馬
kuranashi deno jōba

der Stall
馬小屋
umagoya

der/das Rodeo
ロデオ
rodeo

das Polo
ポロ
poro

das Springreiten
障害飛越
shōgai tobikoe

das Hufeisen	蹄鉄 teitetsu
die Reitgerte	乗馬用むち jōbayō muchi
die Koppel	パドック padokku
der Kanter	駈歩 kakeashi
der Galopp	襲歩 shūho
der Schritt	常歩 namiashi
das Trabrennen	繋駕速歩競争 keiga sokuho kyōsō
das Flachrennen	平地競走 heichi kyōsō

der Pferdepfleger
馬丁
batei

DAS ANGELN - 釣り tsuri

der Angler
釣り人
tsuribito

die Angel
釣り
tsuri

die Angelrute
釣竿
tsurizao

die Anglerweste
フィッシングベスト
fisshingu besuto

einen Fisch fangen
魚を釣る
sakana o tsuru

der Unterfangkescher
たも
tamo

der Watstiefel
磯ブーツ
isobūtsu

die Spule
スプール
supūru

die Angelrolle
リール
rīru

die Kurbel
ハンドル
handoru

die Angelausrüstung
釣り道具
tsuri dōgu

die Angelschnur
釣り糸
tsuri ito

die Kunstfliege
フライ
furai

die Pose
浮き
uki

der Angelhaken
釣り針
tsuribari

die Öse
アイ
ai

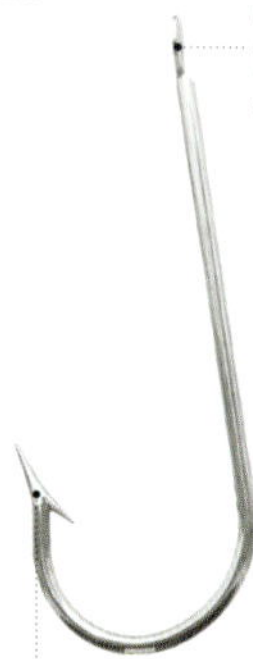

der Widerhaken
逆鉤
sakasakagi

DAS ANGELN – 釣り tsuri

das Brandungsangeln
磯釣り
iso zuri

mit dem Netz fangen
網でとる
ami de toru

das Hochseeangeln
深海釣り
shinkai tsuri

das Süßwasserangeln
淡水釣り
tansui tsuri

das Speerfischen
スピアフィッシング
supia fisshingu

einholen
引き寄せる
hikiyoseru

das Fliegenfischen
フライフィッシング
furai fisshingu

fangen
釣る
tsuru

freilassen
リリースする
ririsu suru

der Köder
餌
esa

der Fang
漁
ryō

die Hummerfalle
ロブスターの罠かご
robusutā no wanakago

der Angelschein	入漁許可証 nyūryō kyokashō
anbeißen	餌に食いつく esa ni kuitsuku
der Fischkorb	魚籠 biku
der Erdspeer	バンクスティック banku sutikku
der Wobbler	ルアー ruā
die Harpune	もり mori
die Angel auswerfen	キャスト kyasuto
einen Fisch einholen	魚を引き寄せる sakana o hikiyoseru

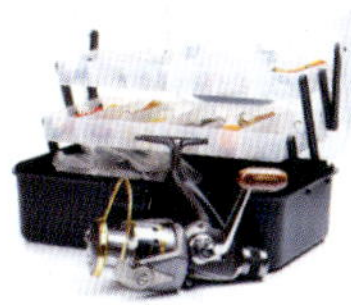

der Spinnerkasten
タックルボックス
takkuru bokkusu

DER WINTERSPORT – ウインタースポーツ uintā supōtsu

der Sturzhelm
スキーヘルメット
sukī herumetto

der Pulverschnee
パウダースノー
paudā sunō

der Stockteller
バスケット
basuketto

der Skistock
ストック
sutokku

die Seilbahn
ケーブルカー
kēburu kā

die Spitze
先端
sentan

der Ski
スキー板
sukī ita

der Skistiefel
ブーツ
būtsu

der Skianzug
スキーウェア
sukī wea

die Skipiste
滑走路
kassōro

die Kante
エッジ
ejji

der Skiläufer
スキーヤー
sukīyā

der Slalom
回転
kaiten

der Abfahrtslauf
滑降
kakkō

das Skispringen
ジャンプ
janpu

abseits der Piste
山スキー
yama sukī

der Skihang
スキー場
sukī jō

das Biathlon
バイアスロン
baiasuron

der Langlauf
クロスカントリー
kurosukantorī

die Langlaufloipe
クロスカントリースキーコース
kurosukantorī sukīkōsu

DER WINTERSPORT • ウインタースポーツ uintā supōtsu

die Skibrille
ゴーグル
gōguru

der Snowboardfahrer
スノーボーダー
sunōbōdā

das Snowboard
スノーボード
sunōbōdo

die Bindung
バインディング
baindingu

die Halfpipe
ハーフパイプ
hāfu paipu

das Rail
レール
rēru

Schlitten fahren
そり滑り
sori suberi

das Rennrodeln
リュージュ
ryūju

der Bobsport
ボブスレー
pobusurē

das Curling
カーリング
kāringu

Schlittschuh laufen
スケートで滑る
sukēto de suberu

der Eisschnelllauf
スピードスケート
supīdo sukēto

das Skifahren	スキー sukī
das Snowboarding	スノーボード sunō bōdo
der Winter-Fünfkampf	冬季５種競技 tōki go-shu kyōgi
der Freistil	フリースタイル furī sutairu
das Schneeschuhwandern	スノーシューハイキング sunōshū haikingu
das Hundeschlittenfahren	犬ぞり滑り inuzori suberi
das Après-Ski	アフタースキー afutā sukī
die Skihütte	ヒュッテ hyutte

der Eiskunstlauf
フィギュアスケート
figyua sukēto

SONSTIGE SPORTARTEN - その他のスポーツ sonota no supōtsu

das Klettern
ロッククライミング
rokku kuraimingu

das Wandern
ハイキング
haikingu

der Radsport
サイクリング
saikuringu

das Mountainbiken
マウンテンバイク
maunten baiku

das Abseilen
懸垂下降
kensui kakō

das Bungeespringen
バンジージャンプ
banjī janpu

das Drachenfliegen
ハンググライダー
hangu guraidā

das Fallschirmspringen
スカイダイビング
sukai daibingu

das Rallyefahren
ラリー
rarī

die Formel 1®
フォーミュラワン
fōmyura wan

das Motocross
モトクロス
motokurosu

das Motorradrennen
オートバイレース
ōtobai rēsu

das Skateboardfahren
スケートボード
skēto bōdo

das Longboardfahren
ロングスケートボード
rongu skēto bōdo

das Inlineskaten
ローラーブレード
rōrāburēdo

das Offroadfahren
オフロード
ofu rōdo

SONSTIGE SPORTARTEN – その他のスポーツ sonota no supōtsu

das Fechten
フェンシング
fenshingu

das Bowling
ボーリング
bōringu

das Bogenschießen
アーチェリー
ācherī

die Jagd
狩猟
shuryō

das Darts
ダーツ
dātsu

das Poolbillard
ビリヤード
biriyādo

das Snooker
スヌーカー
sunūkā

das Lacrosse
ラクロス
rakurosu

die rhythmische Sportgymnastik
新体操
shintaisō

das Frisbee®
フリスビー
furisubī

das Triathlon
トライアスロン
toraiasuron

der Australian Football
オーストラリアンフットボール
ōsutorarian futto bōru

die/das Boule
ペタンク
petanku

das Ballett
バレー
barē

das Krocket
クロケット
kuroketto

der/das Parkour
パルクール
parukūru

DIE FITNESS – フィットネス fittonesu

das Fitnessstudio
トレーニングジム
torēningu jimu

die Langhantel
バーベル
bāberu

die Gewichtsscheibe
ウエイトディスク
ueito disuku

die Bank
トレーニングベンチ
torēningu benchi

das Krafttraining
ウエイトトレーニング
ueito torēningu

die Bizepsübung
二頭筋カール
nitōkin kāru

die Kurzhantel
ダンベル
danberu

das Bankdrücken
ベンチプレス
benchi puresu

trainieren
トレーニングする
torēningu suru

das Ergometer
エルゴメーター
erugo mētā

der Crosstrainer
クロストレーナー
kurosu torēnā

der Fitnessball
バランスボール
baransu bōru

die Matte
マット
matto

das Laufband
トレッドミル
toreddo miru

das Rudergerät
ローイングマシーン
rōingu mashīn

DIE FITNESS - フィットネス fittonesu

der Ausfallschritt
ランジ
ranji

die Rumpfbeuge
前屈運動
zenkutsu undō

der Liegestütz
腕立て伏せ
udetatefuse

der Sit-up
腹筋運動
fukkin undō

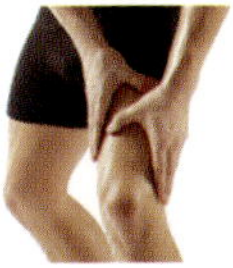

der Muskelkater
筋肉痛
kinniku tsū

der Klimmzug
懸垂運動
kensui undō

die Kniebeuge
屈伸運動
kusshin undō

das Pilates
ピラティス
piratisu

das Spinning®
スピニング
supiningu

die Pulsuhr
心拍計
shinpaku kei

das Aerobic
エアロビクス
earobikusu

das Steppbrett
ステップ台
suteppudai

der Turnschuh
運動靴
undōgutsu

sich aufwärmen	ウオーミングアップ uōmingu appu
sich abkühlen	クールダウン kūru daun
das Zirkeltraining	サーキットトレーニング sākitto torēningu
die Sauna	サウナ sauna
die Umkleidekabine	更衣室 kōi shitsu
die Dehnung	ストレッチ sutorecchi
Kalorien verbrennen	カロリーを燃焼する karorī o nenshō suru

FREIZEIT

余暇

yoka

DAS THEATER – 劇場 gekijō

① *der Balkon*
バルコニー席
barukonī seki

② *der zweite Rang*
3階席
san-gai seki

③ *die Loge*
ボックス席
bokkusu seki

④ *der erste Rang*
2階席
nikai seki

⑤ *die Sitzreihe*
階段座席
kaidan zaseki

⑥ *die Kulisse*
書き割り
kakiwari

⑦ *die Bühne*
舞台
butai

⑧ *das Foyer*
ロビー
robī

⑨ *das Parkett*
1階席
ikkai seki

⑩ *der Sitzplatz*
座席
zaseki

⑪ *der Vorhang*
幕
maku

das Varieté
バラエティーショー
baraetīi shō

das Freilufttheater
野外劇場
yagai gekijō

das Ballett
バレー
barē

die Aufführung
上演
jōen

der Zauberkünstler
手品師
tejinashi

der Komiker
コメディアン
komedian

die Tragödie
悲劇
higeki

die Komödie
コメディ
komedi

DAS THEATER - 劇場 gekijō

das Theaterstück
劇
geki

① das Bühnenbild
舞台セット
butai setto

② die Besetzung
配役
haiyaku

③ das Theaterkostüm
舞台衣装
butai ishō

④ der Applaus
拍手喝采 hakushu kassai

⑤ das Publikum
観客 kankyaku

die Probe
リハーサル
rihāsaru

⑥ der Schauspieler
俳優
haiyū

⑦ die Schauspielerin
女優
joyū

⑧ der Regisseur
監督
kantoku

die Premiere	初演 shoen
die Pause	休憩時間 kyūkei jikan
das Programm	プログラム puroguramu
die Generalprobe	通し稽古 tōshi geiko
der Platzanweiser	座席案内係 zaseki annai gakari
die Platzanweiserin	座席案内係 zaseki annai gakari
die Theaterkasse	チケット売り場 chiketto uriba
die Eintrittskarte	入場券 nyūjōken

die Künstlergarderobe
楽屋
gakuya

DIE MUSIK – 音楽 ongaku

Das Orchester – オーケストラ ōkesutora

das Sinfonieorchester
交響楽団
kōkyō gakudan

der Gong
ゴング
gongu

die kleine Trommel
スネアドラム
sunea doramu

die große Trommel
バスドラム
basudoramu

die Pauke
ティンパニ
tinpani

das Xylophon
シロフォン
shirofon

die Röhrenglocken
チューブラーベル
chūbu rāberu

das Dirigentenpult
指揮台
shikidai

der Notenständer
譜面台
fumendai

der Dirigent
指揮者
shikisha

der Taktstock
指揮棒
shikibō

die Solistin
ソリスト
sorisuto

die Opernsängerin
オペラ歌手
opera kashu

die Noten
楽譜
gakufu

die Ouvertüre	序曲 jokyoku
das Quartett	四重奏曲 shijūsō kyoku
die Sonate	ソナタ sonata
die Tonhöhe	ピッチ picchi
ein Instrument stimmen	調律する chōritsu suru
der Orchestergraben	オーケストラ席 ōkesutora seki
der Chor	コーラス kōrasu
die Oper	オペラ opera

DIE MUSIK – 音楽 ongaku

Die Musikinstrumente – 楽器 gakki

das Cello
チェロ
chero

der Bogen
弓
yumi

die Geige
バイオリン
baiorin

die akustische Gitarre
アコースティックギター
akōsutikku gitā

die Harfe
ハープ
hāpu

die elektrische Gitarre
エレクトリックギター
erekutorikku gitā

die Bassgitarre
ベースギター
bēsu gitā

die Tuba
チューバ
chūba

die Posaune
トロンボーン
toronbōn

das Fagott
ファゴット
fagotto

die Oboe
オーボエ
ōboe

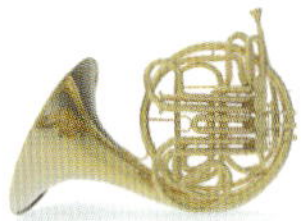

das Horn
フレンチホルン
furenchi horun

die Trompete
トランペット
toranpetto

die Pikkoloflöte
ピッコロ
pikkoro

das Saxofon
サクソフォン
sakusofon

die Klarinette
クラリネット
kurarinetto

die Querflöte
フルート
furūto

DIE MUSIK - 音楽 ongaku

Die Musikinstrumente - 楽器 gakki

das Tamburin
タンブリン
tanburin

das Becken
シンバル
shinbaru

die/das Hi-Hat
ハイハット
haihatto

das Schlagzeug
ドラムセット
doramu setto

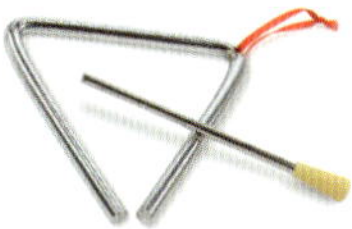

die/der/das Triangel
トライアングル
toraianguru

die Rassel
ラトル
ratoru

die Bongos
ボンゴ
bongo

die Kesselpauke
ケトルドラム
ketorudoramu

die Kastagnetten
カスタネット
kasutanetto

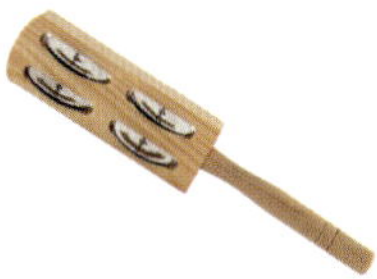

die Schellenrassel
スレイベル
sureiberu

die Panflöte
パンフルート
panfrūto

der Schlagzeugstock
スティック
sutikku

die Mundharmonika
ハーモニカ
hāmonika

der Dudelsack
バグパイプ
bagu paipu

das Akkordeon
アコーディオン
akōdion

der Flügel
グランドピアノ
gurando piano

DIE MUSIK – 音楽 ongaku

die Notation 記譜法 kifuhō

der Violinschlüssel ト音記号 to on kigō

die Notenlinie 五線譜 gosenfu

der Bassschlüssel へ音記号 he on kigō

das Vorzeichen 調号 chōgō

die Taktangabe 拍子記号 hyōshi kigō

die Note 音符 onpu

das Kreuz シャープ shāpu

der Taktstrich 縦線 tatesen

die klassische Musik クラシック kurashikku

das Heavy Metal ヘビメタ hebi meta

der Rap ラップ rappu

der Hip-Hop ヒップホップ hippu hoppu

der Reggae	レゲエ regee
die Popmusik	ポップ poppu
die Countrymusik	カントリー kantorī
die Indie-Musik	インディーズ indīzu
der Blues	ブルース burūsu
der/das Techno	テクノ tekuno
der Soul	ソウル souru
die Disko	ディスコ disuko

der Jazz ジャズ jazu

der Rock ロック rokku

DIE MUSIK – 音楽 ongaku

Das Konzert – コンサート konsāto

das Rockkonzert
ロックコンサート
rokku konsāto

① *der Scheinwerfer*
スポットライト
spotto raito

② *das Mikrofon*
マイクロフォン
maikurofon

③ *die Band*
バンド
bando

④ *der Bassist*
ベースギタリスト
bēsu gitarisuto

⑤ *der Verstärker*
アンプ
anpu

⑥ *der Gitarrist*
ギタリスト
gitarisuto

⑦ *der Schlagzeuger*
ドラマー
doramā

⑧ *der Frontmann*
リードシンガー
rīdo singā

die Konzerthalle
コンサートホール
konsāto hōru

die Fans
ファン
fan

das Musikfestival
音楽フェスティバル
ongaku fesutibaru

der DJ
DJ
dījei

das Mischpult
ミキシングコンソール
mikishingu konsōru

singen	歌う utau
mitsingen	一緒に歌う issho ni utau
pfeifen	口笛を鳴らす kuchibue o narasu
die Zugabe	アンコール曲 ankōru kyoku
das Crowdsurfing	クラウドサーフィング kuraudo sāfingu
der/das Rave	レイヴ reivu
das Lied	歌 uta
der Liedtext	歌詞 kashi

DIE MUSIK - 音楽 ongaku

Musik hören - 音楽を聴く ongaku o kiku

die Stereoanlage
オーディオシステム
ōdio shisutemu

der MP3-Player
ＭＰ３プレーヤー
MP surī purēyā

der CD-Spieler
CDプレーヤー
CD purēyā

der Lautstärkeregler
音量調節
onryō chōsetsu

die Lautsprecherbox
スピーカー
supīkā

die Schallplatte
レコード
rekōdo

der Plattenspieler
レコードプレーヤー
rekōdo purēyā

die USB-Schnittstelle
USBポート
USB pōto

das Radio
ラジオ
rajio

das Gesangstück	歌曲 kakyoku
die Komposition	作曲 sakkyoku
das Instrumentalstück	器楽曲 kigakukyoku
akustisch	アーコースティック akōsutikku
der Refrain	繰返し kurikaeshi
die Melodie	メロディー merodī
der Beat	ビート bīto
die Kassette	カセット kasetto

der Kopfhörer
ヘッドホン
heddo hon

HOBBYS – 趣味 shumi

gravieren
彫る
horu

schnitzen
彫刻する
chōkoku suru

Briefmarken sammeln
切手収集
kitte shūshū

die Modelleisenbahn
模型鉄道
mokei tetsudō

modellieren
彫刻像を作る
chōkokuzō o tsukuru

die Bildhauerei
彫刻作品
chōkoku sakuhin

töpfern
陶磁器を作る
tōjiki o tsukuru

Mosaik legen
モザイクで装飾する
mozaiku de sōshoku suru

der Modellbau
模型製作
mokei seisaku

Schmuck herstellen
装身具を作る
sōshingu o tsukuru

lesen
読む
yomu

kochen
料理する
ryōri suru

gärtnern
園芸をする
engei o suru

das Origami	おりがみ origami
das Pappmaschee	パピエマシェ papiemashe
das Scrapbooking	スクラップブック sukurappu bukku
Möbel restaurieren	家具を補修する kagu o hoshū suru
im Chor singen	コーラスで歌う kōrasu de utau
Filme drehen	映画を撮影する eiga o satsuei suru
Vögel beobachten	鳥を観察する tori o kansatsu suru
das kreative Schreiben	小説を書く shōsetsu o kaku

HOBBYS – 趣味 shumi

Kunst und Basteln – 美術と工作 bijutsu to kōsaku

der Buntstift
色鉛筆
iroenpitsu

die Wasserfarbe
水彩絵の具
suisai enogu

der Wachsmalstift
クレヨン
kureyon

die Lackfarbe
エナメル塗料
enameru toryō

die Ölkreide
オイルパステル
oiru pasuteru

die Kreide
チョーク
chōku

die Ölfarbe
油絵の具
abura enogu

die Acrylfarbe
アクリル塗料
akuriru toryō

die Pastellkreide
パステル
pasuteru

der Filzstift
サインペン
sain pen

die Tusche
墨汁
bokujū

die Zeichenkohle
デッサン用木炭
dessanyō mokutan

die Gouache
ガッシュ
gasshu

der Klebstoff
接着剤
secchakuzai

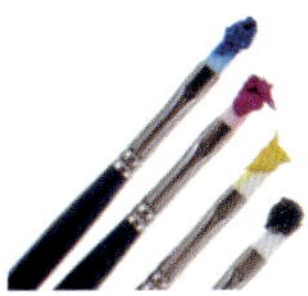

der Pinsel
絵筆
efude

die Palette
パレット
paretto

HOBBYS – 趣味 shumi

Kunst und Basteln – 美術と工作 bijutsu to kōsaku

die Aquarellmalerei
水彩画
suisaiga

die Ölmalerei
油絵
aburae

die Collage
コラージュ
korāju

die Wandmalerei
壁画
hekiga

die Tuschezeichnung
水墨画
suibokuga

die abstrakte Malerei
抽象画
chūshōga

die Landschaftsmalerei
風景画
fūkeiga

die Porträtmalerei
肖像画
shōzōga

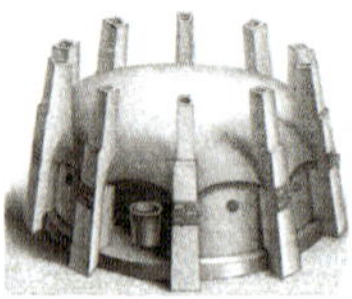

die Bleistiftzeichnung
鉛筆画
enpitsuga

das Stillleben
静物画
seibutsuga

das Graffiti
グラフィティーアート
gurafitī āto

der Siebdruck
版画
hanga

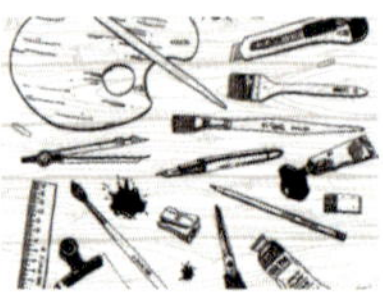

die Skizze
スケッチ
sukecchi

die Aktmalerei
裸体画
rataiga

die Leinwand
カンバス
kanpasu

der Karton
ボール紙
bōru gami

HOBBYS - 趣味 shumi

Kunst und Basteln - 美術と工作 bijutsu to kōsaku

die Farbe
色彩
shikisai

das Schwarz
黒 kuro

das Schwarzbraun
焦げ茶色 kogecha iro

das Hellbraun
薄茶色 usucha iro

das Smaragdgrün
エメラルドグリーン emerarudo gurīn

das Gelbgrün
黄緑色 kimidori iro

das Blau
青色 ao iro

das Violett
紫色 murasaki iro

das Blutrot
深紅色 shinku iro

das Rosa
淡いピンク awai pink

das Gelborange
黄橙色 kidaidai iro

das Orange
オレンジ色 orenji iro

das Hellgelb
レモン色 remon iro

das Grau
灰色 hai iro

das Braun
茶色 cha iro

das Olivgrün
オリーブ色 orību iro

das Grün
緑色 midori iro

das Cyan
水色 mizuiro

das Dunkelblau
紺青色 konjyō iro

das Lila
ふじ色 fuji iro

das Pink
ピンク pink

das Rot
赤色 aka iro

das Ocker
黄土色 ōdo iro

das Gelb
黄色 ki iro

das Weiß
白 shiro

HOBBYS – 趣味 shumi

Nähen und Stricken – 縫い物と編み物 nuimono to amimono

der Kopf
ヘッド
heddo

der Fadenhebel
天秤
tenbin

die Fadenführung
糸案内
ito annai

der Garnrollenstift
糸たて棒
itotate bō

die Nähmaschine
ミシン
mishin

der Spuler
下糸巻き
shitaito maki

der Stichbreitenwähler
縫い目長さ選択
nuime nagasa chōsetsu

das Handrad
はずみ車
hazumi guruma

der Stichwähler
模様選択
moyō sentaku

die Rückwärtsnähtaste
返し縫いボタン
kaeshi nui botan

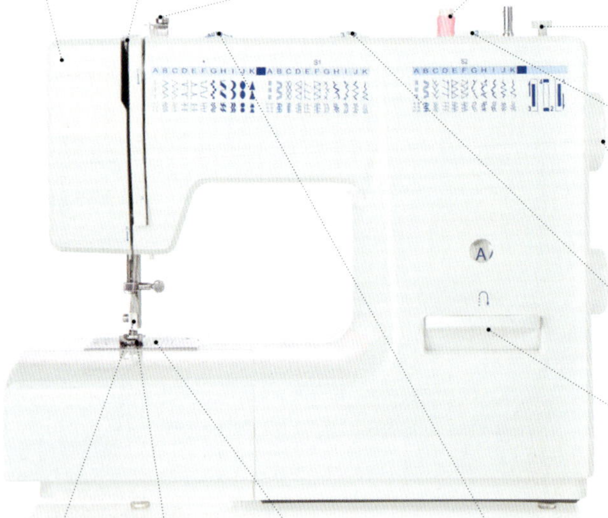

die Nadel
針
hari

der Nähfuß
押さえ
osae

die Stichplatte
針板
hariita

der Nähfußdruckregler
押さえ調節
osae chōsetsu

die Overlock
オーバーロックミシン
ōbārokku mishin

das Maßband
巻尺
makijaku

die Spule
ボビン
bobin

das Nähgarn
縫い糸
nui ito

HOBBYS - 趣味 shumi

Nähen und Stricken - 縫い物と編み物 nuimono to amimono

die Schneiderpuppe
洋裁用トルソー
yōsaiyō torusō

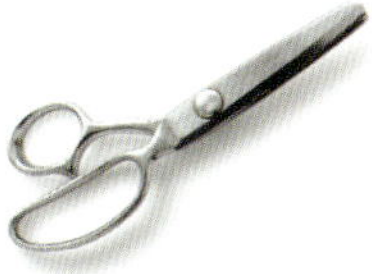

die Schere
はさみ
hasami

das Nähkästchen
裁縫箱
saihōbako

das Nadelkissen
針刺し
harisashi

das Schnittmuster
型紙
katagami

die Nähnadel
縫い針
nuibari

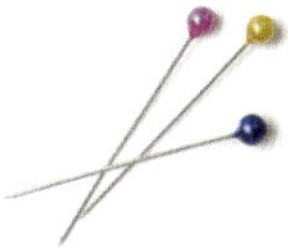

die Stecknadel
待ち針
machibari

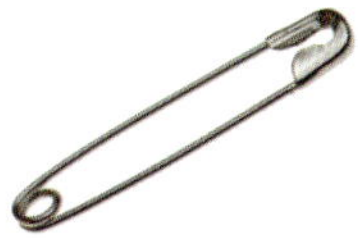

die Sicherheitsnadel
安全ピン
anzen pin

der Stoff
布地
nunoji

der Knopf
ボタン
botan

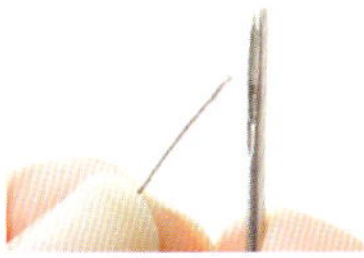

einen Faden einfädeln
糸を通す
ito o tōsu

der Einfädler
糸通し
ito tōshi

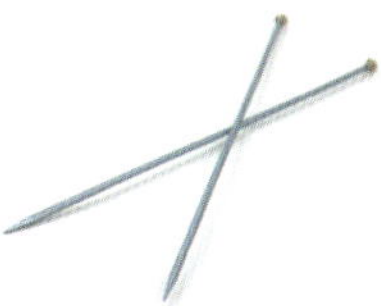

die Stricknadel
編み針
amibari

die Wolle
毛糸
keito

der Fingerhut
指貫
yubinuki

der Nahtauftrenner
リッパー
rippā

HOBBYS – 趣味 shumi

Nähen und Stricken – 縫い物と編み物 nuimono to amimono

nähen
縫う
nuu

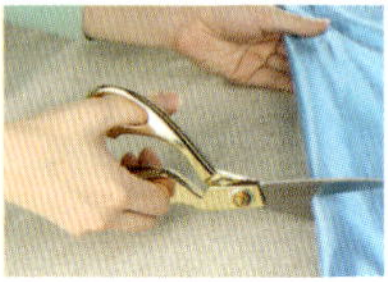

schneiden
切る
kiru

das Patchwork
パッチワーク
pacchi wāku

häkeln
かぎ針で編む
kagibari de amu

der Kreuzstich
クロスステッチ
kurosu sutecchi

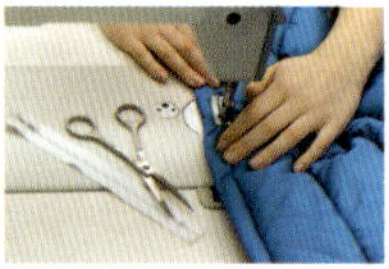

wattieren
綿を詰める
wata o tsumeru

stricken
編む
amu

stopfen
繕う
tsukurou

weben
機を織る
hata o oru

Spitze klöppeln
レースを編む
rēsu o amu

einen Teppich knüpfen
絨毯を織る
jūtan o oru

der Reißverschluss
ファスナー
fasunā

auftrennen
ほどく
hodoku

sticken	刺繍する shishū suru
das Leinen	リンネル rinneru
die Seide	絹 kinu
das Nylon®	ナイロン nairon
die Baumwolle	綿 men
der Polyester	ポリエステル poriesuteru
der Stich	縫い目 nuime
heften	仮縫いする karinui suru

HOBBYS – 趣味 shumi

Das Kino – 映画館 eigakan

der Kinosaal
映画館
eigakan

① *die Kinoleinwand*
大型スクリーン
ōgata sukurīn

② *die Sitzreihe*
雛壇座席
hinadan zaseki

die Snackbar
売店
baiten

das Getränk
飲み物
nomimono

das Popcorn
ポップコーン
poppu kōn

die Kinokasse
チケット売り場
chiketto uriba

die Komödie
コメディ
komedi

der Horrorfilm
ホラー映画
horā eiga

der Liebesfilm
恋愛映画
renai eiga

der Zeichentrickfilm	アニメ映画 anime eiga
der Western	西部劇 seibu geki
die Voraufführung	試写会 shisha kai
das Filmplakat	ポスター posutā
die Premiere	封切り fūkiri
der Thriller	スリラー surirā
der Sciencefictionfilm	SF映画 SF eiga
jugendfrei	鑑賞年齢制限なし kanshō nenrei seigen nashi

der 3D-Film
3D映画
3D eiga

HOBBYS – 趣味 shumi

Fotografieren – 写真を撮る shashin o toru

die Programmwählscheibe
モードダイヤル
mōdo daiyaru

die Spiegelreflexkamera
一眼レフカメラ
ichigan refu kamera

der Blitzschuh
ホットシュー
hotto shū

der (ausklappbare) Blitz
内蔵フラッシュ
naizō furasshu

der/das Zoom
ズーム
zūmu

das Objektiv
レンズ
renzu

der Auslöser
シャッターボタン
shattā botan

das Kameragehäuse
カメラ本体
kamera hontai

der Blendenregler
絞り値調節ダイヤル
shiborichi chōsetsu daiyaru

das Selbstauslöser-Lichtsignal
セルフタイマーランプ
serufutaimā ranpu

die Einwegkamera
使い捨てカメラ
tsukaisute kamera

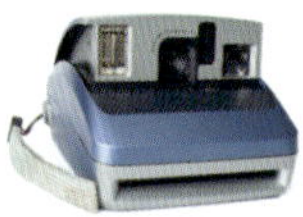

die Sofortbildkamera
インスタントカメラ
insutanto kamera

die Analogkamera
アナログカメラ
anarogu kamera

die Digitalkamera
デジタルカメラ
dejitaru kamera

das Stativ
三脚
sankyaku

der Aufsteckblitz
外付けフラッシュ
sotozuke furasshu

der Filter
フィルター
firutā

der Objektivdeckel
レンズキャップ
renzu kyappu

HOBBYS – 趣味 shumi

Fotografieren – 写真を撮る shashin o toru

der Film
フイルム
fuirumu

das Fotostudio
写真スタジオ
shashin sutajio

ein Foto machen
写真を撮る
shashin o toru

die Bildbearbeitung
画像編集
gazō henshū

die Compact-Flash-Karte
コンパクトフラッシュカード
konpakuto furasshu kādo

sich fotografieren lassen
写真を撮ってもらう
shashin o totte morau

die Kameratasche
カメラケース
kamera kēsu

die Dunkelkammer
暗室
anshitsu

die Speicherkarte
メモリーカード
memorī kādo

unscharf
ピントのぼけた
pinto no boketa

überbelichtet
露出オーバー
roshutsu ōbā

unterbelichtet
露出アンダー
roshutsu andā

das Hochformat	縦長フォーマット tatenaga fōmatto
das Querformat	横長フォーマット yokonaga fōmatto
die Vergrößerung	引き伸ばし hikinobashi
der Rote-Augen-Effekt	赤目現象 akame genshō
matt	マットの matto no
glänzend	光沢のある kōtaku no aru
das Fotoalbum	写真アルバム shashin arubamu
das Negativ	ネガ nega

der digitale Bilderrahmen
デジタルフォトフレーム
dejitaru foto furēmu

HOBBYS - 趣味 shumi

Spiele - ゲーム gēmu

die Spielkarte
トランプのカード
toranpu no kādo

das Karo
ダイヤ
daiya

das Pik
スペード
supēdo

das Herz
ハート
hāto

das Kreuz
クラブ
kurabu

das Ass
エース
ēsu

der Joker
ジョーカー
jōkā

der König
キング
kingu

die Dame
クイーン
kuīn

der Bube
ジャック
jakku

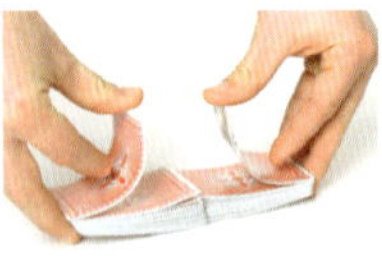

die Karten mischen
カードを切る
kādo o kiru

geben
配る
kubaru

das Blatt
持ち札
mochifuda

Poker spielen
ポーカーをする
pōkā o suru

der Dominostein
ドミノ
domino

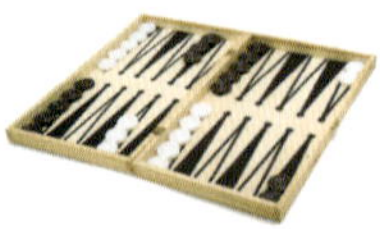

das Backgammon
バックギャモン
bakku gyamon

das Damespiel
チェッカー
chekkā

das Puzzle
ジグソーパズル
jigusō pazuru

HOBBYS - 趣味 shumi

Spiele - ゲーム gēmu

das Schach
チェス
chesu

der König
キング
kingu

die Dame
クイーン
kuīn

der Läufer
ビショップ
bishoppu

der Springer
ナイト
naito

der Turm
ルーク
rūku

der Bauer
ポーン
pōn

das weiße Feld
白マス
shiro masu

das Schachbrett
チェスボード
chesu bōdo

das schwarze Feld
黒マス
kuro masu

der Zug
指し手
sashite

das Brettspiel
盤上ゲーム
takujō gēmu

das Monopoly®
モノポリー
monoporī

das Mensch ärgere dich nicht®
ドイツ伝統すごろく
doitsu dentō sugoroku

würfeln	さいころを振る saikoro o furu
mogeln	いかさまをやる ikasama o yaru
das Glück	運がいい un ga ii
das Pech	運が悪い un ga warui
Wer ist dran?	次は誰の番ですか。 tsugi wa dare no ban desu ka
Du bist dran.	あなたの番です。 anata no ban desu
gewinnen	勝つ katsu
verlieren	負ける makeru

das Jenga®
ジェンガ
jenga

der Würfel
さいころ
saikoro

FERIEN – 休暇 kyūka

Am Strand – 浜辺で hamabe de

der Strand
海辺
umibe

die Stranddüne
海辺の砂丘
umibe no sakyū

der Sonnenuntergang
日没
nichibotsu

das Meer
海
umi

der Strandkorb
屋根付きビーチチェア
yanetsuki bīchi cheā

der Sand
砂
suna

die Küste
海岸
kaigan

die Strandpromenade
海辺の遊歩道
umibe no yūhodō

der Liegestuhl
デッキチェア
dekki cheā

der Wasserball
ビーチボール
bīchi bōru

das Strandtuch
ビーチタオル
bīchi taoru

die Kinderschaufel
シャベル
shaberu

der Flip-Flop®
ビーチサンダル
bīchi sandaru

der Eimer
バケツ
baketsu

FERIEN - 休暇 kyūka

Am Strand - 浜辺で hamabe de

der Sonnenschirm
ビーチパラソル
bīchi parasoru

der Steinstrand
磯浜
iso hama

die Strandmuschel
ビーチシェルター
bīchi sherutā

die Sandburg
砂の城
suna no shiro

der Seetang
海藻
kaisō

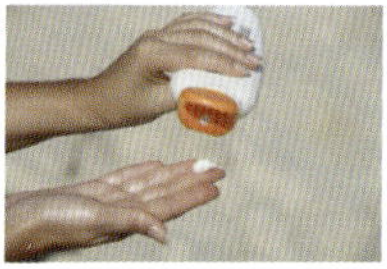

die Sonnencreme
日焼け止めクリーム
hiyakedome kurīmu

das Strandresort
ビーチリゾート
bīchi rizōto

der Steg
桟橋
sanbashi

das Kreuzworträtsel
クロスワードパズル
kurosuwādo pazuru

das Sudoku
数独
sudoku

das Strandhäuschen
海の家
umi no ie

die Strandbar
ビーチバー
bīchi bā

die Ebbe	引き潮 hiki shio
die Flut	満ち潮 michi shio
die Strömung	流れ nagare
der FKK-Strand	ヌーディストビーチ nūdisuto bīchi
das Strandgut	漂流物 hyōryū butsu
schnorcheln	シュノーケル shunōkeru
der Sonnenbrand	日焼け hiyake
die Brandung	寄せ波 yosenami

sich sonnen
日光浴する
nikkōyoku suru

FERIEN – 休暇 kyūka

Das Zelten – キャンプ kyanpu

das Wohnmobil
キャンピングカー
kyanpingu kā

der Wohnwagen
キャンピングトレーラー
kyanpingu torērā

der Campingbus
キャンピングバン
kyanpingu ban

das Indianerzelt
ティピーテント
tipī tento

der Campingstuhl
アウトドアチェア
autodoa chea

der Gasbrenner
ガスバーナー
gasu bānā

der Grillrost
バーベキューグリル
bābekyū guriru

die Lagerfeuerstelle
キャンプファイヤー
kyanpufaiyā

der Campingplatz
キャンプ場
kyanpu jō

das Zelt
テント
tento

der Zeltplatz
テントサイト
tento saito

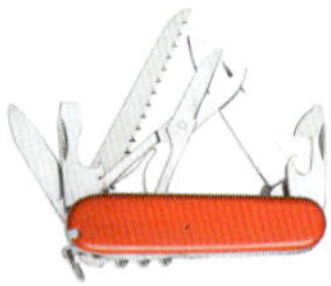

das Taschenmesser
ポケットナイフ
poketto naifu

die Hängematte
ハンモック
hanmokku

die Gasflasche	ガスボンベ gasu bonbe
das Propangas	プロパンガス puropan gasu
die Stirnlampe	ヘッドライト heddo raito
der Stromanschluss	電気接続 denki setsuzoku
die Duschen und Toiletten	シャワーとトイレ shawā to toire
der Feueranzünder	着火剤 chakka zai
die Holzkohle	木炭 mokutan
der/das Insektenspray	虫除けスプレー mushiyoke supurē

FERIEN - 休暇 kyūka

Das Zelten - キャンプ kyanpu

der Schlafsack
寝袋
nebukuro

das Außenzelt
フライシート
furai shīto

das Innenzelt
インナーテント
innā tento

der Zelteingang
テントフラップ
tento furappu

die Zeltstange
ポール
pōru

der Zeltboden
グラウンドシート
guraundo shīto

der Reißverschluss
ファスナー
fasunā

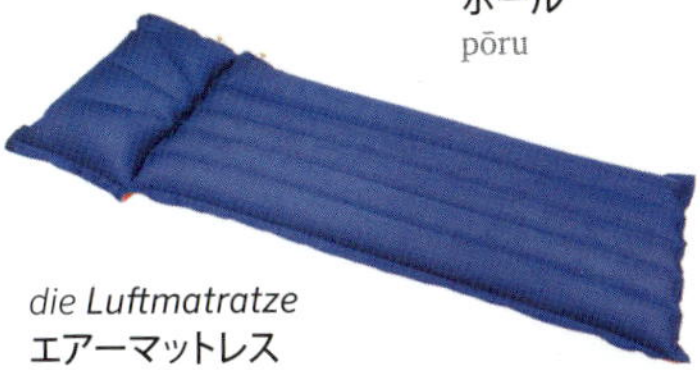

die Luftmatratze
エアーマットレス
eā mattoresu

der Rucksack
リュックサック
ryukkusakku

die Isomatte
ロールマット
rōru matto

der Trekkingstock
ハイキングポール
haikingu pōru

der Wanderschuh
ハイキングブーツ
haikingu būtsu

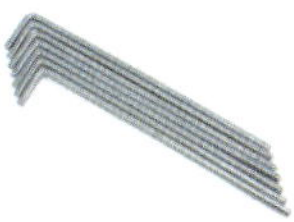

der Hering
ペグ
pegu

die Taschenlampe
懐中電灯
kaichūdentō

die Petroleumlampe	石油ランプ sekiyu ranpu
die Luftpumpe	エアポンプ ea ponpu
die Campingtoilette	ケミカルトイレ kemikaru toire
die Entsorgungsstation	ごみ処理ステーション gomishori sutēshon
die Regenhaut®	ビニールレインコート binīru rein kōto
die Thermowäsche	サーモ下着 sāmo shitagi
das Moskitonetz	蚊帳 kaya
ein Zelt aufschlagen	テントを張る tento o haru
Kann ich hier mein Zelt aufschlagen?	ここにテントを張っていいですか。 koko ni tento o hatte iidesu ka

der Wasserkanister
ウォータータンク
wōtā tanku

KÖRPER UND GESUNDHEIT

身体と健康

shintai to kenkō

DER KÖRPER –
身体 shintai

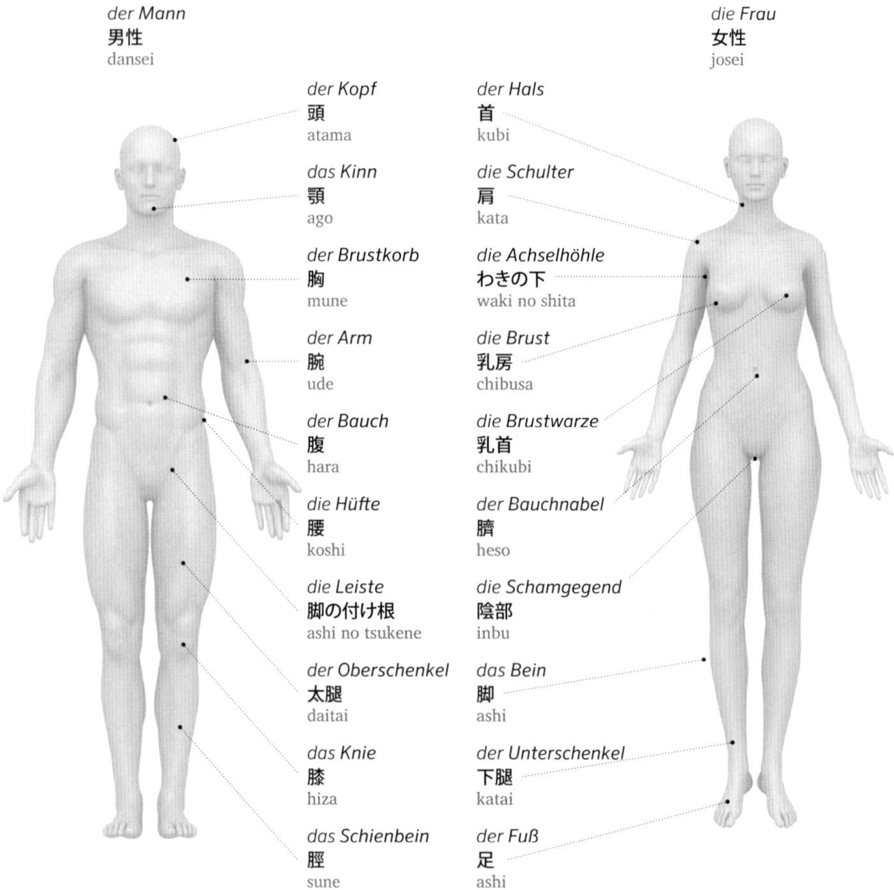

DER KÖRPER – 身体 shintai

die Frau
女性
josei

der Mann
男性
dansei

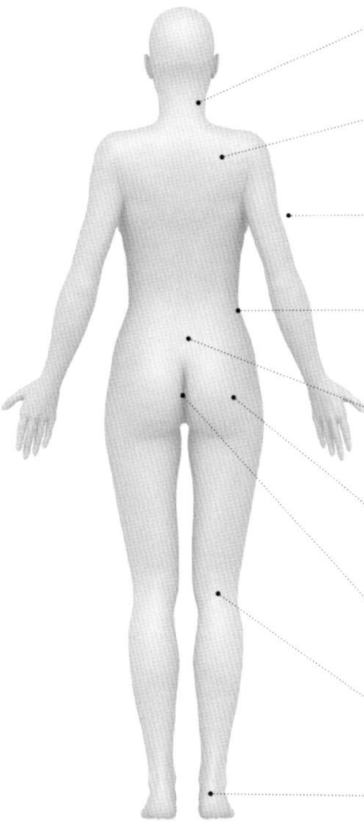

der Nacken
首筋
kubisuji

das Schulterblatt
肩甲骨
ken kōkotsu

der Arm
腕
ude

die Taille
ウエスト
uesuto

die Lende
腰
koshi

das Gesäß
お尻
oshiri

die Gesäßspalte
臀裂
denretsu

die Kniekehle
膝の裏側
hiza no uragawa

die Ferse
踵
kakato

der Oberarm
上腕
jyōwan

der Ellbogen
肘
hiji

der Unterarm
前腕
zenwan

der Rücken
背中
senaka

das Handgelenk
手首
tekubi

die Hand
手
te

die Gesäßbacke
尻たぶ
shiri tabu

die Wade
ふくらはぎ
fukurahagi

der Knöchel
くるぶし
kurubushi

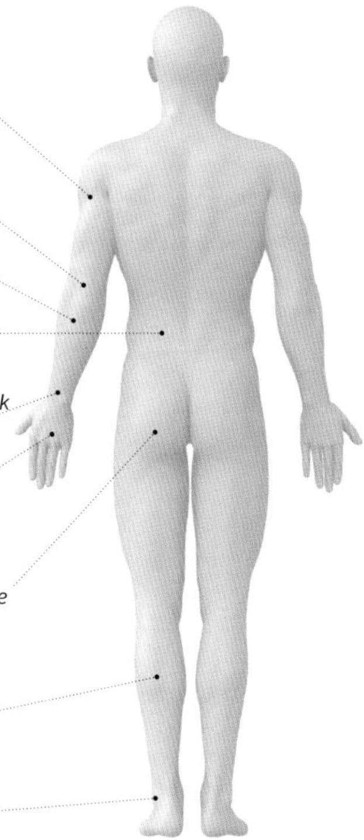

DER KÖRPER – 身体 shintai

Die Hand und der Fuß – 手と足 te to ashi

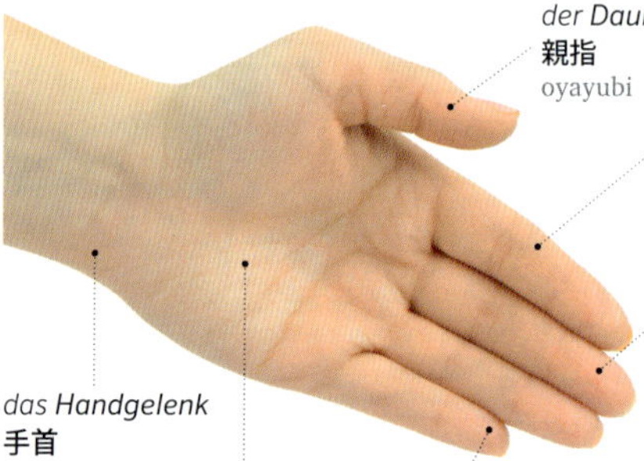

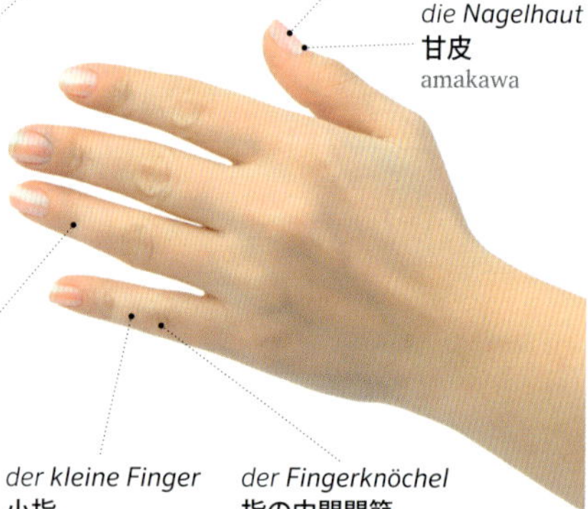

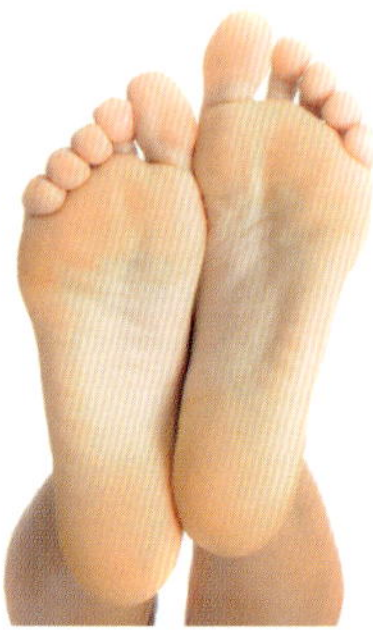

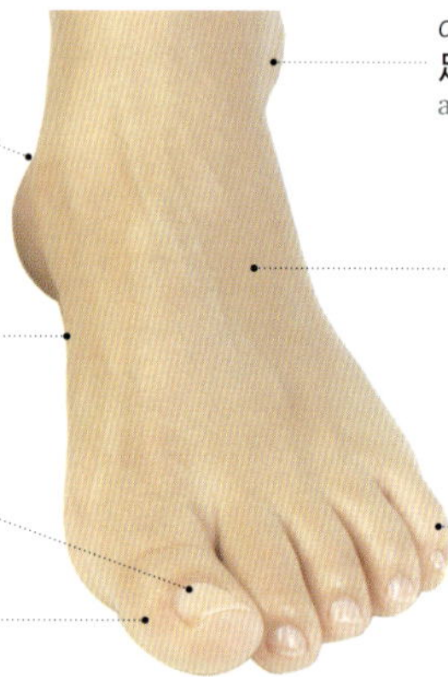

DER KÖRPER – 身体 shintai

Der Kopf – 頭 atama

das Gehirn
脳
nō

das Großhirn
大脳
dainō

das Kleinhirn
小脳
shōnō

der Hirnstamm
脳幹
nōkan

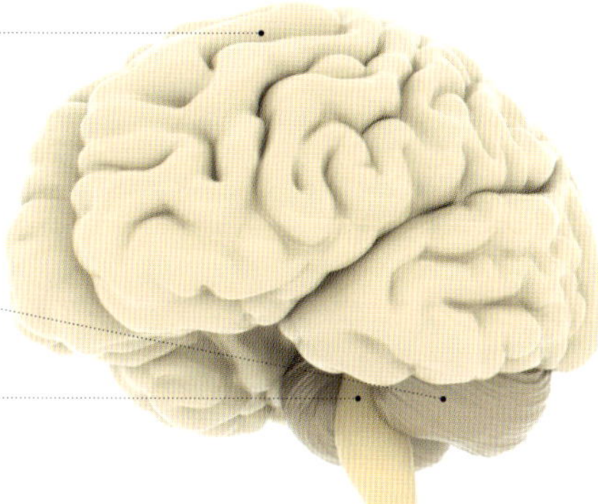

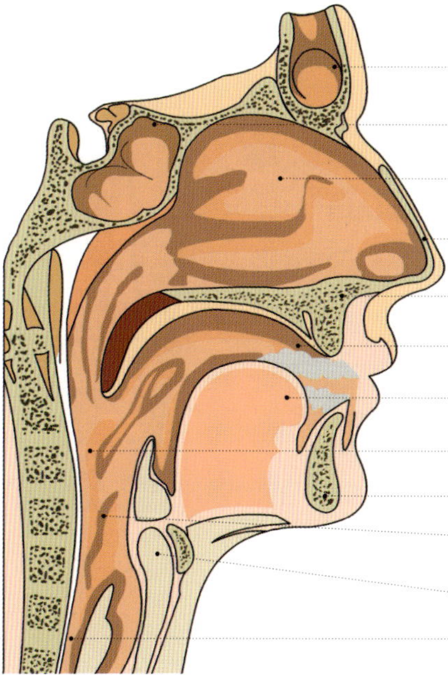

die Stirnhöhle
前頭洞
zentōdō

die Keilbeinhöhle
蝶形骨洞
chōkeikotsudō

die Nasenhöhle
鼻腔
bikū

das Nasenbein
鼻骨
bikotsu

der Oberkiefer
上顎
jōgaku

der Gaumen
口蓋
kōgai

die Zunge
舌
shita

der Rachen
咽頭
intō

der Unterkiefer
下顎
kagaku

die Kehle
咽喉
inkō

der Kehlkopf
喉頭
kōtō

die Speiseröhre
食道
shokudō

DER KÖRPER – 身体 shintai

Die Muskeln – 筋肉 kinniku

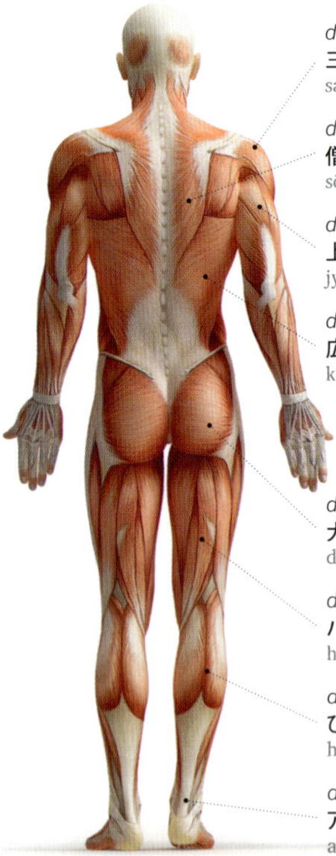

der Deltamuskel
三角筋
sankakukin

der Kapuzenmuskel
僧帽筋
sōbōkin

der Trizeps
上腕三頭筋
jyōwan santōkin

der Rückenmuskel
広背筋
kōhaikin

der Gesäßmuskel
大殿筋
daidenkin

die ischiocruralen Muskeln
ハムストリング
hamusutoringu

der Wadenmuskel
ひふく筋
hifukukin

die Achillessehne
アキレス腱
akiresuken

der Stirnmuskel
前頭筋
zentōkin

der Brustmuskel
大胸筋
daikyōkin

der Bizeps
上腕二頭筋
jyōwan nitōkin

der Bauchmuskel
腹筋
fukkin

der Oberschenkelmuskel
大腿四頭筋
daitaishitōkin

der vordere Schienbeinmuskel
前頚骨筋
zenkeikotsukin

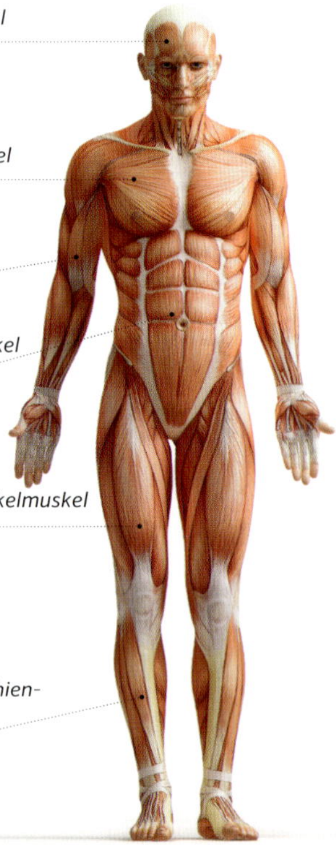

DER KÖRPER – 身体 shintai

Das Skelett – 骨格 kokkaku

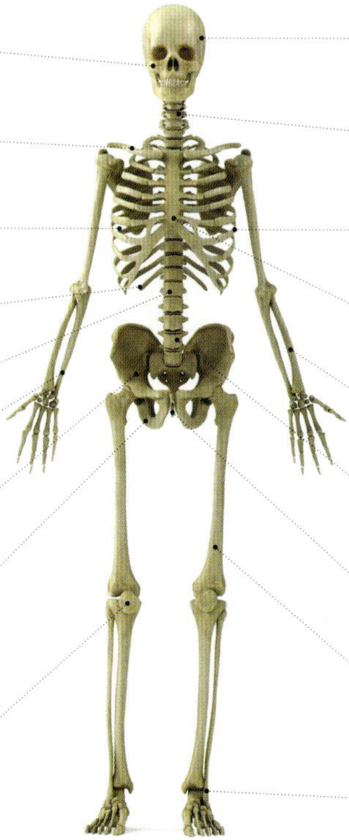

das Jochbein
頬骨
kyōkotsu

das Schlüsselbein
鎖骨
sakotsu

der Brustkorb
胸郭
kyōkaku

die freie Rippe
浮遊肋
fuyūroku

die Wirbelsäule
背骨
sebone

die Elle
尺骨
shakukotsu

das Becken
骨盤
kotsuban

das Sitzbein
坐骨
zakotsu

die Kniescheibe
膝蓋骨
shitsugaikotsu

der Schädel
頭がい骨
tōgaikotsu

der Halswirbel
頚椎
keitsui

die Rippe
肋骨
rokkotsu

das Brustbein
胸骨
kyōkotsu

die Speiche
とう骨
tōkotsu

der Lendenwirbel
腰椎
yōtsui

das Steißbein
尾骨
bikotsu

der Oberschenkelknochen
大腿骨
daitaikotsu

das Fersenbein
しょう骨
shōkotsu

DER KÖRPER – 身体 shintai

Die inneren Organe – 内臓 naizō

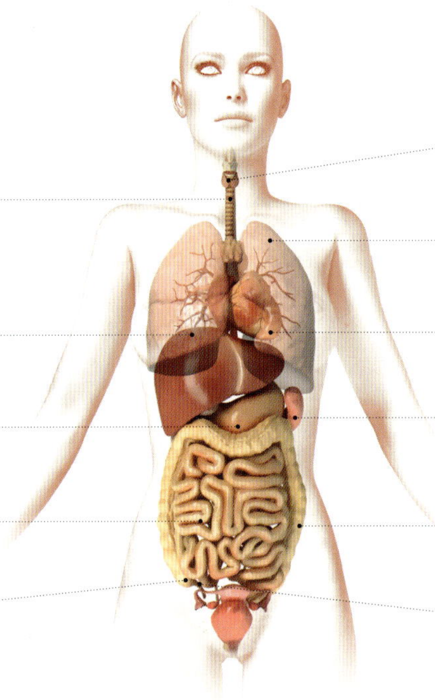

die Niere	腎臓 jinzō
die Bauchspeicheldrüse	膵臓 suizō
der Zwölffingerdarm	十二指腸 jūnishichō
die Gallenblase	胆嚢 tannō
das Zwerchfell	横隔膜 ōkakumaku
das Gewebe	組織 soshiki
die Sehne	腱 ken
die Drüse	腺 sen
der Knorpel	軟骨 nankotsu

DER KÖRPER – 身体 shintai

Die Körpersysteme – 身体のシステム shintai no sisutemu

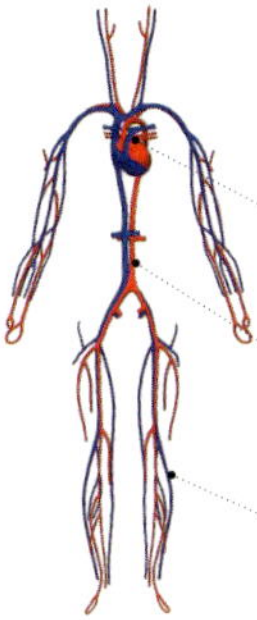

das Herz-Kreislauf-System
心臓血管系
shinzō kekkan kei

das Herz
心臓
shinzō

die Arterie
動脈
dōmyaku

die Vene
静脈
jōmyaku

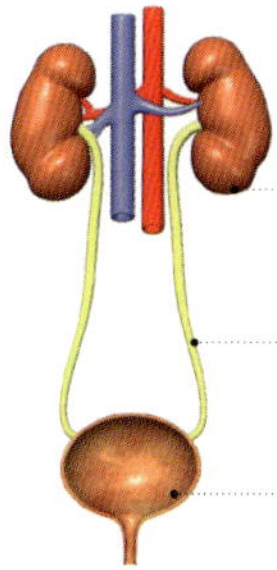

das Harnsystem
泌尿器系
hinyōki kei

die Niere
腎臓
jinzō

der Harnleiter
尿管
nyōkan

die Harnblase
膀胱
bōkō

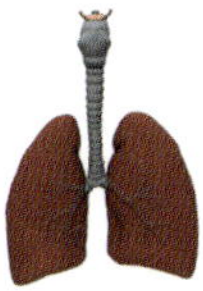

das Atmungssystem
呼吸器系
kokyūki kei

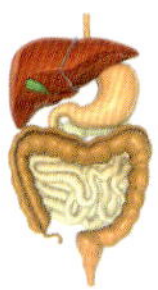

das Verdauungssystem
消化器系
shōkaki kei

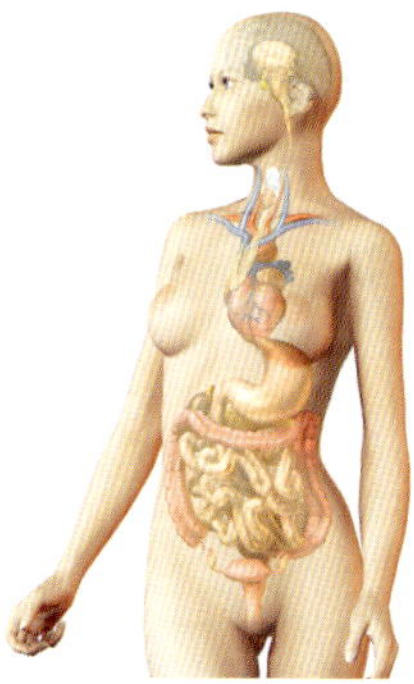

das endokrine System
内分泌系
naibunpi kei

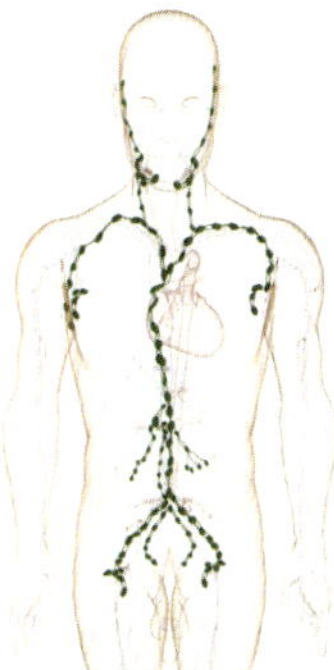

das lymphatische System
リンパ系
rinpa kei

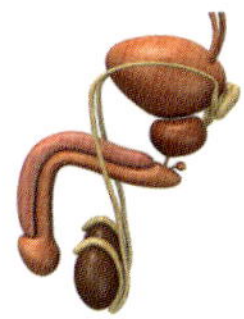

das männliche Fortpflanzungssystem
男性の生殖システム
dansei no seishoku sisutemu

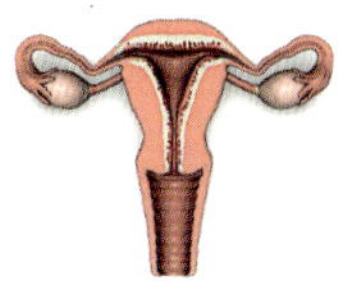

das weibliche Fortpflanzungssystem
女性の生殖システム
josei no seishoku sisutemu

das Nervensystem	神経系 shinkei kei
der Blutkreislauf	循環器系 junkanki kei
der Tastsinn	触覚 shokkaku
der Sehsinn	視覚 shikaku
der Hörsinn	聴覚 chōkaku
der Geruchssinn	臭覚 shūkaku
der Geschmackssinn	味覚 mikaku
der Gleichgewichtssinn	平衡感覚 heikō kankaku

DER KÖRPER – 身体 shintai

Die Geschlechtsorgane – 性器 seiki

die männlichen Geschlechtsorgane
男性器
danseiki

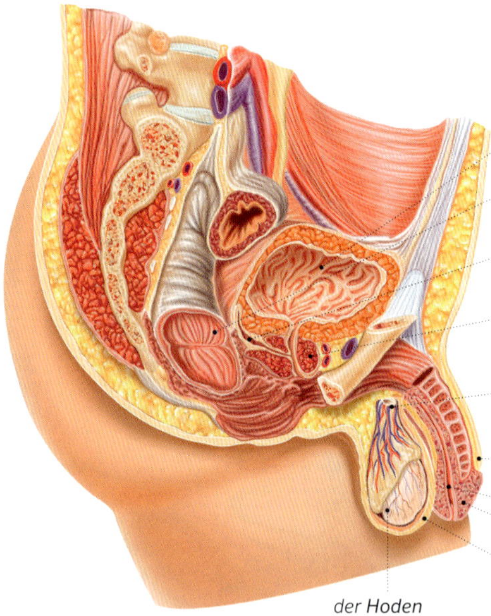

die Erektion	勃起 bokki
die Vorhaut	包皮 hōhi
die Beschneidung	割礼 katsurei
der Samenerguss	射精 shasei
potent/impotent	性交可能な/性交不能な seikō kanō na /seikō funō na
das Hormon	ホルモン horumon
der Geschlechtsverkehr	性交 seikō
die Geschlechtskrankheit	性病 seibyō

DER KÖRPER – 身体 shintai

Die Geschlechtsorgane – 性器 seiki

die weiblichen Geschlechtsorgane
女性器
joseiki

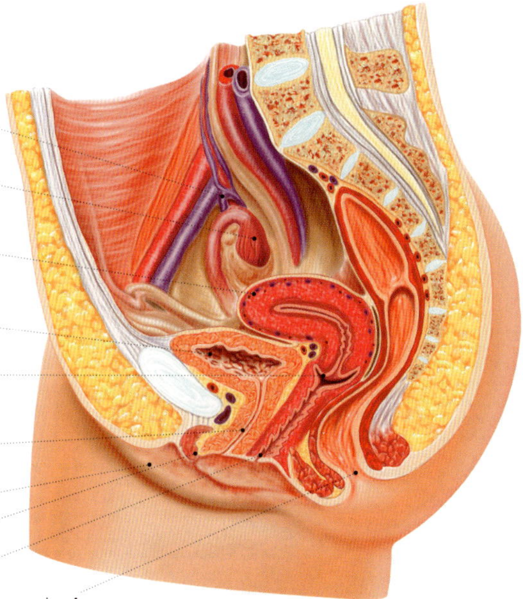

der Eileiter
卵管
rankan

der Eierstock
卵巣
ransō

die Gebärmutter
子宮
shikyū

die Harnblase
膀胱
bōkō

der Gebärmutterhals
子宮頸部
shikyū keibu

die Harnröhre
尿道
nyōdō

die Schamlippe
陰唇
inshin

die Klitoris
陰核
inkaku

die Scheide
膣
chitsu

der Anus
肛門
kōmon

das Kondom
コンドーム
kondōmu

die Pille
ピル
piru

die Spirale	IUD IUD
das Pessar	ペッサリー pessarī
das Diaphragma	ダイアフラム daiafuramu
die Empfängnisverhütung	避妊 hinin
der Eisprung	排卵 hairan
die Menstruation	月経 gekkei
unfruchtbar/fruchtbar	不妊の/妊娠可能な funi no/ninshin kanōna
der Schwangerschaftsabbruch	妊娠中絶 ninshin chūzetsu

SCHWANGERSCHAFT UND GEBURT – 妊娠と出産 ninshin to shussan

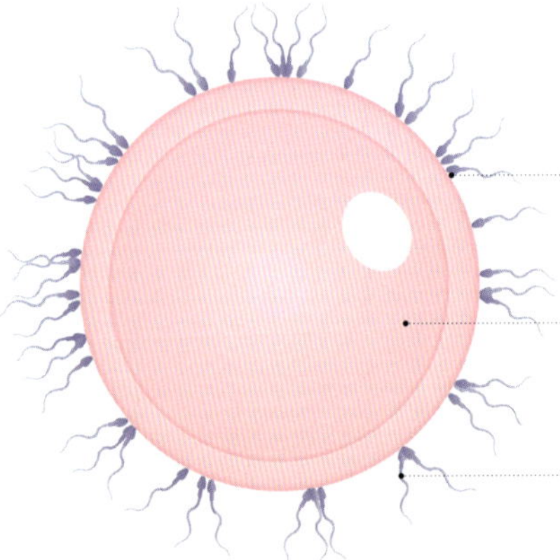

die Empfängnis
受胎
jutai

die Befruchtung
受精
jusei

die Eizelle
卵細胞
ransaibō

das Spermium
精子
seishi

die Ultraschallaufnahme
超音波撮影
chō onpa satsuei

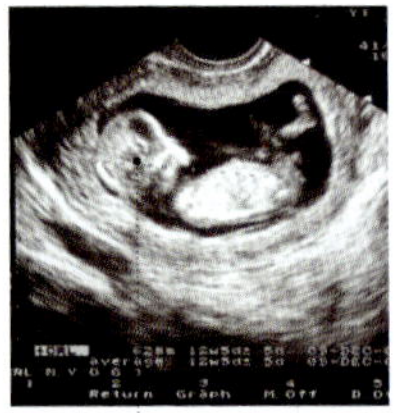

der/das Embryo
胎児
taiji

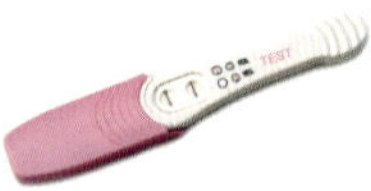

der Schwangerschaftstest
妊娠検査薬
ninshin kensa yaku

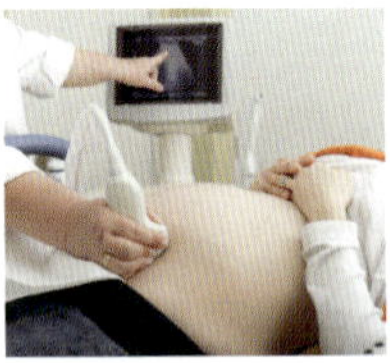

die Ultraschalluntersuchung
超音波検査
chō onpa kensa

die Hebamme
助産婦
josanpu

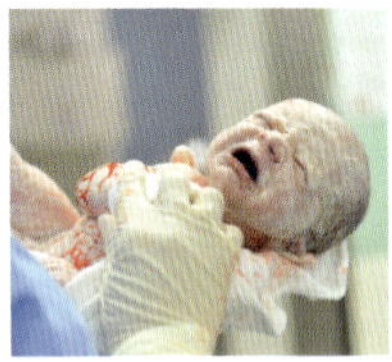

die Geburt
出産
shussan

schwanger	妊娠している ninshin shite iru
die Wehen	陣痛 jintsū
die Geburt einleiten	出産が始まる shussan ga hajimaru
pressen	いきむ ikimu
die Nabelschnur	へその緒 heso no o
die Plazenta	胎盤 taiban
das Fruchtwasser	羊水 yōsui
die Fruchtblase	羊膜嚢 yōmakunō

SCHWANGERSCHAFT UND GEBURT – 妊娠と出産 ninshin to shussan

das Fläschchen
哺乳瓶
honyūbin

der Messlöffel
計量スプーン
keiryō supūn

das Milchpulver
粉ミルク
kona miruku

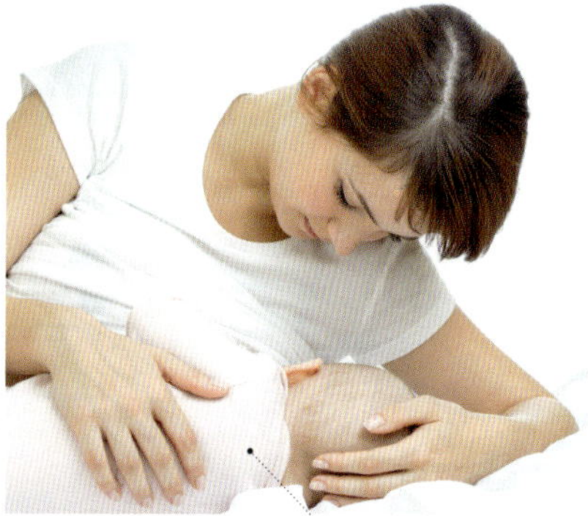

stillen
授乳する
junyū suru

der Säugling
乳児
nyūji

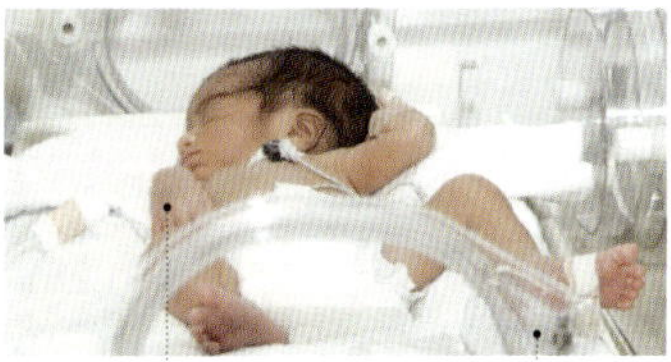

das Frühchen
早産児
sōsanji

der Brutkasten
早産児保育器
sōsanji hoikuki

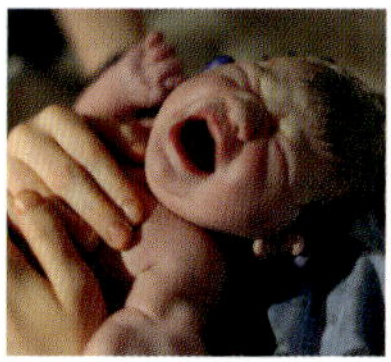

das Neugeborene
新生児
shinseiji

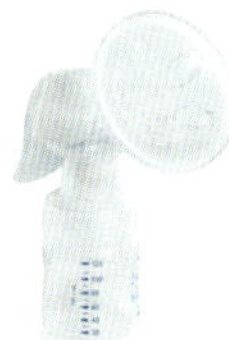

die Milchpumpe
搾乳機
sakunyūki

der Kreißsaal	分娩室 bunben shitsu
der Kaiserschnitt	帝王切開 teiō sekkai
die Frühgeburt	早産 sōzan
die Fehlgeburt	流産 ryūsan
die eineiigen Zwillinge	一卵性双生児 ichiransei sōsēji
die zweieiigen Zwillinge	二卵生双生児 niransei sōsēji
das Geburtsgewicht	出生体重 shussei taijū
die Impfung	予防接種 yobōsesshu

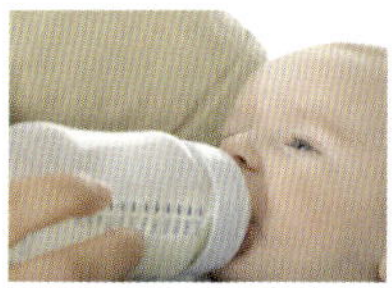

mit der Flasche füttern
哺乳瓶でミルクを与える
honyūbin de miruku o ataeru

DER ARZTBESUCH – 診察 shinsatsu

das Wartezimmer
待合室
machiai shitsu

das Rezept
処方箋
shohōsen

den Blutdruck messen
血圧を測る
ketsuatsu o hakaru

die Ärztin
女医
joi

die Patientin
患者
kanja

die Manschette
圧迫帯
appaku obi

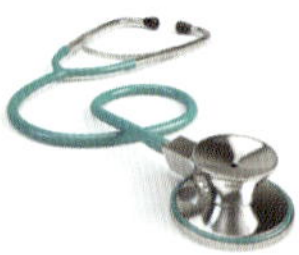

das Stethoskop
聴診器
chōshin ki

das Sprechzimmer
診察室
shinsatsu shitsu

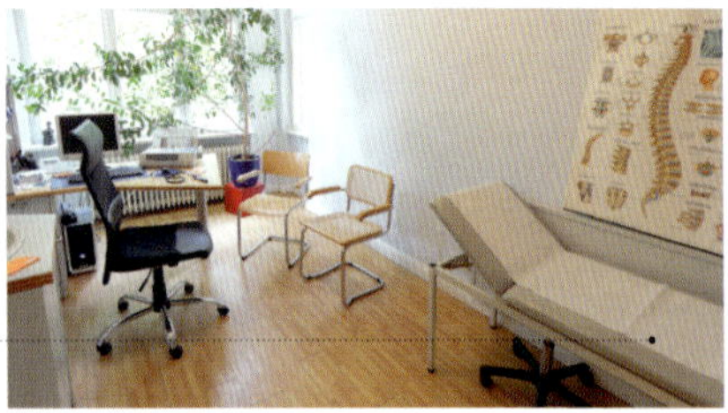

die Untersuchungsliege
診察台
shinsatsu dai

das Blutdruckmessgerät
血圧計
ketsuatsu kei

die Sprechstunde	診療時間 shinryō jikan
jemandem Blut abnehmen	誰かに採血する dareka ni saiketsu suru
der Termin	予約 yoyaku
die Behandlung	治療 chiryō
die Diagnose	診断 shindan
die Überweisung	紹介状 shōkaijō
die Ergebnisse	結果 kekka
die Krankenkasse	健康保険 kenkō hoken

SYMPTOME UND KRANKHEITEN – 症状と病気 shōjyō to byōki

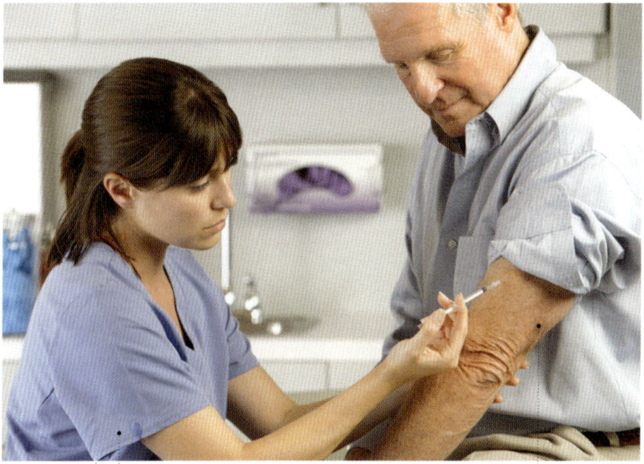

jemandem eine Spritze geben
誰かに注射をする
dareka ni chūsha o suru

eine Spritze bekommen
注射してもらう
chūsha shite morau

das Virus	ウイルス uirusu
der Infekt	感染 kansen
die Allergie	アレルギー arerugī
der Hautausschlag	発疹 hasshin
das Ekzem	湿疹 shisshin
die Migräne	偏頭痛 hentōtsū
das Nasenbluten	鼻血 hanaji
die Bindehautentzündung	結膜炎 ketsumaku en
die Mittelohrentzündung	中耳炎 chūji en
der Durchfall	下痢 geri
die Darmgrippe	腸炎 chō en
der Schwindel	めまい memai
die Übelkeit	吐き気 hakike
der Krampf	痙攣 keiren
die Bronchitis	気管支炎 kikanshi en
die Blasenentzündung	膀胱炎 bōkō en

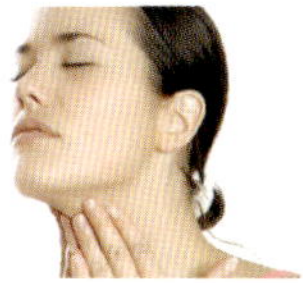

die Halsschmerzen
喉の痛み
nodo no itami

die Kopfschmerzen
頭痛
zutsū

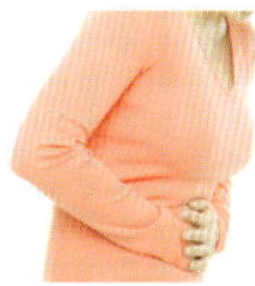

die Magenschmerzen
胃痛
itsū

die Zahnschmerzen
歯痛
haita

SYMPTOME UND KRANKHEITEN – 症状と病気 shōjyō to byōki

krank
病気
byōki

der Schnupfen
鼻風邪
hanakaze

der Husten
咳
seki

gesund
健康
kenkō

die Erkältung
風邪
kaze

die Grippe
インフルエンザ
infuruenza

das Niesen
くしゃみ
kushami

das Fieber
熱
netsu

der Heuschnupfen
花粉症
kafunshō

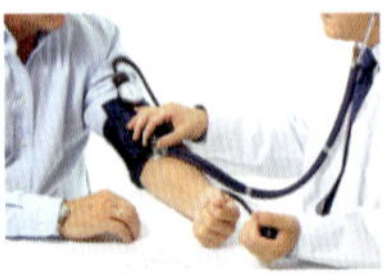

der hohe/niedrige Blutdruck
高/低血圧
kō/tei ketsuatsu

die Entzündung	炎症 enshō
die Gürtelrose	帯状疱疹 obijōhōshin
die Mangelerscheinung	欠乏症状 ketsubō shōjō
die Blutvergiftung	敗血症 haiketsushō
die Schuppenflechte	乾癬 kansen
die Kinderkrankheit	小児病 shōni byō
die Röteln	風疹 fūshin
der/das Scharlach	猩紅熱 shōkōnetsu
die Windpocken	水疱瘡 mizubōsō
der Mumps	おたふくかぜ otafukukaze
der Keuchhusten	百日咳 hyakunichi zeki
die Masern	はしか hashika
die Kinderlähmung	小児麻痺 shōni mahi
der Wundstarrkrampf	創傷性破傷風 sōshōsei hashōfū
die Tuberkulose	結核 kekkaku
die Rachitis	くる病 kurubyō
die Hirnhautentzündung	脳膜炎 nōmaku en
die Diphtherie	ジフテリア jifuteria
die Tollwut	狂犬病 kyōken byō

SYMPTOME UND KRANKHEITEN – 症状と病気 shōjyō to byōki

das Asthma
喘息
zensoku

der Inhalator
吸入器
kyūnyūki

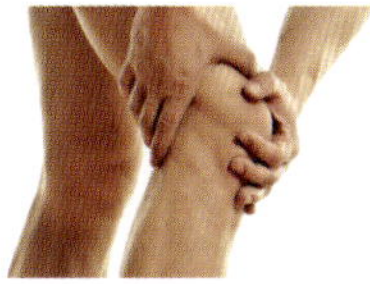

das Rheuma
リューマチ
ryūmachi

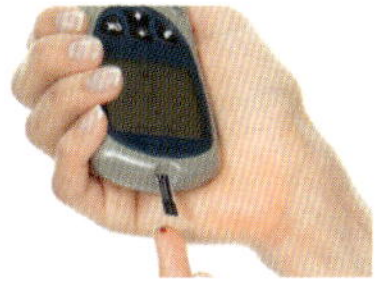

der Diabetes
糖尿病
tōnyōbyō

die Schlafstörung
不眠症
fuminshō

das Aids
エイズ
eizu

die Atemnot	呼吸困難 kokyū konnan
der Alzheimer	アルツハイマー病 arutsuhaimā byō
die Demenz	認知症 ninchi shō
die Parkinsonkrankheit	パーキンソン病 pākinson byō
der Krebs	癌 gan
das Geschwür	潰瘍 kaiyō
die Schilddrüsenkrankheit	甲状腺疾患 kōjōsen shikkan
der Herzinfarkt	心筋梗塞 shinkin kōsoku
der Schlaganfall	脳梗塞 nōkōsoku
HIV-positiv/negativ	HIV陽性/陰性 HIV yōsei/insei
die multiple Sklerose	多発性硬化症 tahatsusei kōkashō
die Epilepsie	てんかん tenkan
die Depression	うつ病 utsubyō
die Essstörung	摂食障害 sesshoku shōgai
die Sucht	依存症 izonshō

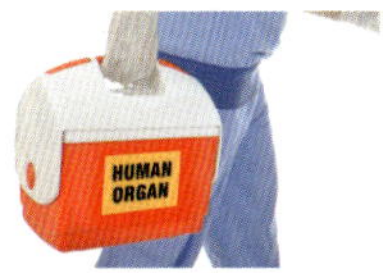

die Transplantation
移植
ishoku

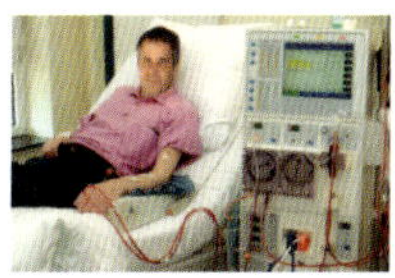

die Dialyse
人工透析
jinkō tōseki

BEHINDERUNGEN – 障害 shōgai

der Blindenhund
盲導犬
mōdōken

der Rollstuhl
車椅子
kuruma isu

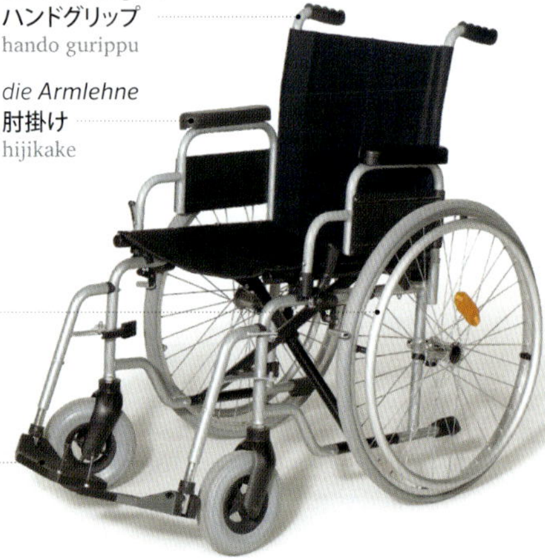

der Schiebegriff
ハンドグリップ
hando gurippu

die Armlehne
肘掛け
hijikake

der Greifreifen
ハンドリム
hando rimu

die Fußstütze
フットレスト
futto resuto

der Blindenstock
白杖
hakujō

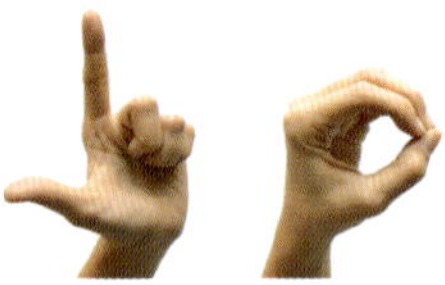

die Gebärdensprache
手話
shuwa

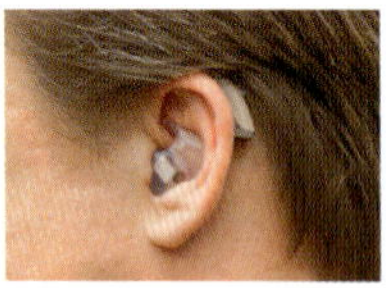

das Hörgerät
補聴器
hochōki

der Rollator
歩行器
hokōki

die Krücke
松葉杖
matsubazue

die Prothese
プロテーゼ
purotēze

gelähmt	麻痺している mahi shiteiru
die spastische Lähmung	痙性麻痺 keiseimahi
hinken	片足を引きずって歩く kataashi o hikizutte aruku
blind	盲目 mōmoku
schwerhörig	難聴 nanchō
gehörlos	耳の聞こえない mimino kikoenai
behindert	障害がある shōgai ga aru
schwerbehindert	重度の障害がある jūdo no shōgai ga aru

VERLETZUNGEN – けが kega

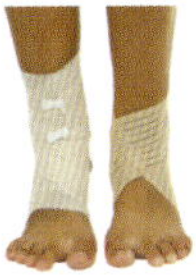

die Verstauchung
捻挫
nenza

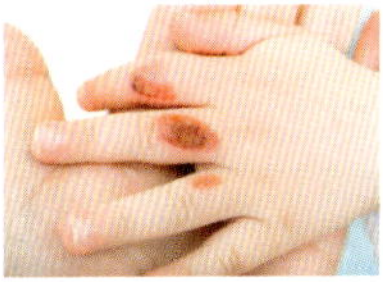

die Verbrennung
やけど
yakedo

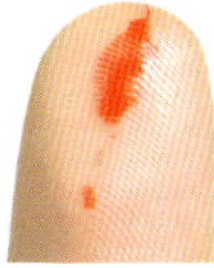

die Schnittwunde
切り傷
kirikizu

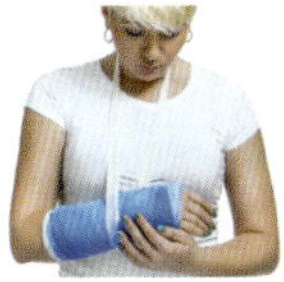

der Knochenbruch
骨折
kossetsu

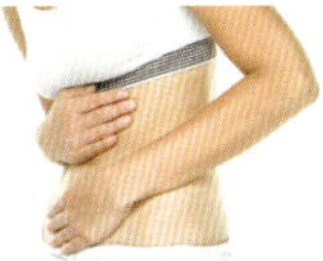

die Vergiftung
中毒
chūdoku

der Insektenstich
虫刺され
mushisasare

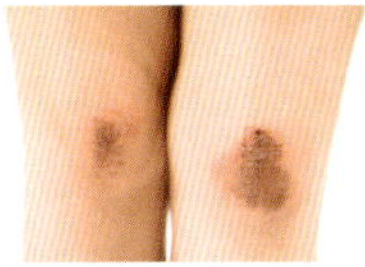

die Schürfwunde
擦り傷
surikizu

in Ohnmacht fallen
気絶する
kizetsu suru

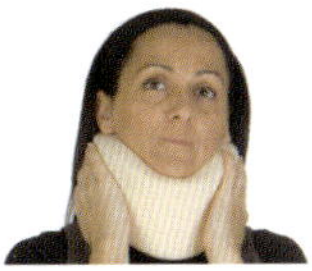

das Schleudertrauma
鞭打ち症
muchiuchishō

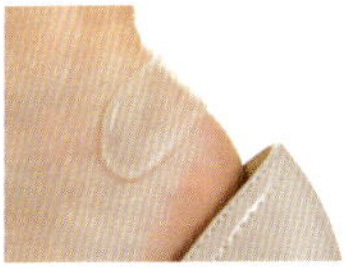

die Blase
水ぶくれ
mizubukure

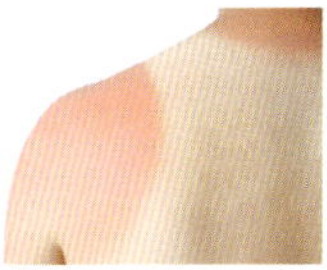

der Sonnenbrand
日焼け
hiyake

der Bandscheiben-vorfall
椎間板ヘルニア
tsuikanban herunia

die Wunde	傷口 kizuguchi
die Brandwunde	やけど yakedo
das Blut	血 chi
bluten	出血する shukketsu suru
die Blutung	出血 shukketsu
die Gehirnerschütterung	脳震盪 nōshintō
sich den Arm/einen Wirbel ausrenken	腕/椎骨を脱臼する ude/tsuikotsu o dakkyū suru
sich den Fuß verstauchen/brechen	足を捻挫する/折る ashi o nenza suru/oru

der elektrische Schlag
感電
kanden

BEIM ZAHNARZT – 歯医者で haisha de

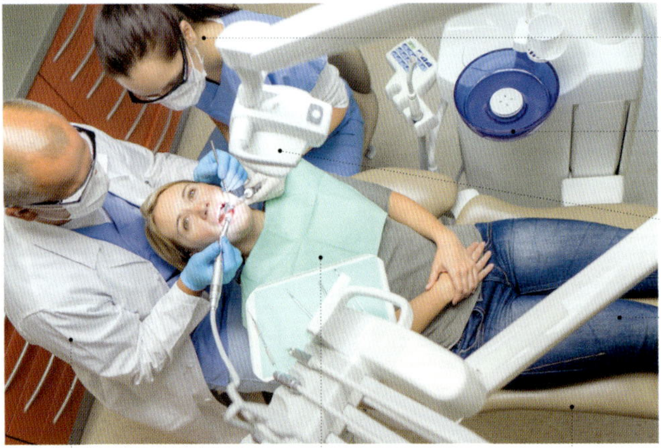

die Zahnarzthelferin
歯科助手
shikajyoshu

das Mundspülbecken
うがい鉢
ugai hachi

die Behandlungslampe
オペレーティングライト
operētingu raito

die Patientin
患者
kanja

der Zahnarzt
歯科医
shikai

der Patientenumhang
エプロン
epuron

der Zahnarztstuhl
歯科治療用ユニット
shika chiryōyō yunitto

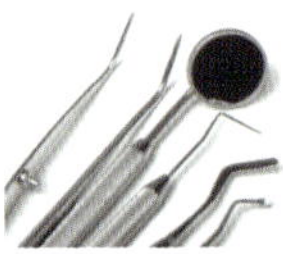

das Zahnarztbesteck
歯科用医療器具
shikayō iryōkigu

der Mundschutz
マスク
masuku

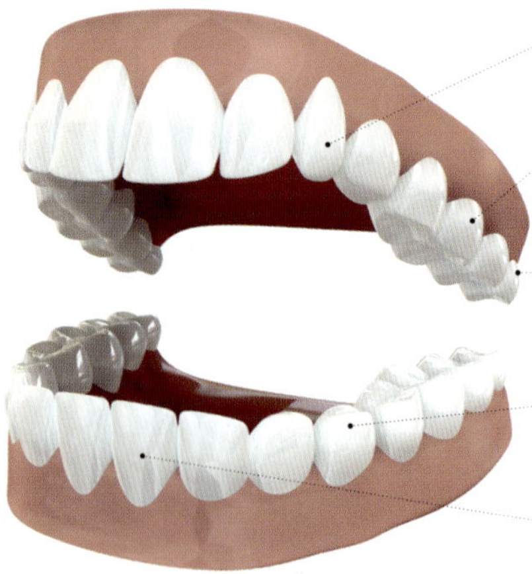

der Eckzahn
犬歯
kenshi

der hintere Backenzahn
大臼歯
daikyūshi

der Weisheitszahn
親知らず
oyashirazu

der vordere Backenzahn
小臼歯
shōkyūshi

der Schneidezahn
切歯
sesshi

BEIM ZAHNARZT - 歯医者で haisha de

der Zahn
歯
ha

der Zahnschmelz
エナメル質
enameru shitsu

das Zahnfleisch
歯肉
shiniku

die Zahnwurzel
歯根
shikon

der Nerv
神経
shinkei

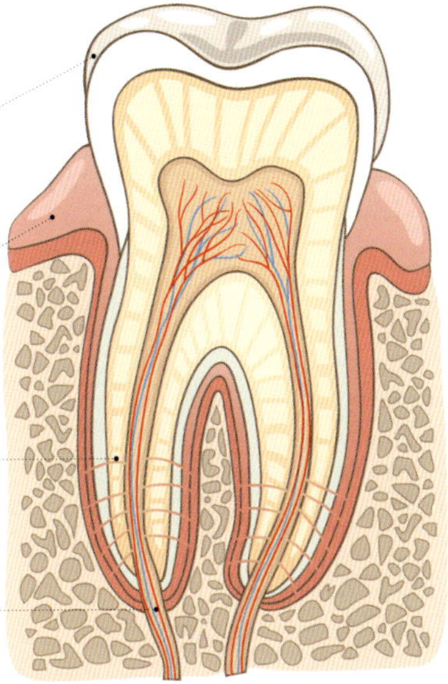

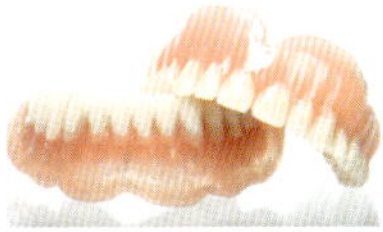

die Zahnprothese
入れ歯
ireba

die Knirscherschiene
マウスピース
mausu pīsu

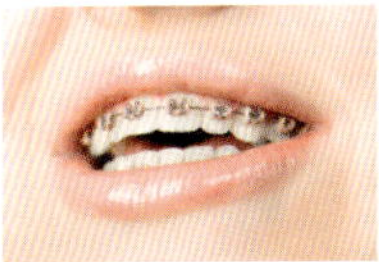

die Zahnspange
歯列矯正装置
shiretsu kyōsei sōchi

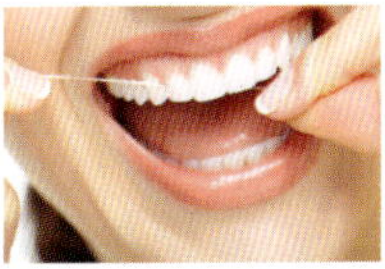

mit Zahnseide reinigen
デンタルフロスで歯をきれいにする
dentarufurosu de ha o kireini suru

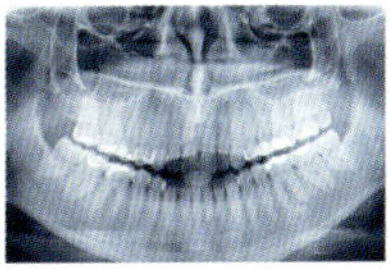

die Röntgenaufnahme
レントゲン撮影
rentogen satsuei

die Krone
クラウン
kuraun

das Implantat	インプラント inpuranto
einen Zahn ziehen	抜歯する basshi suru
die örtliche Betäubung	局所麻酔 kyokusho masui
die Mundhygiene	口腔衛生 kōkū eisei
der Zahnbelag	歯垢 shikō
die Karies	虫歯 mushiba
die Zahnfüllung	詰め物 tsumemono
die Wurzelbehandlung	歯根治療 shikon chiryō

das Mundwasser
口内洗浄液
kōnai senjyōeki

BEIM AUGENOPTIKER – 眼鏡屋で meganeya de

das Auge
眼球
gankyū

die Pupille
瞳孔
dōkō

der Sehnerv
視神経
shishinkei

die Linse
水晶体
suishōtai

die Hornhaut
角膜
kakumaku

die Netzhaut
網膜
mōmaku

die Iris
虹彩
kōsai

die Brille
眼鏡
megane

das Brillengestell
フレーム
furēmu

das Brillenglas
レンズ
renzu

der Kontaktlinsenbehälter
レンズケース
renzu kēsu

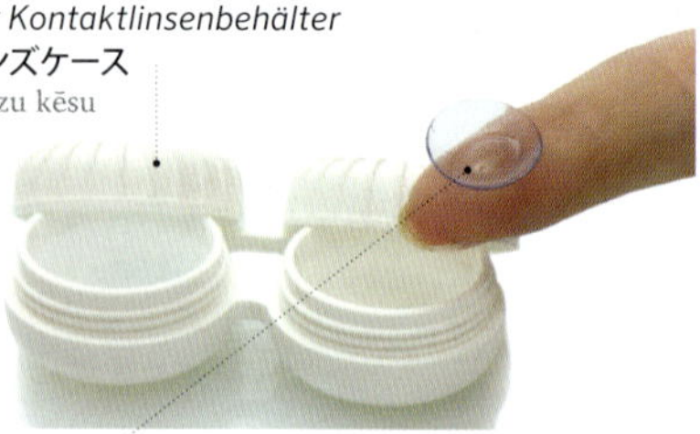

die Kontaktlinse
コンタクトレンズ
kontakuto renzu

die Optikerin
眼鏡技師
gankyō gishi

der Sehtest
視力検査
shiryoku kensa

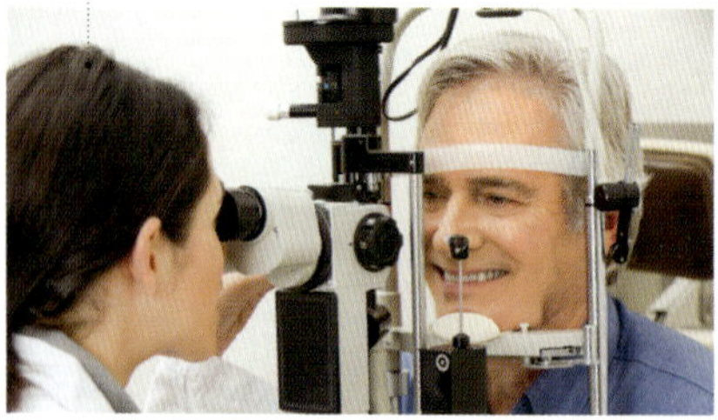

das Brillenputztuch	眼鏡拭き megane fuki
die Augentropfen	目薬 megusuri
die Lesebrille	老眼鏡 rōgankyō
weitsichtig	遠視 enshi
kurzsichtig	近視 kinshi
die Gleitsichtbrille	遠近両用眼鏡 enkinryōyō megane
der graue Star	白内障 hakunaishō
der grüne Star	緑内障 ryokunaishō

IM KRANKENHAUS – 病院で byōin de

das Krankenzimmer
病室
byōshitsu

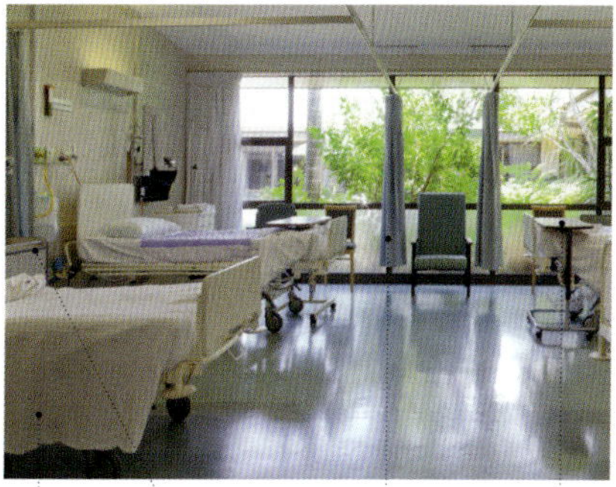

das Einzelzimmer
個室
koshitsu

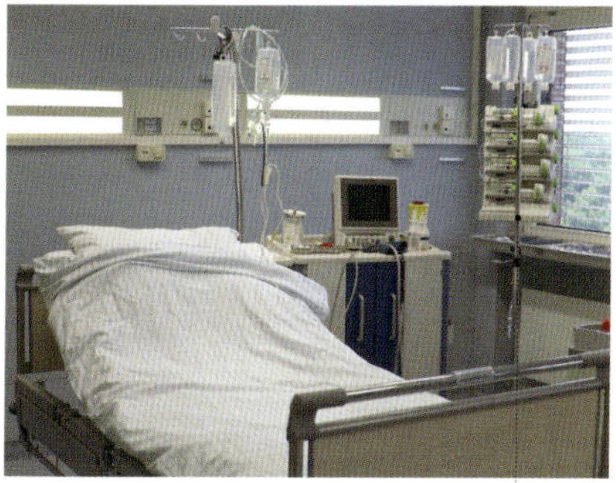

der Nachttisch
ナイトテーブル
naito tēburu

der Krankentisch
サイドテーブル
saido tēburu

der Infusionsständer
点滴スタンド
tenteki sutando

das Krankenhausbett
病床
byōshō

der Trennvorhang
間仕切りカーテン
mashikiri kāten

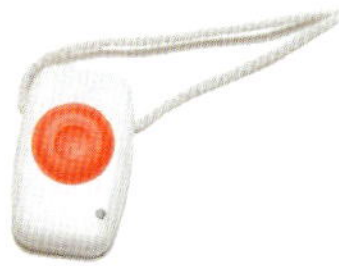

der Notrufknopf
非常呼び出しボタン
hijyō yobidashi botan

aufgenommen werden	入院する nyūin suru
entlassen werden	退院する taiin suru
der ambulante Patient	外来患者 gairai kanja
der stationäre Patient	入院患者 nyūin kanja
die Besuchszeiten	面会時間 menkai jikan
die Kinderstation	小児病棟 shōni byōtō
die Neurologie	神経科 shinkeika
die Onkologie	腫瘍科 shuyōka
die Orthopädie	整形外科 seikeigeka
die Kardiologie	循環器科 junkankika
die Gastroenterologie	消化器科 shōkakika
die Gynäkologie	産婦人科 sanfujinka
die Abteilung für Hals-Nasen-Ohrenheilkunde	耳鼻咽喉科 jibiinkōka
die Quarantäne	隔離 kakuri

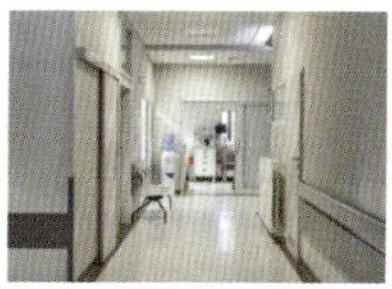

die Station
病棟
byōtō

IM KRANKENHAUS – 病院で byōin de

Die Chirurgie – 外科 geka

die Operation
手術
shujutsu

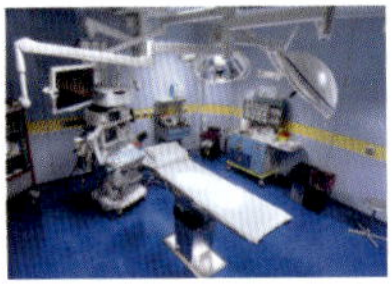

der Operationssaal
手術室
shujutsushitsu

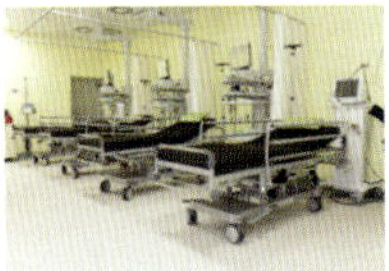

der Aufwachraum
回復室
kaifukushitsu

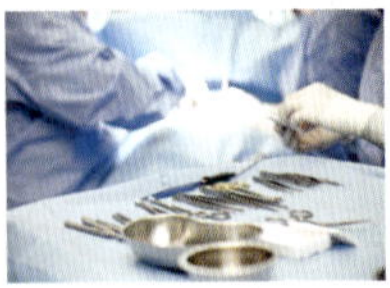

das Operationsbesteck
手術用器具
shujutsuyō kigu

die Operationsleuchte
無影灯
mueitō

der Chirurg
外科医
gekai

der Mundschutz
手術用マスク
shujutsuyō masuku

die OP-Schwester
手術室看護師
shujutsushitsu kangoshi

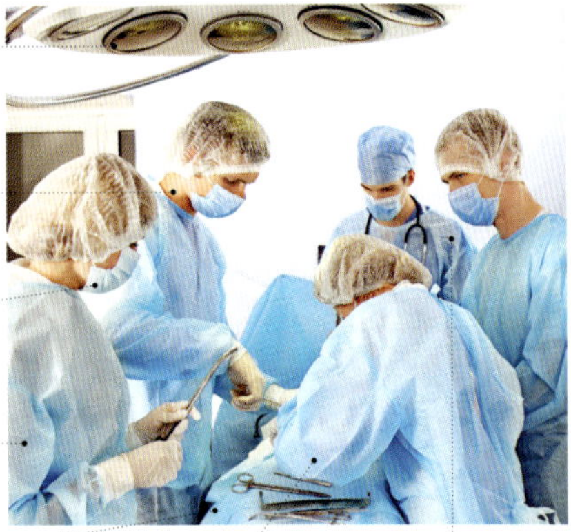

der Operationstisch
手術台
shujutsudai

der OP-Mantel
手術着
shujutsugi

der Anästhesist
麻酔科医
masuikai

die Narbe
傷跡
kizuato

die Fäden
糸
ito

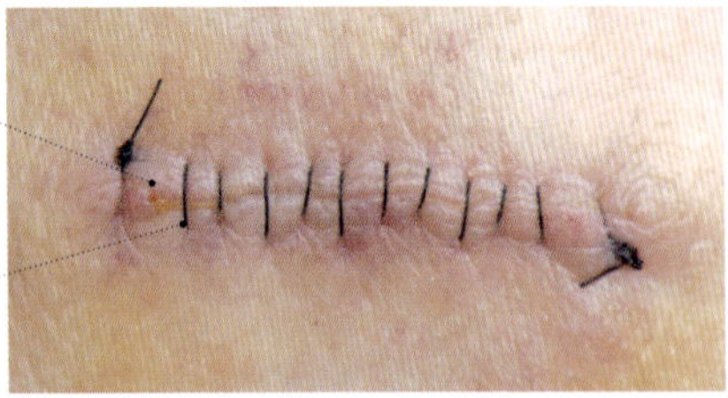

die Lokalanästhesie	局所麻酔 kyokusho masui
die Vollnarkose	全身麻酔 zenshin masui
die Rehabilitation	リハビリテーション rihabiritēshon
die medizinische Nachversorgung	術後ケア jutsugo kea
die Bettruhe	ベッドでの安静 beddo deno ansei
die Genesung	回復期 kaifukuki
tot	死んだ shinda
der Tod	死 shi

IM KRANKENHAUS – 病院で byōin de

Die Unfallstation – 救急病棟 kyūkyūbyōtō

die Intensivstation
集中治療室
shūchū chiryōshitsu

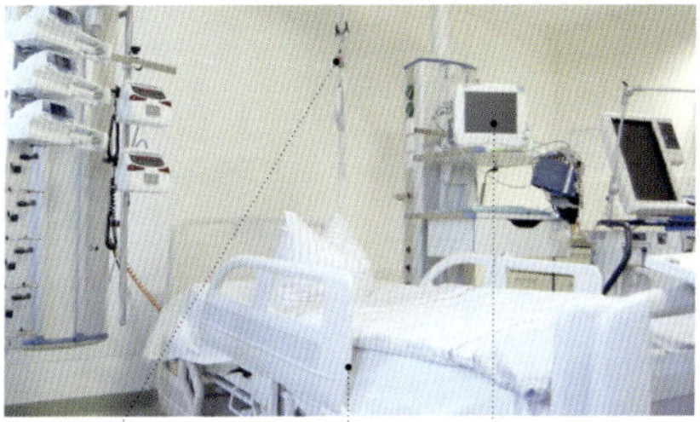

der Rufknopf
呼び出しボタン
yobidashi botan

das Krankenhausbett
病床
byōshō

der Herzmonitor
心臓モニター
shinzō monitā

die Notaufnahme
急患受け入れ
kyūkan ukeire

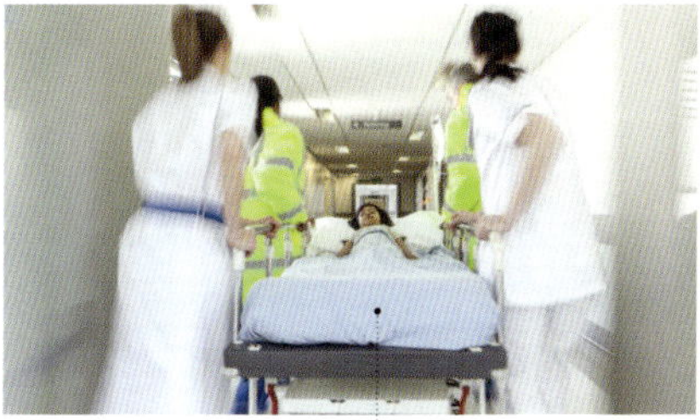

die Fahrtrage
ストレッチャー
sutorecchā

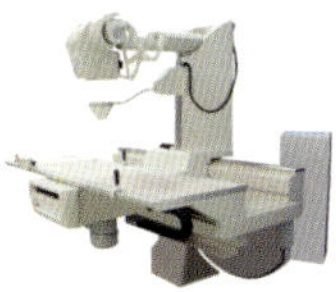

das Röntgengerät
レントゲン装置
rentogen sōchi

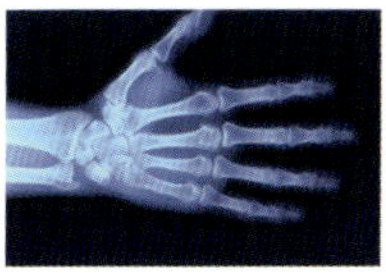

das Röntgenbild
レントゲン写真
rentogen shashin

der Warteraum
待合室
machiai shitsu

die Oberärztin
医長
ichō

die Computertomografie	CTスキャン CT sukyan
die Strahlung	放射線 hōshasen
eine Diagnose stellen	診断する shindan suru
das Koma	昏睡 konsui
bewusstlos	意識不明の ishikifumei no
die Beatmung	人工呼吸 jinkō kokyū
wieder zu Bewusstsein kommen	意識を取り戻す ishiki o torimodosu
wieder gesund werden	健康になる kenkō ni naru

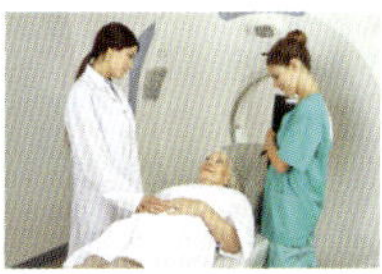

die Kernspintomografie
MRI
MRI

DIE APOTHEKE – 薬局 yakkyoku

das Medikament
医薬品
iyakuhin

die Kapsel
カプセル
kapuseru

der Hustensaft
咳止めシロップ
sekidome shiroppu

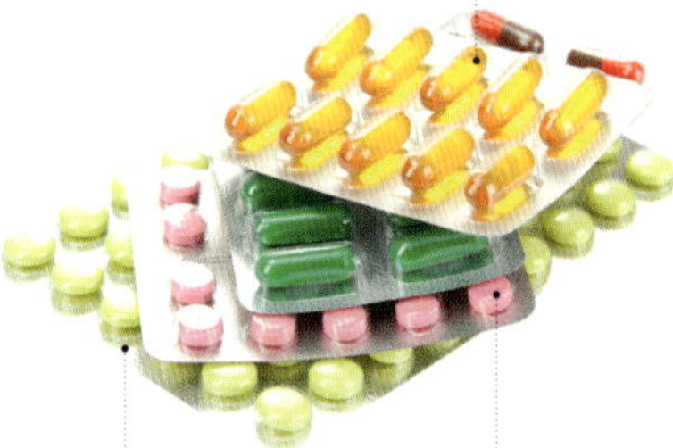

die Sichtverpackung
透明な包装
tōmei na hōsō

die Tablette
錠剤
jōzai

die Dosierung
用量
yōryō

der Messbecher
計量カップ
keiryō kappu

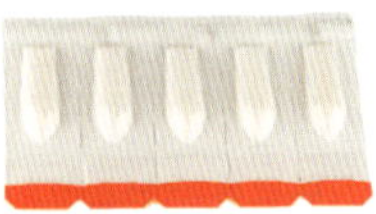

das Zäpfchen
坐薬
zayaku

die Salbe
軟膏
nankō

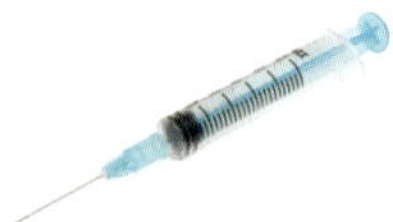

die Spritze
注射
chūsha

die Apothekerin
薬剤師
yakuzaishi

die Tropfen
滴剤
tekizai

der/das Spray
スプレー
supurē

die Vitamintablette
ビタミン剤
bitamin zai

die Brausetablette
発泡錠
happōjyō

DIE APOTHEKE – 薬局 yakkyoku

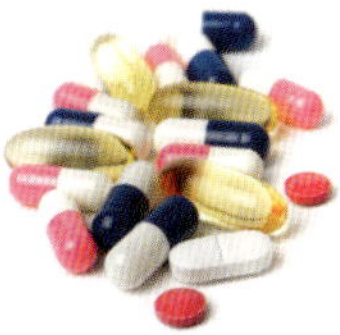

das Nahrungsergänzungsmittel
サプリメント
sapurimento

das Sonnenschutzmittel
日焼け止め
hiyake dome

der/das Mückenspray
虫除けスプレー
mushiyoke supurē

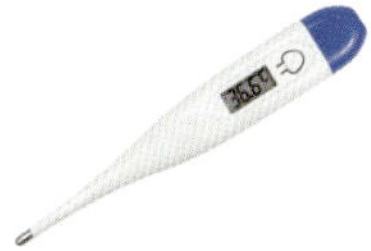

das/der Fieberthermometer
体温計
taionkei

die Nagelfeile
爪やすり
tsumeyasuri

der Tampon
タンポン
tanpon

die Slipeinlage
パンティーライナー
pantī rainā

das Feuchttuch
ウエットティッシュ
uetto tisshu

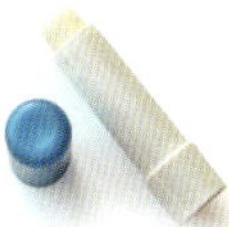

der Lippenpflegestift
リップケア
rippu kea

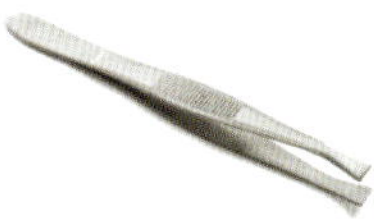

die Pinzette
ピンセット
pinsetto

das Deodorant
デオドラント
deodoranto

das/der Hustenbonbon
咳止めドロップ
sekidome doroppu

das Symptom	症状 shōjō
die Nebenwirkung	副作用 fukusayō
der Beipackzettel	使用説明書 shiyō setsumeisho
die Hautpflege	肌の手入れ hada no teire
das Schmerzmittel	鎮痛剤 chintsūzai
das Beruhigungsmittel	精神安定剤 seishinanteizai
die Schlaftablette	睡眠薬 suiminyaku
das Verfallsdatum	使用期限 shiyō kigen

der Ohrstöpsel
耳栓
mimisen

DIE ALTERNATIVMEDIZIN – 代替医療 daigae iryō

die Meditation
瞑想
meisō

das Yoga
ヨガ
yoga

das Tai-Chi
太極拳
taikyokuken

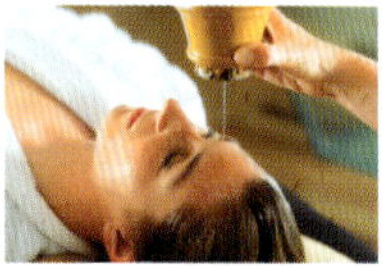

das Ayurveda
アーユルヴェーダ
āyuruvēda

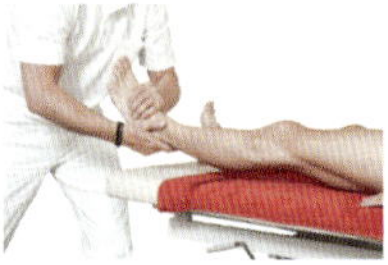

die Osteopathie
オステオパシー
osuteopashī

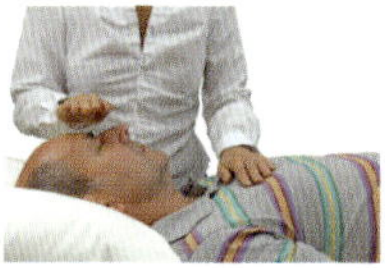

das Reiki
レイキセラピー
reikiserapī

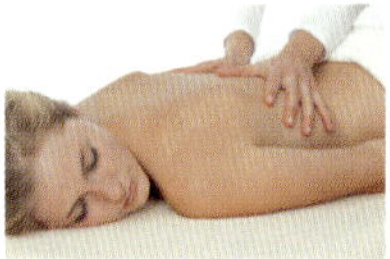

die Massage
マッサージ
massāji

die Hypnose
催眠
saimin

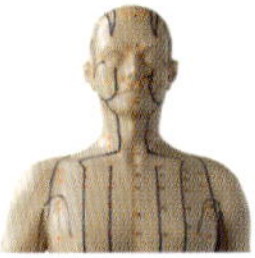

die traditionelle chinesische Medizin
漢方
kanpō

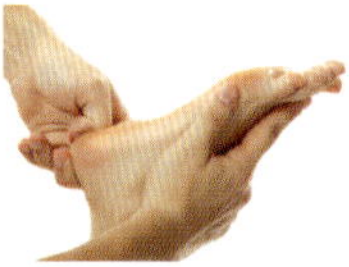

die Fußreflexzonenmassage
反射療法マッサージ
hansharyōhō massāji

das homöopathische Heilmittel
ホメオパシーのレメディー
homeopashī no remedī

die Kräuterheilkunde
本草学
honzōgaku

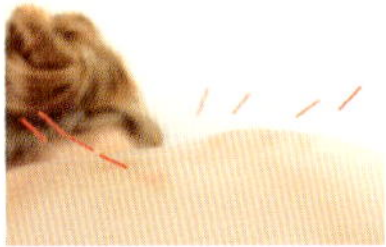

die Akupunktur
鍼療法
hariryōhō

die Kur	療養 ryōyō
die Palliativmedizin	緩和ケア kanwa kea
die Entspannung	休養 kyūyō
die Entgiftung	解毒 gedoku
die Entziehungskur	禁断療法 kindanryōhō
einen Entzug machen	禁断療法を受ける kindanryōhō o ukeru
die Therapie	療法 ryōhō
die Lichttherapie	光線療法 kōsen ryōhō

WELLNESS – ウェルネス uerunesu

die Gesichtsbehandlung
顔のケア
kao no kea

die Kosmetikerin
エステティシャン
esutetishan

die Gesichtsmaske
美顔パック
bigan pakku

die Sauna
サウナ
sauna

der Ofen
加熱炉
kanetsuro

die Bank
ベンチ
benchi

der Kopfkeil
ヘッドレスト
heddo resuto

der Aufgusskübel
サウナ桶
sauna oke

der Ruheraum
休憩室
kyūkeishitsu

das Mineralbad
スパ
supa

die Maniküre
マニキュア
manikyua

die Pediküre
ペディキュア
pedikyua

das Dampfbad	蒸し風呂 mushiburo
der Aufguss	煎じ出し senji dashi
das Peeling	ピーリング pīringu
der Teint	顔色 kaoiro
reinigen	洗浄する senjō suru
Ich habe empfindliche/ trockene Haut.	私は敏感肌/乾燥肌です。 watashi wa binkan hada/kansō hada desu.
Ich habe fettige/normale Haut.	私は脂性肌/普通肌です。 watashi wa shisē hada/futsū hada desu.

das Solarium
紫外線放射ベッド
shigaisen hōsha beddo

NOTFÄLLE

緊急の場合

kinkyū no baai

ERSTE HILFE – 応急処置 ōkyūshochi

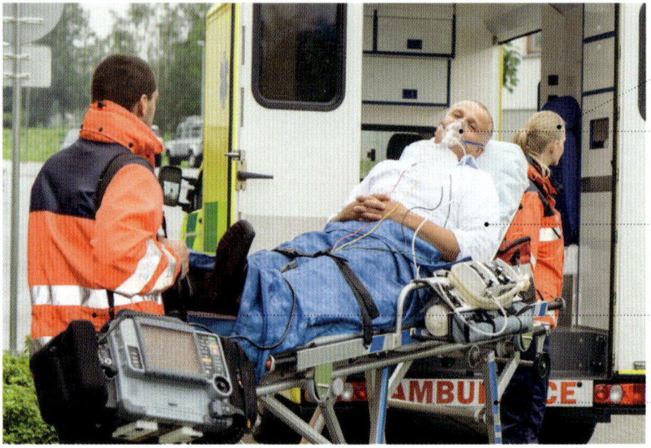

der Rettungswagen
救急車
kyūkyū sha

die Sanitäterin
救急隊員
kyūkyūtaiin

die Sauerstoffmaske
酸素マスク
sanso masuku

das Unfallopfer
事故の犠牲者
jiko no giseisha

der Sanitäter
救急隊員
kyūkyūtaiin

die Trage
担架
tanka

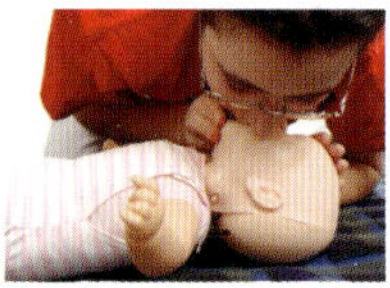

die Mund-zu-Mund-Beatmung
口対口人工呼吸
kuchi tai kuchi jinkō kokyū

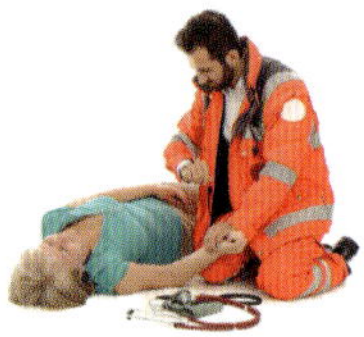

die Pulsmessung
脈拍測定
myakuhaku sokutei

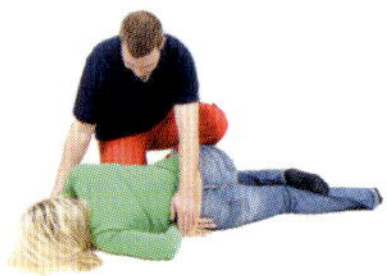

die stabile Seitenlage
回復体位
kaifuku taii

der Unfallort
事故現場
jiko genba

der Rettungsdienst
救助隊
kyūjotai

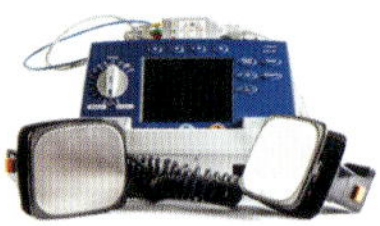

der Defibrillator
除細動器
josaidōki

der Unfall	事故 jiko
die Wiederbelebung	蘇生 sosei
die Herzdruckmassage	心臓マッサージ shinzō massāji
der Puls	脈 myaku
bewusstlos	意識不明 ishiki fumei
erste Hilfe leisten	応急手当をする ōkyūteate o suru
der Notarzt	救急医 kyūkyūi
die Notärztin	救急医 kyūkyūi

ERSTE HILFE – 応急処置 ōkyūshochi

das Verbandszeug
応急手当用品
ōkyūteate yōhin

der Verband
包帯
hōtai

das Leukoplast®
絆創膏
bansōkō

das Pflaster
バンドエード
bandoēdo

die Verbandschere
はさみ
hasami

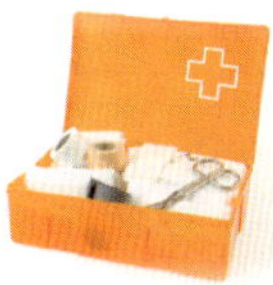

der Erste-Hilfe-Kasten
救急箱
kyūkyūbako

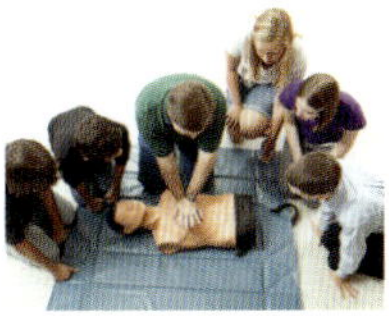

der Erste-Hilfe-Kurs
救命講習
kyūmei kōshū

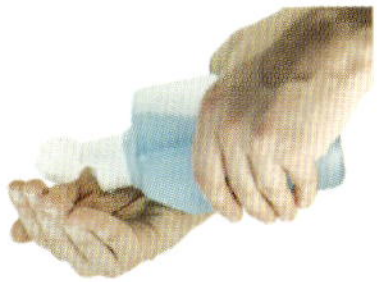

das Desinfektionsmittel
消毒剤
shōdokuzai

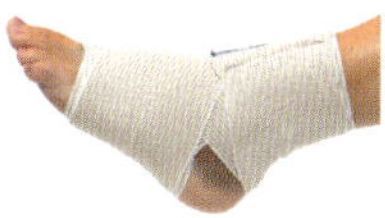

die Bandage
弾性包帯
dansei hōtai

steril	殺菌 sakkin
überleben	生き残る iki nokoru
traumatisiert	トラウマを抱えた torauma o kakaeta
unter Schock stehen	ショック状態にある shokku jōtai ni aru
der Schock	ショック状態 shokku jōtai
die Blutspende	献血 kenketsu
die Organspende	臓器提供 zōki teikyō
das Adrenalin	アドレナリン adorenarin

die Mullbinde
ガーゼの包帯
gāze no hōtai

DIE POLIZEI - 警察 keisatsu

der Dienstgürtel
警察任務ベルト
keisatsu ninmu beruto

das Handfunkgerät
トランシーバー
toransībā

die Pistole
拳銃
kyojū

der Schlagstock
警棒
keibō

die Handschellen
手錠
tejō

die Uniform
制服
seifuku

der Fingerabdruck
指紋
shimon

der Tatort
犯行現場
hankō genba

die Polizistin
警察官
keisatsukan

der Polizist
警察官
keisatsukan

das Polizeiabzeichen
警察バッジ
keisatsu bajji

der Zeuge	証人 shōnin
die Zeugin	証人 shōnin
der Verbrecher	犯罪者 hanzaisha
die Verbrecherin	犯罪者 hanzaisha
der Kriminalbeamte	刑事 keiji
die Kriminalbeamtin	刑事 keiji
der/die Verdächtige	容疑者 yōgisha
die Ermittlung	捜査 sōsa

DIE POLIZEI – 警察 keisatsu

das Polizeiauto
パトカー
patokā

die Lichtleiste
警光灯
keikōtō

das Martinshorn
サイレン
sairen

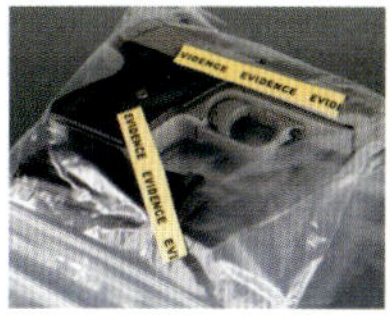

das Beweisstück
証拠品
shōko hin

das Gefängnis
刑務所
keimusho

der Einbruch
不法侵入
fuhō shinnyū

der Diebstahl
盗み
nusumi

die Festnahme
逮捕
taiho

die Gewalt
暴力
bōryoku

der Raubüberfall
強盗の暴行
gōtō no bōkō

der Taschendiebstahl
すり
suri

die Entführung
誘拐
yūkai

die Straftat	犯罪行為 hanzai kōi
die Körperverletzung	傷害 shōgai
die Vergewaltigung	強姦 gōkan
der Mord	殺人 satsujin
der Überfall	襲撃 shūgeki
fliehen	逃亡 tōbō
belästigen	しつこくつきまとう shitsukoku tsukimatou
die Schuld	罪 tsumi

die Polizeiabsperrung
警戒線
keikai sen

DIE FEUERWEHR - 消防署 shōbōsho

der Feuerlöscher
消火器
shōkaki

der Hydrant
消火栓
shōkasen

der Feuerwehrmann
消防士
shōbōshi

das Visier
バイザー
baizā

der Feuerwehrhelm
ヘルメット
herumetto

die Feuerwehrschutzjacke
防火コート
bōka kōto

der Reflexstreifen
反射ストライプ
hansha sutoraipu

der Feuerwehrschlauch
消防ホース
shōbō hōsu

die Brandbekämpfung
消火活動
shōka katsudō

der Notausgang
非常口
hijōguchi

die Axt
斧
ono

der Rauchmelder
煙報知器
kemuri hōchiki

die Feuerwache
消防署
shōbōsho

das Löschfahrzeug
消防車
shōbōsha

IN DEN BERGEN – 山で yama de

der Helm
ヘルメット
herumetto

die Bergwacht
山岳救助隊
sangaku kyūjotai

der Rettungseinsatz
救助活動
kyūjo katsudō

der Karabiner
カラビナ
karabina

das Seil
ロープ
rōpu

die Einsatzkraft
救助隊員
kyūjotaiin

der Rettungsschlitten
救助そり
kyūjyo sori

das Schneemobil
雪上車
setsujōsha

das Fangnetz
ネットフェンス
netto fensu

die Lawine
雪崩
nadare

das LVS-Gerät
雪崩ビーコン
nadare bīkon

der Rettungshund
救助犬
kyūjo ken

der Rettungshubschrauber
救助ヘリコプター
kyūjo herikoputā

der Lawinenschutz
雪崩対策
nadare taisaku

das Lawinenwarnschild
雪崩警告板
nadare keikokuban

DAS MEER - 海 umi

die Schwimmweste
救命胴衣
kyūmei dōi

der Rettungsring
救命浮き輪
kyūmei ukiwa

der Sammelpunkt
集合場所
shūgō basho

der Sturm
暴風
bōfū

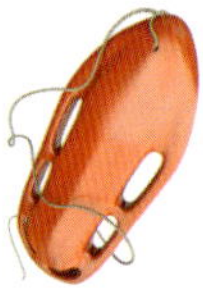

die Rettungsboje
救命ブイ
kyūmei bui

der Rettungsschwimmer
水難救助員
suinan kyūjoin

der Wachturm
監視塔
kanshitō

der Tsunami
つなみ
tsunami

das Küstenwachboot
沿岸警備艇
kaigan keibitei

das Rettungsboot
救命ボート
kyūmei bōto

kentern
転覆する
tenpuku suru

der Schiffbruch
難破
nanpa

der/die Vermisste	行方不明者 yukuefumeisha
das Rettungstau	救出ロープ kyūshutsu rōpu
die Wetterbedingungen	天候状況 tenkō jōkyō
der Seewetterbericht	海上予報 kaijyō yohō
die Suche	捜索 sōsaku
ertrinken	溺れる oboreru
die Havarie	海難事故 kainan jiko
in Seenot geraten	海で遭難する umi de sōnan suru

WEITERE NOTSITUATIONEN – その他の緊急事態 sono ta no kinkyūjitai

die Explosion
爆発
bakuhatsu

die Epidemie
疫病
ekibyō

die Evakuierung
避難
hinan

der Bombenalarm
爆弾警報
bakudan keihō

die nukleare Katastrophe
原子力災害
genshiryoku saigai

die Notlandung
緊急着陸
kinkyū chakuriku

der Terrorangriff
テロ攻撃
tero kōgeki

retten
救助する
kyūjo suru

die Notrufnummer
緊急電話番号
kinkyū denwa bangō

die Überwachungskamera
監視カメラ
kanshi kamera

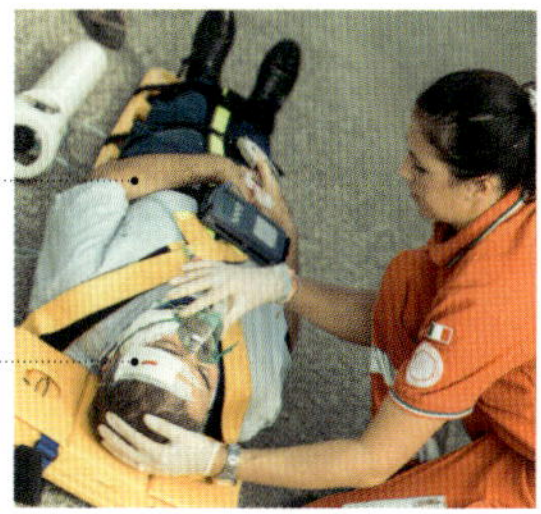

der Verletzte
負傷者
fushōsha

die Verletzung
負傷
fushō

der/die Vermisste	行方不明者 yukuefumeisha
die Suchmannschaft	捜索隊 sōsakutai
die Gefahr	危険 kiken
Hilfe!	助けて tasukete
Es ist ein Unfall passiert!	事故が起こりました。 Jiko ga okorimashita.
Rufen Sie einen Rettungswagen!	救急車を呼んで下さい。 Kyūkyūsha o yonde kudasai.
Rufen Sie die Polizei!	警察を呼んで下さい。 Keisatsu o yonde kudasai.
Rufen Sie die Feuerwehr!	消防車を呼んでください。 Shōbōsha o yonde kudasai.

Achtung, Gefahr!
危険。注意せよ。
Kiken. Chūi seyo.

ERDE UND NATUR

地球と自然

chikyū to shizen

DER WELTRAUM – 宇宙 uchū

das Sonnensystem
太陽系
taiyō kei

① *die Sonne*
太陽
taiyō

② *der Merkur*
水星
suisei

③ *die Venus*
金星
kinsei

④ *die Erde*
地球
chikyū

⑤ *der Mars*
火星
kasei

die Mondphasen
月の位相
tsuki no isō

⑤ *die Mondsichel*
弓張り月
yumibari zuki

① *der zunehmende Mond*
上弦の月
jōgen no tsuki

② *der Halbmond*
半月
hangetsu

③ *der Vollmond*
満月
mangetsu

④ *der abnehmende Mond*
下弦の月
kagen no tsuki

DER WELTRAUM – 宇宙 uchū

⑥ *der Jupiter*
木星
mokusei

⑦ *der Saturn*
土星
dosei

⑧ *der Uranus*
天王星
tennōsei

⑨ *der Neptun*
海王星
kaiōsei

das Raumschiff
宇宙船
uchūsen

① *der Außentank*
外部燃料タンク
gaibu nenryōtanku

② *der Booster*
ブースター
būsutā

③ *der Orbiter*
オービター
ōbitā

DER WELTRAUM – 宇宙 uchū

die Sonnenfinsternis
日食
nisshoku

die Galaxie
銀河
ginga

die Milchstraße
天の川
ama no gawa

der Komet
彗星
suisei

der Asteroid
小惑星
shōwakusei

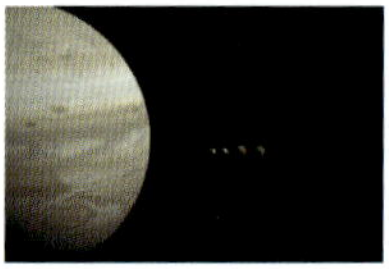

der Planet
惑星
wakusei

der Meteor
流星
ryūsei

das Universum
宇宙
uchū

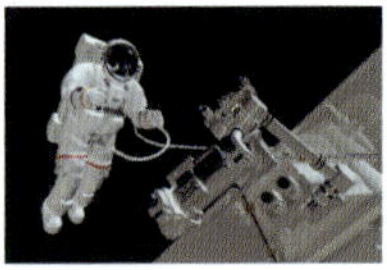

der Astronaut
宇宙飛行士
uchū hikōshi

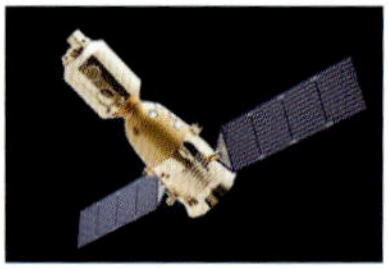

der Satellit
衛星
eisei

die Sternwarte
天文台
tenmondai

das Radioteleskop
電波望遠鏡
denpa bōenkyō

der Nebel
星雲
seiun

das schwarze Loch	ブラックホール burakkuhōru
die Schwerkraft	重力 jūryoku
die Umlaufbahn	軌道 kidō
das Lichtjahr	光年 kōnen
der Urknall	ビッグバン bigguban
der Stern	星 hoshi
die Raumstation	宇宙ステーション uchū sutēshon
die Astronomie	天文学 tenmongaku

DIE ERDE – 地球 chikyū

① *der Nordpol*
北極
hokkyoku

② *das Binnenmeer*
内海
naikai

③ *die Halbinsel*
半島
hantō

④ *die Meerenge*
海峡
kaikyō

⑤ *der Golf*
湾
wan

⑥ *der Kontinent*
大陸
tairiku

⑦ *das Meer*
海
umi

⑧ *das Land*
陸
riku

⑨ *die Gebirgskette*
山脈
sanmyaku

⑩ *der Südpol*
南極
nankyoku

⑪ *der See*
湖
mizuumi

⑫ *die Insel*
島
shima

⑬ *die Bucht*
入り江
irie

die Atmosphäre	大気圏 taikiken
der Erdmantel	マントル mantoru
die Erdkruste	地殻 chikaku
der innere Erdkern	内核 naikaku
der äußere Erdkern	外核 gaikaku
die Platte	プレート purēto
das Grundgestein	基盤岩 kibangan
die Erde	大地 daichi

DIE WELTKARTE – 世界地図 sekai chizu

① *das Nordpolarmeer*
北極海
hokkyokukai

⑥ *der Pazifische Ozean*
太平洋
taiheiyō

⑦ *der Atlantische Ozean*
大西洋
taiseiyō

⑧ *der Indische Ozean*
インド洋
indoyō

⑨ *das Arabische Meer*
アラビア海
arabiakai

⑩ *das Karibische Meer*
カリブ海
karibukai

⑪ *das Mittelmeer*
地中海
chichūkai

⑫ *die Nordsee*
北海
hokkai

⑬ *die Ostsee*
バルト海
barutokai

⑭ *das Kaspische Meer*
カスピ海
kasupikai

⑮ *das Schwarze Meer*
黒海
kokkai

⑯ *der Ärmelkanal*
イギリス海峡
igirisu kaikyō

⑰ *das Rote Meer*
紅海
kōkai

⑱ *das Südpolarmeer*
南極海
nankyokukai

② *der Himalaja*
ヒマラヤ山脈
himaraya sanmyaku

③ *die Alpen*
アルプス山脈
arupusu sanmyaku

④ *die Anden*
アンデス山脈
andesu sanmyaku

⑤ *die Rocky Mountains*
ロッキー山脈
rokkī sanmyaku

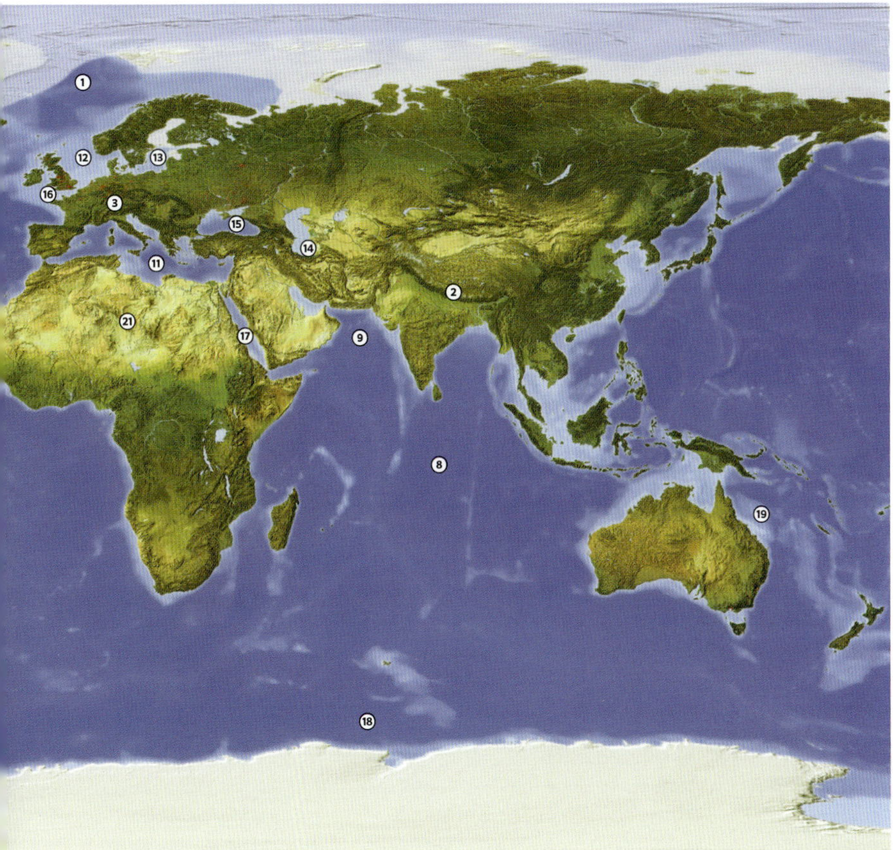

⑲ *das Great Barrier Reef*
グレートバリアリーフ
gurēto baria rīfu

⑳ *Amazonien*
アマゾン盆地
amazon bonchi

㉑ *die Sahara*
サハラ砂漠
sahara sabaku

DIE WELTKARTE – 世界地図 sekai chizu

die Nordhalbkugel
北半球
kita hankyū

die Arktis
北極
hokkyoku

der nördliche Wendekreis
北回帰線
kita kaikisen

die westliche Hemisphäre
西半球
nishi hankyū

die östliche Hemisphäre
東半球
higashi hankyū

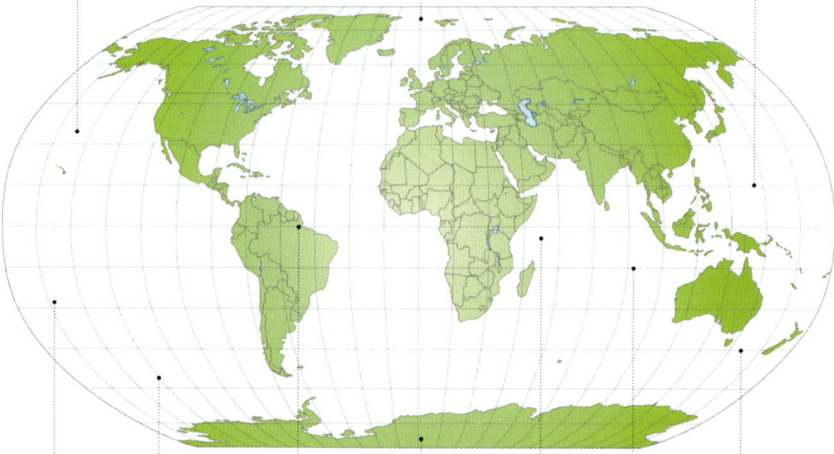

die geografische Länge
経度
keido

die Antarktis
南極
nankyoku

die geografische Breite
緯度
ido

die Südhalbkugel
南半球
minami hankyū

der Äquator
赤道
sekidō

die Tropen
熱帯
nettai

der südliche Wendekreis
南回帰線
minami kaikisen

der nördliche Polarkreis	北極圏	hokkyoku ken
der südliche Polarkreis	南極圏	nankyoku ken
das Land	国	kuni
der Staat	州	shū
die Nation	国民	kokumin
das Territorium	領地	ryōchi
das Fürstentum	公国	kōkoku

das Königreich	王国	ōkoku
die Republik	共和国	kyōwa koku
die Kolonie	植民地	shokuminchi
die Provinz	行政区画	gyōsē kukaku
die Zone	地帯	chitai
die Region	地域	chiiki
die Hauptstadt	首都	shuto

UN-MITGLIEDSSTAATEN – 国際連合加盟国 kokusai rengō kameikoku

Europa – ヨーロッパ yōroppa

Albanien
アルバニア
arubania

Andorra
アンドラ
andora

Belgien
ベルギー
berugī

Bosnien und Herzegowina
ボスニアヘルツェゴビナ
bosunia herutsegobina

Bulgarien
ブルガリア
burugaria

Dänemark
デンマーク
denmāku

Deutschland
ドイツ
doitsu

Estland
エストニア
esutonia

Finnland
フィンランド
finrando

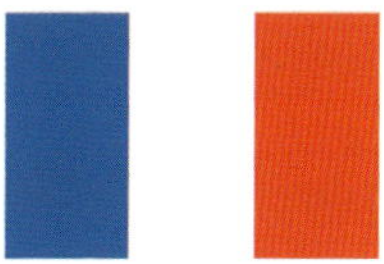

Frankreich
フランス
furansu

Griechenland
ギリシャ
girisha

Irland
アイルランド
airurando

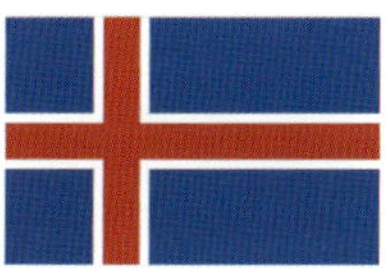

Island
アイスランド
aisurando

Italien
イタリア
itaria

Kroatien
クロアチア
kuroachia

Lettland
ラトビア
ratobia

UN-MITGLIEDSSTAATEN – 国際連合加盟国 kokusai rengō kameikoku

Europa – ヨーロッパ yōroppa

Liechtenstein
リヒテンシュタイン
rihitenshutain

Litauen
リトアニア
ritoania

Luxemburg
ルクセンブルク
rukusenburuku

Malta
マルタ
maruta

Moldawien
モルドバ
morudoba

Monaco
モナコ
monako

Montenegro
モンテネグロ
monteneguro

die Niederlande
オランダ
oranda

Nordmazedonien
北マケドニア
kita makedonia

Norwegen
ノルウェー
noruuē

Österreich
オーストリア
ōsutoria

Polen
ポーランド
pōrando

Portugal
ポルトガル
porutogaru

Rumänien
ルーマニア
rūmania

Russland
ロシア
roshia

San Marino
サンマリノ
sanmarino

UN-MITGLIEDSSTAATEN – 国際連合加盟国 kokusai rengō kameikoku

Europa – ヨーロッパ yōroppa

Schweden
スウェーデン
suēden

die Schweiz
スイス
suisu

Serbien
セルビア
serubia

die Slowakei
スロバキア
surobakia

Slowenien
スロベニア
surobenia

Spanien
スペイン
supein

Tschechien
チェコ
cheko

die Ukraine
ウクライナ
ukuraina

Ungarn
ハンガリー
hangarī

das Vereinigte Königreich
イギリス
igirisu

Weißrussland
ベラルーシ
berarūshi

Zypern
キプロス
kipurosu

Nord- und Mittelamerika – 北アメリカと中米 kita amerika to chūbei

Antigua und Barbuda
アンティグア·バーブーダ
antigua bābūda

die Bahamas
バハマ
bahama

Barbados
バルバドス
barubadosu

Belize
ベリーズ
berīzu

UN-MITGLIEDSSTAATEN – 国際連合加盟国 kokusai rengō kameikoku

Nord- und Mittelamerika – 北アメリカと中米 kita amerika to chūbei

Costa Rica
コスタリカ
kosutarika

Dominica
ドミニカ連邦
dominika renpō

die Dominikanische Republik
ドミニカ共和国
dominika kyōwakoku

El Salvador
エルサルバドル
erusarubadoru

Grenada
グレナダ
gurenada

Guatemala
グアテマラ
guatemara

Haiti
ハイチ
haichi

Honduras
ホンジュラス
honjurasu

Jamaika
ジャマイカ
jamaika

Kanada
カナダ
kanada

Kuba
キューバ
kyūba

Mexiko
メキシコ
mekishiko

Nicaragua
ニカラグア
nikaragua

Panama
パナマ
panama

St. Kitts und Nevis
セントクリストファー·ネイビス
sentokurisutofā neibisu

St. Lucia
セントルシア
sentorushia

UN-MITGLIEDSSTAATEN – 国際連合加盟国 kokusai rengō kameikoku

Nord- und Mittelamerika – 北アメリカと中米 kita amerika to chūbei

St. Vincent und die Grenadinen
セントヴィンセント·グレナディーン
sentovinsento·gurenadīn

Trinidad und Tobago
トリニダード·トバゴ
torinidādo tobago

die Vereinigten Staaten
アメリカ合衆国
amerika gasshūkoku

Südamerika – 南アメリカ minami amerika

Argentinien
アルゼンチン
aruzenchin

Bolivien
ボリビア
boribia

Brasilien
ブラジル
burajiru

Chile
チリ
chiri

Ecuador
エクアドル
ekuadoru

Guyana
ガイアナ
gaiana

Kolumbien
コロンビア
koronbia

Paraguay
パラグアイ
paraguai

Peru
ペルー
perū

Suriname
スリナム
surinamu

Uruguay
ウルグアイ
uruguai

Venezuela
ベネズエラ
benezuera

UN-MITGLIEDSSTAATEN – 国際連合加盟国 kokusai rengō kameikoku

Afrika – アフリカ afurika

Ägypten
エジプト
ejiputo

Algerien
アルジェリア
arujeria

Angola
アンゴラ
angora

Äquatorialguinea
赤道ギニア
sekidō ginia

Äthiopien
エチオピア
echiopia

Benin
ベナン
benan

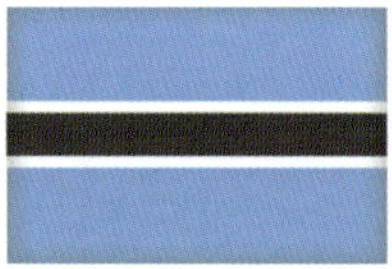

Botswana
ボツワナ
botsuwana

Burkina Faso
ブルキナファソ
burukina faso

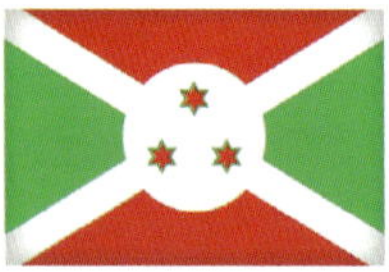

Burundi
ブルンジ
burunji

die Demokratische Republik Kongo
コンゴ民主共和国
kongo minshukyōwakoku

Dschibuti
ジブチ
jibuchi

die Elfenbeinküste
コートジボワール
kōtojibowāru

Eritrea
エリトリア
eritoria

Gabun
ガボン
gabon

Gambia
ガンビア
ganbia

Ghana
ガーナ
gāna

UN-MITGLIEDSSTAATEN – 国際連合加盟国 kokusai rengō kameikoku

Afrika – アフリカ afurika

Guinea
ギニア
ginia

Guinea-Bissau
ギニアビサウ
giniabisau

Kamerun
カメルーン
kamerūn

Kap Verde
カーボベルデ
kāboberude

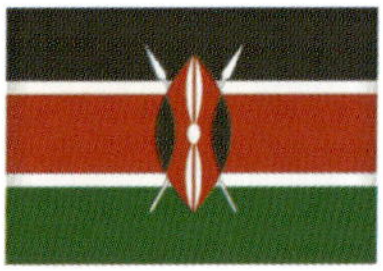

Kenia
ケニヤ
kenia

die Komoren
コモロ
komoro

Lesotho
レソト
resoto

Liberia
リベリア
riberia

Libyen
リビア
ribia

Madagaskar
マダガスカル
madagasukaru

Malawi
マラウイ
maraui

Mali
マリ
mari

Mauretanien
モーリタニア
mōritania

Mauritius
モーリシャス
mōrishasu

Marokko
モロッコ
morokko

Mosambik
モザンビーク
mozanbīku

UN-MITGLIEDSSTAATEN – 国際連合加盟国 kokusai rengō kameikoku

Afrika – アフリカ afurika

Namibia
ナミビア
namibia

(der) Niger
ニジェール
nijēru

Nigeria
ナイジェリア
naijeria

die Republik Kongo
コンゴ共和国
kongo kyōwakoku

Ruanda
ルワンダ
ruwanda

Sambia
ザンビア
zanbia

São Tomé und Príncipe
サントメプリンシペ
santome purinshipe

(der) Senegal
セネガル
senegaru

die Seychellen
セーシェル
sēsheru

Sierra Leone
シエラレオネ
sierareone

Simbabwe
ジンバブエ
jinbabue

Somalia
ソマリア
somaria

Südafrika
南アフリカ
minami afurika

der Sudan
スーダン
sūdan

der Südsudan
南スーダン
minami sūdan

Swasiland
スワジランド
suwajirando

UN-MITGLIEDSSTAATEN – 国際連合加盟国 kokusai rengō kameikoku

Afrika – アフリカ afurika

Tansania
タンザニア
tanzania

Togo
トーゴ
tōgo

der Tschad
チャド
chado

Tunesien
チュニジア
chunijia

Uganda
ウガンダ
uganda

die Zentralafrikanische Republik
中央アフリカ共和国
chūō afurika kyōwakoku

Asien – アジア ajia

Afghanistan
アフガニスタン
afuganisutan

Armenien
アルメニア
arumenia

Aserbaidschan
アゼルバイジャン
azerubaijan

Bahrain
バーレーン
bārēn

Bangladesch
バングラデシュ
banguradeshu

Bhutan
ブータン
būtan

Brunei
ブルネイ
burunei

China
中国
chūgoku

UN-MITGLIEDSSTAATEN – 国際連合加盟国 kokusai rengō kameikoku

Asien – アジア ajia

Georgien
ジョージア
jyōjia

Indien
インド
indo

Indonesien
インドネシア
indoneshia

(der) Irak
イラク
iraku

(der) Iran
イラン
iran

Israel
イスラエル
isuraeru

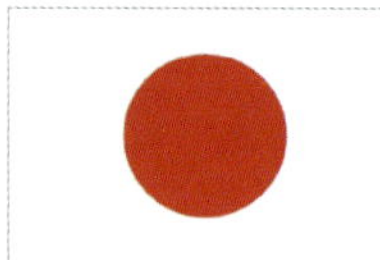

Japan
日本
nihon

(der) Jemen
イエメン
iemen

Jordanien
ヨルダン
yorudan

Kambodscha
カンボジア
kanbojia

Kasachstan
カザフスタン
kazafusutan

Kirgisistan
キルギス
kirugisu

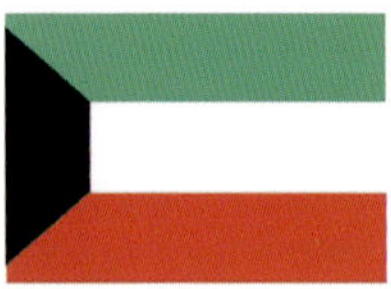

Kuwait
クウェート
kuēto

Laos
ラオス
raosu

(der) Libanon
レバノン
rebanon

Katar
カタール
katāru

UN-MITGLIEDSSTAATEN – 国際連合加盟国 kokusai rengō kameikoku

Asien – アジア ajia

Malaysia
マレーシア
marēshia

die Malediven
モルディブ
morudibu

die Mongolei
モンゴル
mongoru

Myanmar
ミャンマー
myanmā

Nepal
ネパール
nepāru

Nordkorea
北朝鮮
kita chōsen

Oman
オマーン
omān

Osttimor
東ティモール
higashi timōru

Pakistan
パキスタン
pakisutan

die Philippinen
フィリピン
firipin

Saudi-Arabien
サウジアラビア
saujiarabia

Singapur
シンガポール
shingapōru

Sri Lanka
スリランカ
suriranka

Südkorea
韓国
kankoku

Syrien
シリア
shiria

Tadschikistan
タジキスタン
tajikisutan

UN-MITGLIEDSSTAATEN – 国際連合加盟国 kokusai rengō kameikoku

Asien – アジア ajia

Thailand
タイ
tai

die Türkei
トルコ
toruko

Turkmenistan
トルクメニスタン
torukumenisutan

Usbekistan
ウズベキスタン
uzubekisutan

die Vereinigten Arabischen Emirate
アラブ首長国連邦
arabu shuchōkoku renpō

Vietnam
ベトナム
betonamu

Ozeanien – オセアニア oseania

Australien
オーストラリア
ōsutoraria

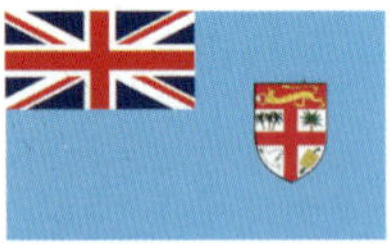

Fidschi
フィジー
fijī

Kiribati
キリバス
kiribasu

die Marshallinseln
マーシャル諸島
māsharu shotō

Mikronesien
ミクロネシア連邦
mikuroneshia renpō

Nauru
ナウル
nauru

Neuseeland
ニュージーランド
nyūjīrando

Palau
パラオ
parao

UN-MITGLIEDSSTAATEN – 国際連合加盟国 kokusai rengō kameikoku

Ozeanien – オセアニア oseania

Papua-Neuguinea
パプアニューギニア
papua nyūginia

die Salomonen
ソロモン諸島
soromon shotō

Samoa
サモア
samoa

Tonga
トンガ
tonga

Tuvalu
ツバル
tsubaru

Vanuatu
バヌアツ
banuatsu

Internationale Organisationen – 国際組織 kokusai soshiki

die Europäische Union (EU)
欧州連合 (EU)
ōshūrengō (EU)

die Vereinten Nationen (UN)
国際連合 (国連)
kokusai rengō (kokuren)

die Organisation des Nordatlantikvertrags (NATO)
北大西洋条約機構
kitataiseiyō jōyakukikō

die Afrikanische Union
アフリカ連合
afurika rengō

die Arabische Liga
アラブ連盟
arabu renmei

die UNESCO
ユネスコ
yunesuko

das Commonwealth
イギリス連邦
igirisu renpō

DAS WETTER – 天気 tenki

sonnig
晴れた
hareta

wolkig
曇った
kumotta

neblig
霧がかかった
kiri ga kakatta

windig
風のある
kaze no aru

heiß
暑い
atsui

warm
暖かい
atatakai

kalt
寒い
samui

bedeckt
雲で覆われた
kumo de ōwareta

vereist
凍結した
tōketsu shita

verschneit
雪に埋もれた
yuki ni umoreta

regnerisch
雨模様の
amemoyō no

stürmisch
荒れ模様の
aremoyō no

feucht
じめじめした
jimejime shita

die Temperatur	温度 ondo
der Grad	度 do
Celsius	摂氏 sesshi
Fahrenheit	華氏 kashi
die Wettervorhersage	天気予報 tenki yohō
Wie ist das Wetter?	天気はどうですか。Tenki wa dō desu ka.
Es ist schön/trüb/ nasskalt.	良い/どんよりしている/湿っぽくて寒い。 Yoi/Donyori shiteiru/Shimeppokute samui.
Es regnet/schneit.	雨が降っている/雪が降っている。Ame ga futte iru./Yuki ga futte iru.

DAS WETTER – 天気 tenki

der Regen
雨
ame

der Regenbogen
虹
niji

der Sonnenschein
太陽の光
taiyō no hikari

der Wind
風
kaze

das Gewitter
雷雨
raiu

der Donner
雷
kaminari

der Blitz
稲光
inabikari

der Hagel
雹
hyō

der Raureif
霜
shimo

der Schnee
雪
yuki

der Frost
寒気
kanki

das Eis
氷
koori

die Brise	そよ風 soyokaze
die Windgeschwindigkeit	風速 fūsoku
der Pollenflug	花粉飛散数 kafun hisansū
die UV-Strahlen	紫外線 shigaisen
der Ozon	オゾン ozon
die Ozonschicht	オソン層 ozon sō
die Stratosphäre	成層圏 seisōken
die Troposphäre	対流圏 tairyūken

der Smog
スモッグ
sumoggu

DAS WETTER – 天気 tenki

Naturkatastrophen – 自然災害 shizen saigai

die Dürre
干ばつ
kanbatsu

der Hurrikan
ハリケーン
harikēn

der Tornado
竜巻
tatsumaki

der Monsun
モンスーン
monsūn

die Überschwemmung
洪水
kōzui

das Erdbeben
地震
jishin

der Vulkanausbruch
火山噴火
kazan funka

der Tsunami
つなみ
tsunami

der Erdrutsch
地すべり
jisuberi

der Waldbrand
山火事
yama kaji

die Hitzewelle
熱波
neppa

der Sturm
暴風
bōfū

die Lawine
雪崩
nadare

der Schneesturm
吹雪
fubuki

der (tropische) Wirbelsturm
熱帯暴風雨
nettai bōfūu

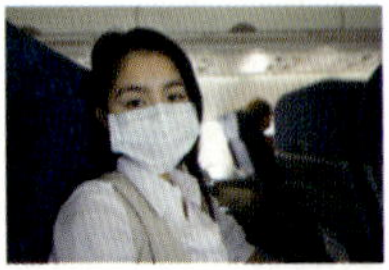

die Pandemie
パンデミック
pandemikku

DIE LANDSCHAFT – 景観 keikan

der Berg
山
yama

der Gipfel
山頂
sanchō

das Gebirge
山脈
sanmyaku

der Wald
森
mori

der Berghang
山腹
sanpuku

der See
湖
mizuumi

der Felsen
岩壁
ganpeki

das Tal
谷
tani

der Fluss
川
kawa

die Flussmündung
河口
kakō

die Höhle
洞窟
dōkutsu

die Klippe
岩礁
ganshō

die Küste
海岸
kaigan

der Gletscher
氷河
hyōga

der Wasserfall
滝
taki

DIE LANDSCHAFT – 地勢 keikan

das Plateau
高原
kōgen

der Hügel
丘
oka

die Ebene
平野
heiya

die Schlucht
峡谷
keikoku

die Wüste
砂漠
sabaku

die Wiese
牧草地
bokusōchi

das Feuchtgebiet
湿地
shicchi

die Heide
荒野
kōya

das Grasland
草地
kusachi

der Geysir
間欠泉
kanketsusen

die Thermalquelle
温泉
onsen

der Vulkan
火山
kazan

die Bucht
入り江
irie

das Korallenriff
珊瑚礁
sangoshō

die Insel
島
shima

der Gebirgsbach
渓流
keiryū

STEINE UND MINERALIEN – 石と鉱物 ishi to kōbutsu

das Eisenerz
鉄鉱石
tekkōseki

der Sandstein
砂岩
sagan

der Asphalt
アスファルト
asufaruto

der Granit
御影石
mikageishi

der Kalkstein
石灰石
sekkaiseki

die Kreide
白墨
hakuboku

die Kohle
石炭
sekitan

der Schiefer
粘板岩
nenbangan

der Marmor
大理石
dairiseki

der Schwefel
硫黄
iō

der Grafit
グラファイト
gurafaito

das Gold
金
kin

das Silber
銀
gin

das Kupfer
銅
dō

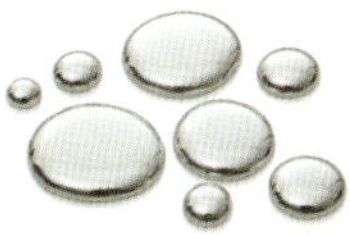
das Quecksilber
水銀
suigin

der Bauxit
ボーキサイト
bōkisaito

STEINE UND MINERALIEN – 石と鉱物 ishi to kōbutsu

Edel- und Halbedelsteine – 宝石と準宝石 hōseki to junhōseki

der Rubin
ルビー
rubī

der Aquamarin
アクアマリン
akuamarin

der Jade
ヒスイ
hisui

der Smaragd
エメラルド
emerarudo

der Saphir
サファイア
safaia

der Amethyst
アメジスト
amejisuto

der Quarz
石英
sekiei

der Diamant
ダイヤモンド
daiyamondo

der Turmalin
トルマリン
torumarin

der Topas
トパーズ
topāzu

der Granat
ガーネット
gānetto

das/der Tigerauge
タイガーズアイ
taigāzu ai

der Opal
オパール
opāru

der Bernstein
琥珀
kohaku

der Türkis
トルコ石
toruko ishi

der Rosenquarz
ローズクォーツ
rōzu kwōtsu

der Onyx
オニキス
onikisu

die Perle
真珠
shinju

der Lapislazuli
瑠璃
ruri

der Citrin
黄水晶
kisuishō

PFLANZEN – 植物 shokubutsu

Bäume – 樹木 jumoku

die Eiche
オーク
ōku

das Laub
木の葉
ko no ha

der Ast
分枝
bunshi

der Stamm
幹
miki

die Wurzel
根
ne

die Krone
こずえ
kozue

das Blatt
葉
ha

die Borke
樹皮
juhi

die Seitenwurzel
側根
sokukon

die Pfahlwurzel
直根
chokkon

die Weide
柳
yanagi

die Esche
トネリコ
toneriko

die Buche
ブナ
buna

die Ulme
ニレ
nire

die Birke	白樺 shirakaba
der Ahorn	カエデ kaede
die Linde	シナノキ shinanoki
die Tanne	樅の木 momi no ki
die Fichte	トウヒ tōhi
der Nadelbaum	針葉樹 shinyōju
der Laubbaum	広葉樹 kōyōju
der immergrüne Baum	常緑樹 jōryokuju

der Eukalyptus
ユーカリ
yūkari

PFLANZEN – 植物 shokubutsu

Wildpflanzen – 野生植物 yasei shokubutsu

die Flechte
地衣類
chiirui

das Moos
苔
koke

die Distel
アザミ
azami

der Pilz
キノコ
kinoko

die Brennnessel
イラクサ
irakusa

der Fingerhut
ジギタリス
jigitarisu

der Bärenklau
ハナウド
hanaudo

der Löwenzahn
タンポポ
tanpopo

das Gänseblümchen
雛菊
hinagiku

das Heidekraut
ヒース
hīsu

das Hasenglöckchen
イングリッシュブルーベル
ingurisshu burūberu

der Klee
クローバー
kurōbā

die Kamille
カモミール
kamomīru

das Maiglöckchen
スズラン
suzuran

die Pusteblume
綿毛になったタンポポ
watage ni natta tanpopo

die Butterblume
キンポウゲ
kinpōge

PFLANZEN – 植物 shokubutsu

Zierblumen – 観賞用草花 kanshōyō kusabana

die Rose
バラ
bara

das Blütenblatt
花びら
hanabira

die Blüte
開花
kaika

der Stängel
茎
kuki

der Stiel
花柄
kahei

die Knospe
つぼみ
tsubomi

der Dorn
棘
toge

das Blatt
葉
ha

das Schneeglöckchen
ユキノハナ
yuki no hana

der Krokus
クロッカス
kurokkasu

die Seerose
スイレン
suiren

der Lavendel
ラベンダー
rabendā

der Flieder	ライラック rairakku
der/das Rhododendron	シャクナゲ shakunage
blühen	花が咲く hana ga saku
duften	香りがする kaori ga suru
verwelken	しぼむ shibomu
keimen	芽が出る me ga deru
die Frühlingsblume	春の花 haru no hana
der Nachtblüher	夜行性の植物 yakōsei no shokubutsu

die Petunie
ペチュニア
pechunia

PFLANZEN – 植物 shokubutsu

Zierblumen – 観賞用草花 kanshōyō kusabana

die Nelke
カーネーション
kānēshon

die Primel
サクラソウ
sakurasō

die Gerbera
ガーベラ
gābera

die Tulpe
チューリップ
chūrippu

die Narzisse
スイセン
suisen

die Iris
アヤメ
ayame

die Chrysantheme
キク
kiku

die Hyazinthe
ヒヤシンス
hiyashinsu

die Ringelblume
キンセンカ
kinsenka

das Stiefmütterchen
サンシキスミレ
sanshiki sumire

die Orchidee
ラン
ran

der Rosenstrauch
バラの茂み
bara no shigemi

die Lilie
ユリ
yuri

die Sonnenblume
ヒマワリ
himawari

die Geranie
ゼラニウム
zeraniumu

die Hortensie
アジサイ
ajisai

PFLANZEN – 植物 shokubutsu

Gartenpflanzen – 園芸植物 engei shokubutsu

der/das Efeu
西洋キズタ
seiyō kizuta

der Obstbaum
果樹
kaju

die Baumblüte
樹木の花
jumoku no hana

der Trieb
新芽
shinme

der Formschnitt
トピアリー
topiarī

das Unkraut
雑草
zassō

blühen
花が咲く
hana ga saku

verwelken
しぼむ
shibomu

die Palme
ヤシ
yashi

der Rasen
芝
shiba

die Blumenwiese
花の草原
hana no sōgen

die Mohnblume
ケシ
keshi

die Kletterpflanze
つる植物
tsuru shokubutsu

einjährig
一年生の
ichinensei no

zweijährig
二年生の
ninensei no

mehrjährig
多年生の
tanensei no

TIERE – 動物 dōbutsu

Säugetiere – 哺乳類 honyūrui

die Ratte
鼠
nezumi

der Maulwurf
モグラ
mogura

die Katze
猫
neko

der Hund
犬
inu

das Kaninchen
カイウサギ
kaiusagi

das Meerschweinchen
モルモット
morumotto

die Maus
二十日鼠
hatsuka nezumi

der Hamster
ハムスター
hamusutā

die Fledermaus
コウモリ
kōmori

das Eichhörnchen
リス
risu

der Igel
ハリネズミ
harinezumi

das Frettchen
フェレット
feretto

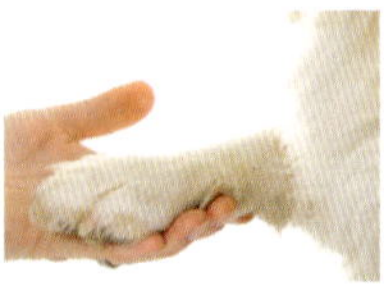

die Pfote
前足
maeashi

das Schnurrhaar	ひげ hige
das Fell	毛皮 mōhi
das Maul	口 kuchi
der Schwanz	しっぽ shippo
das Horn	角 tsuno
die Kralle	爪 tsume
die Tatze	前足 maeashi
der Huf	ひずめ hizume

TIERE – 動物 dōbutsu

Säugetiere – 哺乳類 honyūrui

der Gepard
チータ
chīta

der Puma
ピューマ
pyūma

der Wolf
狼
ookami

der Waschbär
アライグマ
araiguma

das Stinktier
スカンク
sukanku

das Erdmännchen
ミーアキャット
mīakyatto

der Leopard
ヒョウ
hyō

der Dachs
アナグマ
anaguma

der Fuchs
狐
kitsune

der Jaguar
ジャガー
jagā

der Löwe
ライオン
raion

der Tiger
虎
tora

der Bär
熊
kuma

der Eisbär
北極熊
hokkyoku guma

der Koala
コアラ
koara

der Pandabär
パンダ
panda

TIERE – 動物 dōbutsu

Säugetiere – 哺乳類 honyūrui

das Schwein
豚
buta

die Ziege
ヤギ
yagi

das Pferd
馬
uma

die Giraffe
麒麟
kirin

das Schaf
羊
hitsuji

das Lama
ラマ
rama

der Esel
ロバ
roba

das Reh
ノロジカ
norojika

das Rentier
トナカイ
tonakai

das Kamel
駱駝
rakuda

die Kuh
雌牛
meushi

der Stier
雄牛
oushi

das Nilpferd
河馬
kaba

das Nashorn
犀
sai

der Elefant
象
zō

das Zebra
縞馬
shimauma

TIERE – 動物 dōbutsu

Säugetiere – 哺乳類 honyūrui

das Walross
セイウチ
seiuchi

der Seelöwe
海驢
ashika

der Seehund
海豹
azarashi

der Delfin
海豚
iruka

der Schwertwal
鯱
shachi

der Otter
獺
kawauso

die Biberratte
ヌートリア
nūtoria

der Gorilla
ゴリラ
gorira

der Orang-Utan
オラウータン
oraūtan

der Gibbon
テナガザル
tenagazaru

der Pavian
ヒヒ
hihi

der Schimpanse
チンパンジー
chinpanjī

das Faultier
ナマケモノ
namakemono

der Ameisenbär
アリクイ
arikui

das Känguru
カンガルー
kangarū

das Jungtier
動物の子
dōbutsu no ko

TIERE – 動物 dōbutsu

Vögel – 鳥類 chōrui

der Specht
啄木鳥
kitsutsuki

der Spatz
雀
suzume

der Kolibri
蜂鳥
hachidori

der Tukan
オオハシ
ōhashi

das Rotkehlchen
コマドリ
komadori

die Schwalbe
燕
tsubame

der Habicht
オオタカ
ōtaka

die Taube
鳩
hato

der Rabe
大型カラス
ōgata karasu

die Krähe
中型カラス
chūgata karasu

der Fink
アトリ
atori

die Möwe
カモメ
kamome

der Kanarienvogel
カナリヤ
kanariya

der Schnabel	くちばし kuchibashi
das Küken	ひな hina
der Flügel	翼 tsubasa
die Kralle	爪 tsume
die Feder	羽 hane
das Federkleid	羽毛 umō
zwitschern	さえずる saezuru
flattern	羽ばたきする habataki suru

TIERE – 動物 dōbutsu

Vögel – 鳥類 chōrui

der Storch
コウノトリ
kōnotori

der Flamingo
フラミンゴ
furamingo

der Strauß
駝鳥
dachō

der Adler
鷲
washi

der Pinguin
ペンギン
pengin

der Kakadu
キバタン
kibatan

der Papagei
オウム
ōmu

die Eule
フクロウ
fukurō

der Truthahn
七面鳥
shichimenchō

der Schwan
白鳥
hakuchō

die Gans
鵞鳥
gachō

die Ente
鴨
kamo

der Hahn
雄鶏
ondori

das Huhn
鶏
niwatori

die Wachtel
鶉
uzura

der Pfau
孔雀
kujaku

TIERE – 動物 dōbutsu

Reptilien und Amphibien – 爬虫類と両生類 hachūrui to ryōseirui

die Schlange
蛇
hebi

das Krokodil
クロコダイル
kurokodairu

der Alligator
アリゲータ
arigētā

die Eidechse
蜥蜴
tokage

das Chamäleon
カメレオン
kamereon

der Leguan
イグアナ
iguana

die Schildkröte
陸亀
rikugame

die Meeresschildkröte
亀
kame

der Frosch
蛙
kaeru

die Kröte
蟇蛙
hikigaeru

die Kaulquappe
オタマジャクシ
otamajakushi

der Salamander
サンショウウオ
sanshōuo

der Gecko
ヤモリ
yamori

der Panzer	甲羅 kōra
die Schuppen	鱗 uroko
das Gift	毒 doku
der Giftzahn	毒牙 dokuga
das wechselwarme Tier	変温動物 henon dōbutsu
kriechen	這う hau
zischen	シューと音を立てる “shū” to oto o tateru
quaken	ケロケロ鳴く kerokero naku

TIERE – 動物 dōbutsu

Fische – 魚類 gyorui

der Kugelfisch
フグ
fugu

der Hornhecht
ダツ
datsu

der Piranha
ピラニア
pirania

der Fliegende Fisch
飛び魚
tobiuo

der Fächerfisch
バショウカジキ
bashōkajiki

der Rochen
エイ
ei

der Weiße Hai
ホオジロザメ
hōjirozame

der Tigerhai
イタチザメ
itachizame

der Goldfisch
金魚
kingyo

der Koi
鯉
koi

der Aal
鰻
unagi

der Wels
ナマズ
namazu

der Fischschwarm	魚の群れ sakana no mure
die Flosse	ひれ hire
die Kiemen	鰓 era
das Tiefseetier	深海動物 shinkaidōbutsu
der Rogen	魚の卵 sakana no tamago
der Süßwasserfisch	淡水魚 tansuigyo
der Seefisch	海水魚 kaisuigyo
das Aquarium	水族館 suizokukan

das Seepferdchen
竜の落とし子
tatsu no otoshigo

TIERE – 動物 dōbutsu

Insekten und Spinnen – 昆虫と蜘蛛 konchū to kumo

der Schmetterling
蝶
chō

die Raupe
幼虫
yōchū

die Puppe
さなぎ
sanagi

der Nachtfalter
蛾
ga

die Biene
蜜蜂
mitsubachi

die Hummel
丸花蜂
maruhana bachi

die Wespe
蜂
hachi

die Hornisse
雀蜂
suzumebachi

die Fliege
蠅
hae

die Stechmücke
蚊
ka

die Zikade
蝉
semi

der Maikäfer
コフキコガネ
kofukikogane

die Libelle
蜻蛉
tonbo

die Gottesanbeterin
蟷螂
kamakiri

die Heuschrecke
バッタ
batta

die Grille
コオロギ
kōrogi

TIERE – 動物 dōbutsu

Insekten und Spinnen – 昆虫と蜘蛛 konchū to kumo

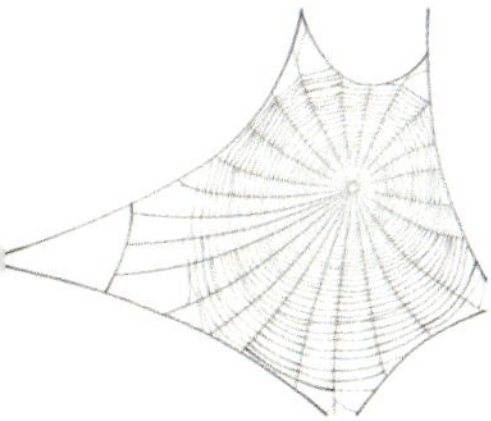

das Spinnennetz
くもの巣
kumo no su

die Spinne
蜘蛛
kumo

der Floh
蚤
nomi

die Assel
ワラジムシ
warajimushi

die Stinkwanze
カメムシ
kamemushi

der Marienkäfer
天道虫
tentōmushi

die Schabe
ゴキブリ
gokiburi

der Wasserläufer
アメンボ
amenbo

der Hundertfüßer
百足
mukade

die Nacktschnecke
蛞蝓
namekuji

die Schnecke
蝸牛
katatsumuri

der Wurm
蚯蚓
mimizu

die Termite
シロアリ
shiroari

die Ameise
蟻
ari

die Zecke
マダニ
madani

der Skorpion
蠍
sasori

ZAHLEN UND MAßE

数と計測単位

kazu to keisokutani

DIE ZAHLEN – 数 kazu

Die Kardinalzahlen – 基数 kisū

null
零/ゼロ
rei/zero

eins
一
ichi

zwei
二
ni

drei
三
san

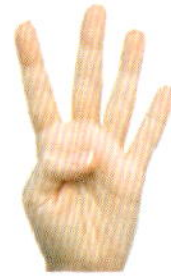

vier
四
shi/yon

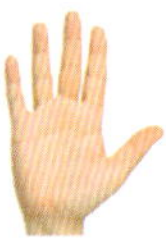

fünf
五
go

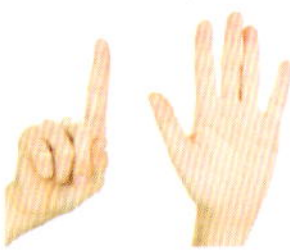

sechs
六
roku

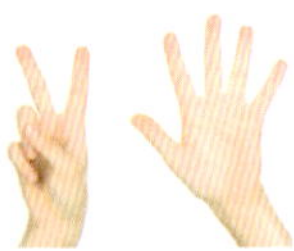

sieben
七
nana/shichi

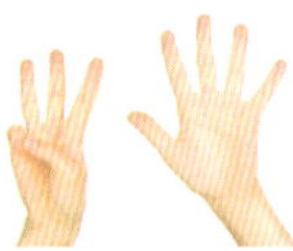

acht
八
hachi

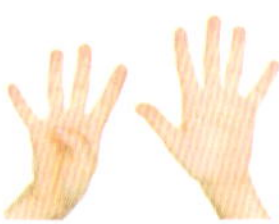

neun
九
ku/kyū

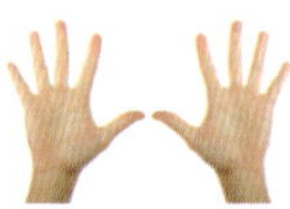

zehn
十
jū

elf	十一 jū ichi
zwölf	十二 jū ni
dreizehn	十三 jū san
vierzehn	十四 jū shi
fünfzehn	十五 jū go
sechzehn	十六 jū roku
siebzehn	十七 jū shichi
achtzehn	十八 jū hachi
neunzehn	十九 jū ku
zwanzig	二十 ni jū
einundzwanzig	二十一 ni jū ichi
zweiundzwanzig	二十二 ni jū ni
dreiundzwanzig	二十三 ni jū san
dreißig	三十 san jū
vierzig	四十 yon jū
fünfzig	五十 go jū
sechzig	六十 roku jū
siebzig	七十 nana jū
achtzig	八十 hachi jū
neunzig	九十 kyū jū
hundert	百 hyaku

DIE ZAHLEN – 数 kazu

Die Kardinalzahlen – 基数 kisū

zweihundertzweiundzwanzig	二百二十二 ni hyaku ni jū ni
tausend	千 sen
zehntausend	一万 ichi man
zwanzigtausend	二万 ni man
fünfzigtausend	五万 go man
fünfundfünfzigtausend	五万五千 go man go sen
hunderttausend	十万 jū man
eine Million	百万 hyaku man
eine Milliarde	十億 jū oku
eine Billion	一兆 icchō

Die Ordinalzahlen – 序数 josū

erste(r, s)	第一/一番目 dai ichi/ichiban me
zweite(r, s)	第二/二番目 dai ni/niban me
dritte(r, s)	第三/三番目 dai san/sanban me
vierte(r, s)	第四/四番目 dai yon/yonban me
fünfte(r, s)	第五/五番目 dai go/goban me
sechste(r, s)	第六/六番目 dai roku/rokuban me
siebte(r, s)	第七/七番目 dai nana/nanaban me
achte(r, s)	第八/八番目 dai hachi/hachiban me
neunte(r, s)	第九/九番目 dai kyū/kyūban me
zehnte(r, s)	第十/十番目 dai jū/jūban me
elfte(r, s)	十一番目 jūichi ban me
zwölfte(r, s)	十二番目 jūni ban me
dreizehnte(r, s)	十三番目 jūsan ban me
vierzehnte(r, s)	十四番目 jūyon ban me
fünfzehnte(r, s)	十五番目 jūgo ban me
sechzehnte(r, s)	十六番目 jūroku ban me
siebzehnte(r, s)	十七番目 jūshichi ban me
achtzehnte(r, s)	十八番目 jūhachi ban me
neunzehnte(r, s)	十九番目 jūkyū ban me
zwanzigste(r, s)	二十番目 nijū ban me
einundzwanzigste(r, s)	二十一番目 nijū ichi ban me
zweiundzwanzigste(r, s)	二十二番目 nijū ni banme

DIE ZAHLEN – 数 kazu

Die Ordinalzahlen – 序数 josū

dreißigste(r, s)	三十番目 sanjū ban me
vierzigste(r, s)	四十番目 yonjū ban me
fünfzigste(r, s)	五十番目 gojū ban me
sechzigste(r, s)	六十番目 rokujū ban me
siebzigste(r, s)	七十番目 nanajū ban me
achtzigste(r, s)	八十番目 hachijū ban me
neunzigste(r, s)	九十番目 kyūjū ban me
hundertste(r, s)	百番目/百。。。目 hyaku ban me/hyaku … me
zweihunderterste(r, s)	二百番目/二百。。。目 nihyaku ban me/nihyaku … me
zweihundertfünfundzwanzigste(r, s)	二百二十五番目/二百二十五。。。目 nihyaku nijyūgo ban me/nihyaku nijyūgo … me
dreihundertste(r, s)	三百番目/三百。。。目 sanbyaku ban me/sanbyaku … me
tausendste(r, s)	千番目/千。。。目 sen ban me/sen … me
zehntausendste(r, s)	一万。。。目 ichiman … me
millionste(r, s)	百万。。。目 hyakuman … me
zehnmillionste(r, s)	一億。。。目 ichioku … me
vorletzte(r, s)	最後から二番目 saigo kara niban me
letzte(r, s)	最後の saigo no

Die Bruchzahlen – 分数 bunsū

ein halber/ein halbes/eine halbe	半分 hanbun
ein Drittel	三分の一 san bun no ichi
ein Viertel	四分の一 yon bun no ichi
ein Fünftel	五分の一 go bun no ichi
ein Achtel	八分の一 hachi bun no ichi
drei Viertel	四分の三 zon bun no san
zwei Fünftel	五分の二 go bun no ni
siebeneinhalb	七と二分の一 nana to ni bun no ichi
zwei Siebzehntel	十七分の二 jūnanabun no ni
fünf und drei Achtel	五と八分の三 go to hachi bun no san

DIE ZAHLEN – 数 kazu

Weitere Zahlwörter – その他の数詞 sonota no sūshi

einmal	一回 ikkai
zweimal	二回 nikai
dreimal	三回 sankai
viermal	四回 yonkai
mehrmals	何度も nando mo
manchmal	時々 tokidoki
niemals	決して。。。ない kesshite … nai
einfach	単一の tanitsu no
doppelt/zweifach	二重の/二倍の nijū no/nibai no
dreifach	三倍の sanbai no
vierfach	四倍の yonbai no
fünffach	五倍の gobai no
sechsfach	六倍の rokubai no
mehrfach/vielfach	何倍かの/何倍もの nanbai kano/nanbai mono

ein Paar	一組の hitokumi no
ein halbes Dutzend	半ダース han dāsu
ein Dutzend	1ダース ichi dāsu
ein Gros	一グロス ichi gurosu
ein paar	二、三の ni san no
wenige	僅かな wazuka na
einige	若干の jakkan no
etliche	かなり多くの kanari ōku no
manche	かなりの kanarino
viele	多くの ōku no
beide	双方の sōhō no
sämtliche	全ての subete no
alle	全部の zenbu no
jeder/jede/jedes	どの。。。も dono … mo

der Taschenrechner
ポケット電卓
poketto dentaku

die Quadratwurzel
平方根
heihōkon

das Prozent
パーセント
pāsento

die Ziffer
数字
sūji

der Dezimalpunkt
小数点
shōsū ten

dividieren
割る
waru

multiplizieren
掛ける
kakeru

subtrahieren
引く
hiku

addieren
足す
tasu

ist gleich
イコール
ikōru

DIE ZEIT – 時間 jikan

Die Uhrzeit – 時刻 jikoku

ein Uhr
一時
ichi ji

zwei Uhr
二時
ni ji

drei Uhr
三時
san ji

vier Uhr
四時
yo ji

fünf Uhr
五時
go ji

sechs Uhr
六時
roku ji

sieben Uhr
七時
shichi ji

acht Uhr
八時
hachi ji

neun Uhr
九時
ku ji

zehn Uhr
十時
jū ji

elf Uhr
十一時
jūichi ji

zwölf Uhr mittags
昼の12時
hiru no jūni ji

dreizehn Uhr
午後一時
gogo ichi ji

die Stunde	時間 jikan
die Minute	分 fun/pun
eine halbe Stunde	三十分 sanjuppun
die Sekunde	秒 byō
Wie viel Uhr ist es?	何時ですか。Nan ji desu ka.
Es ist zwei Uhr.	2時です。Ni ji desu.
Um wie viel Uhr?	何時に。Nan ji ni?
Um sieben Uhr.	7時に。Shichi ji ni.

DIE ZEIT – 時間 jikan

Die Uhrzeit – 時刻 jikoku

vierzehn Uhr
午後二時
gogo ni ji

fünfzehn Uhr
午後三時
gogo san ji

sechzehn Uhr
午後四時
gogo yo ji

siebzehn Uhr
午後五時
gogo go ji

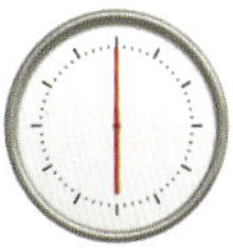

achtzehn Uhr
午後六時
gogo roku ji

neunzehn Uhr
午後七時
gogo shichi ji

zwanzig Uhr
午後八時
gogo hachi ji

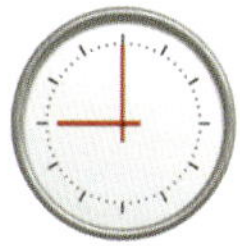

einundzwanzig Uhr
午後九時
gogo ku ji

zweiundzwanzig Uhr
午後十時
gogo jūji

dreiundzwanzig Uhr
午後十一時
gogo jūichi ji

Mitternacht
夜中の１２時
yonaka no jūni ji

fünf nach zwölf
零時5分過ぎ
rei ji gofun sugi

halb elf	十時半/三十分 jūji han/sanjuppun
zwanzig vor sieben	七時二十分前/六時四十分 shichi ji ni juppun mae/roku ji yon juppun
Viertel vor zwölf	十二時十五分前/十一時四十五分 jūni ji jūgo fun mae/jūichi ji yon jūgo fun
Wann?	いつ。Itsu.
Seit wann?	いつから。Itsu kara.
Seit gestern.	昨日から。Kinō kara.

Viertel nach neun
九時十五分過ぎ
kuji jugōfun sugi

DIE ZEIT – 時間 jikan

Tag und Nacht – 日中と夜 nicchū to yoru

die Mitternacht
真夜中に
mayonaka ni

die Morgendämmerung
夜明け
yoake

der Sonnenaufgang
日の出
hi no de

der Morgen
朝
asa

der Mittag
正午
shōgo

der Nachmittag
午後
gogo

der Sonnenuntergang
日没
nichibotsu

die Abenddämmerung
夕暮れ
yūgure

der Abend
晩
ban

der Frühling
春
haru

der Sommer
夏
natsu

der Herbst
秋
aki

der Winter
冬
fuyu

heute	今日 kyō
morgen	明日 ashita
übermorgen	明後日 asatte
gestern	昨日 kinō
vorgestern	一昨日 ototoi
Welches Datum haben wir heute?	今日は何日ですか。Kyō wa nan nichi desu ka.
der 9. September 2019	2019年9月9日です nisenjūku-nen ku-gatsu kokonoka desu
der Feiertag	祝祭日 shukusai jitsu

DIE ZEIT – 時間 jikan

Der Kalender – カレンダー karendā

das Jahr
年
nen

der Monat
月
gatsu

der Januar	一月 ichi gatsu
der Februar	二月 ni gatsu
der März	三月 san gatsu
der April	四月 shi gatsu
der Mai	五月 go gatsu
der Juni	六月 roku gatsu

der Juli	七月 shichi gatsu
der August	八月 hachi gatsu
der September	九月 ku gatsu
der Oktober	十月 jū gatsu
der November	十一月 jūichi gatsu
der Dezember	十二月 jūni gatsu

MAßE – 計測単位 keisokutani

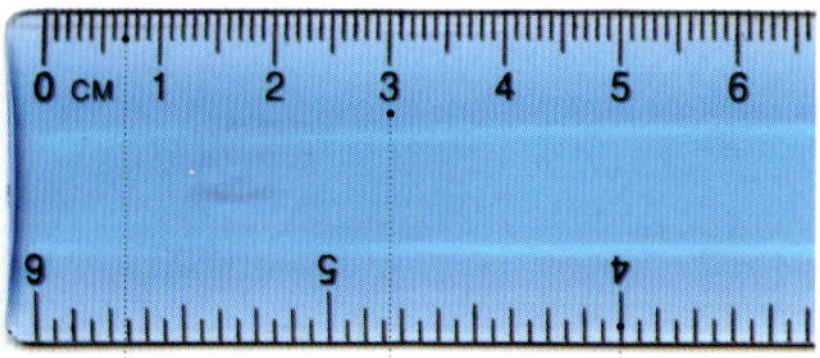

der/das Millimeter
ミリメーター
miri mētā

der/das Zentimeter
センチメーター
senchi mētā

der Zoll
インチ
inchi

der/das Liter
リットル
rittoru

der/das Milliliter
ミリリットル
miri rittoru

die Unze
オンス
onsu

das Pint
パイント
painto

der Kilometer
キロメーター
kiro mētā

die Meile
マイル
mairu

das Yard
ヤード
yādo

der Acre/Morgen
エーカー
ēkā

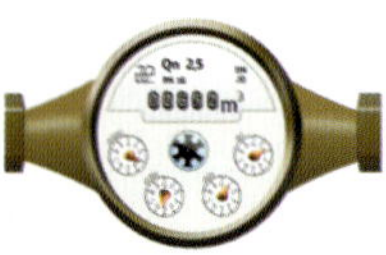

der/das Kubikmeter
立法メートル
rippōmētoru

der Fuß	フィート fīto
der/das Meter	メーター mētā
der/das Quadratmeter	平方メートル heihō mētoru
der Quadratfuß	平方フィート heihō fīto
der/das Hektar	ヘクタール hekutāru
die Tasse	カップ kappu
der Esslöffel	大匙 ōsaji
der Teelöffel	小匙 kosaji

DAS GEWICHT – 重量 jūryō

die Tonne
トン
ton

das Kilogramm
キログラム
kiro guramu

das Gramm
グラム
guramu

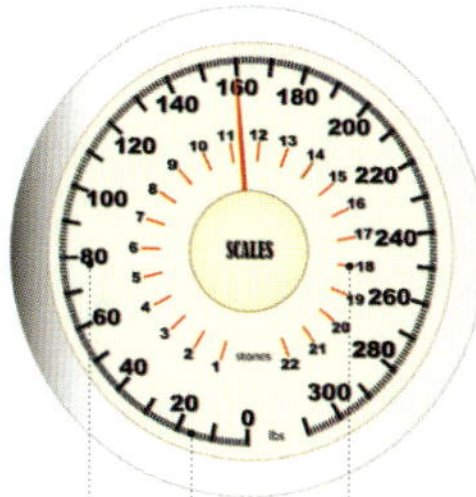

das Pfund
ポンド
pondo

die Unze
オンス
onsu

das Stone
(= 6,35 kg)
ストーン
sutōn

DIE WÄHRUNG – 通貨 tsūka

$

der Dollar
ドル
doru

£

das Pfund
ポンド
pondo

€

der Euro
ユーロ
yūro

¥

der Yen
円
en

der Baht	バーツ bātsu
die Rupie	ルピー rupī
der Dinar	ディナール dināru
der Franc	フラン furan
der Schweizer Franken	スイスフラン suisu furan
die Krone	クローネ kurōne

der Rand	ラント ranto
der Peso	ペソ peso
der Real	レアール reāru
der Yuan	元 gen
die Lira	リラ rira
der Rubel	ルーブル rūburu

DIE WICHTIGSTEN SÄTZE –
最も重要な文章

DIE VERBEN –
動詞

INDEX –
索引

DIE WICHTIGSTEN SÄTZE – 最も重要な文章

Mit diesen nützlichen Wörtern und Sätzen drücken Sie sich in den wichtigsten und häufigsten Situationen mit Sicherheit aus.

IM GESPRÄCH – 会話で

BEGRÜẞEN UND VERABSCHIEDEN – 挨拶と別れを告げる

Guten Tag!	こんにちは konnichi wa
Guten Abend!	こんばんは konban wa
Hallo!	やあ yaa
Auf Wiedersehen!	さようなら sayōnara
Tschüss!	またね mata ne

HÖFLICHKEIT – 丁寧

bitte	お願いします onegai shimasu
danke	ありがとう arigatō
bitte schön	どういたしまして dōitashimashite
Ja, bitte.	はい、お願いします。 hai, onegai shimasu.
Nein, danke.	いいえ、結構です。 īe, kekkō desu.
Keine Ursache!	お気になさらずに。 okininasarazuni.
Entschuldigung!	ごめんなさい / すみません gomen nasai / sumimasen
Entschuldigen Sie, …	すみません。。。 Sumimasen …
Das tut mir leid.	それは残念ですね。 Sore wa zannen desu ne.
Wie geht's?	お元気ですか。 Ogenki desuka.
Danke, gut. Und Ihnen/dir?	おかげさまで元気です。あなたはどうですか。 Okagesama de genki desu. Anatawa dō desu ka.

KOMMUNIKATION – コミュニケーション

Wie bitte?	なんと言いましたか。 Nanto iimashita ka.
Ich verstehe.	わかりました。 Wakari mashita.
Ich verstehe nicht.	わかりません。 Wakari masen.
Könnten Sie das bitte wiederholen?	もう一度言っていただけますか。 Mōichido itte itadake masu ka.
Könnten Sie bitte langsamer sprechen?	もう少しゆっくり話していただけますか。 Mōsukoshi yukkuri hanashite itadake masu ka.
Könnten Sie das bitte aufschreiben?	書いていただけますか。 Kaite itadake masu ka.
Was bedeutet …?	。。。はどういう意味ですか。 … wa dōyū imi desu ka.

SICH VORSTELLEN – 紹介する

Wie heißt du?	あなたの名前は。 Anatano namae wa.
Wie heißen Sie?	何というお名前ですか。 Nan to yū onamae desu ka.
Ich heiße …	私は。。。と申します。 Watashi wa … to mōshimasu.
Woher kommen Sie?	ご出身はどちらですか。 goshusshin wa dochira desu ka.
Woher kommst du?	どこから来ましたか。 dokokara kimashita ka.
Ich komme aus …	。。。から来ました。 … kara kimashita.
Das ist mein Mann.	こちらは私の夫です。 kochira wa watashi no otto desu.

Das ist meine Frau.	こちらは私の妻です。 kochira wa watashi no tsuma desu.
Das ist mein Partner.	こちらは私のパートナーです。 kochira wa watashi no pātonā desu.
Das ist meine Partnerin.	こちらは私のパートナーです。 kochira wa watashi no pātonā desu.
Das ist mein Sohn.	こちらは私の息子です。 kochira wa watashi no musuko desu.
Das ist meine Tochter.	こちらは私の娘です。 kochira wa watashi no musume desu.
Hier ist meine E-Mail-Adresse.	これが私のメールアドレスです。 kore ga watashi no mēruadoresu desu.
Hier ist meine Telefonnummer.	これが私の電話番号です。 kore ga watashi no denwabangō desu.

BEIM TELEFONIEREN – 電話で

Ich hätte gern eine SIM-Karte, bitte.	SIMカードをいただきたいのですが。 Shimukādo o itadakitai no desu ga.
Mein Akku ist leer.	電池が切れました。 denchi ga kiremashita.
Hier spricht …	。。。です。 … desu.
Mit wem spreche ich bitte?	どちら様ですか。 dochira sama desuka.
Kann ich bitte Herrn/Frau … sprechen?	。。。さん、いらっしゃいますでしょうか。 …san, irasshaimasu deshō ka.
Tut mir leid, er/sie ist nicht da.	申し訳ありません、。。。はおりません。 mōshiwake arimasen, … wa orimasen.
Kann er/sie Sie zurückrufen?	折り返しご連絡させましょうか。 orikaeshi gorenraku sasemashō ka.

UNTERWEGS – 外出中

TOILETTE UND BAD – トイレとバスルーム

Wo ist bitte die Toilette?	トイレはどちらですか。 toire wa dochira desuka.
Damen	女性 jyosei
Herren	男性 dansei
die Damentoilette	女子トイレ jyoshi toire
die Herrentoilette	男子トイレ danshi toire

BAHN – 鉄道

Wann fährt der nächste Zug ab?	次の列車は何時に発車しますか。 tsugi no ressha wa nanji ni hassha shimasu ka.
Wo muss ich umsteigen?	どこで乗り換えたらよいでしょうか。 doko de norikaetara yoideshō ka.
Von welchem Gleis fährt der Zug nach …?	。。。行きの列車は何番線ですか。 … iki no ressha wa nanbansen desu ka.
Ist dieser Platz noch frei?	この席は空いていますか。 kono seki wa aite imasu ka.
Hält dieser Zug in …?	この列車は。。。に停車しますか。 kono ressha wa … ni teisha shimasu ka.

BUS – バス

Welche Linie fährt nach …?	。。。行きのバスは何番ですか。 … iki no basu wa nanban desu ka.
Welche Linie fährt zum Bahnhof?	駅に行くバスは何番ですか。 eki ni iku basu wa nanban desu ka.

Wann fährt der nächste Bus nach …?	。。。行きのバスは何時に発車しますか。 … iki no basu wa nanji ni hassha shimasu ka.
Wo muss ich aussteigen?	どこで降りたらよいでしょうか。 doko de oritara yoideshō ka.
Wie viele Haltestellen sind es?	何箇所止まりますか。 nankasho tomari masu ka.
Fährt dieser Bus nach …?	このバスは。。。に行きますか。 kono basu wa … ni ikimasu ka.

AUTO – 自動車

der Führerschein	運転免許証 unten menkyoshō
Entschuldigen Sie bitte, wie komme ich nach …?	すみません、。。。へはどう行けばいいですか。 Sumimasen … e wa dō ikeba iidesu ka.
Entschuldigen Sie bitte, wo ist …?	すみません、。。。はどこですか。 Sumimasen … wa doko desu ka.
Wie weit ist es?	どのくらいの距離ですか。 donokurai no kyori desu ka.

BEIM ARZT – 医者で

Ich bin krankenversichert.	健康保険証を持っています。 kenkōhokenshō o motte imasu.
Ich möchte von einer Ärztin behandelt werden, bitte.	女医に見ていただきたいのですが。 jyoi ni mite itadakitai no desu ga.
Es tut hier weh.	ここが痛いです。 koko ga itai desu.
Ich bin ohnmächtig geworden.	気絶しました。 kizetsu shimashita.
Ich habe mich erbrochen.	吐きました。 haki mashita.
Ich habe Herzbeschwerden.	心臓が苦しいです。 shinzō ga kurushii desu.
Ich habe Atembeschwerden.	呼吸が苦しいです。 kokyū ga kurushii desu.
Ich habe Zahnschmerzen.	歯が痛いです。 ha ga itai desu.
Ich habe eine Füllung verloren.	詰め物が取れました。 tsumemono ga toremashita.
Ich bin allergisch gegen Antibiotika.	抗生物質アレルギーです。 kōsēbusshitsu arerugī desu.
Ich bin allergisch gegen Bienen.	蜂アレルギーです。 hachi arerugī desu.
Ich bin allergisch gegen Pollen.	花粉症です。 kafunshō desu.
Ich bin Diabetiker/Diabetikerin.	糖尿病です。 tōnyōbyō desu.
Ist es ansteckend?	これはうつりますか。 kore wa utsuri masu ka.
Ich brauche ein Rezept für …	。。。の処方箋が必要なのですが。 … no shohōsen ga hitsuyō nano desu ga.
Ich nehme Medikamente gegen …	。。。の薬を飲んでいます。 … no kusuri o nonde imasu.

DIE VERBEN – 動詞

Wenn es darum geht, eigene Sätze zu bilden, hilft Ihnen unsere ausführliche Verbliste, wo Sie auch abstrakte Verben, die sich nicht abbilden lassen, nachschlagen und übersetzen können.

A

abbeißen	かみ切る kami kiru
abbiegen	曲がる magaru
abbringen	説得してやめさせる settoku shite yamesaseru
abfahren	出発する shuppatsu suru
abfärben	色が落ちる iro ga ochiru
abfinden	うまく片をつける umaku kata o tsukeru
abfragen	試験する shiken suru
abführen	連れ去る tsuresaru
abfüllen	詰める tsumeru
abgeben	手渡す tewatasu
abgewöhnen	やめさせる yamesaseru
abgrenzen	別な立場を取る betsuna tachiba o toru
abhaken	チェックマークをつける chekku māku o tsukeru
abhalten	妨げる samatageru
abhärten	鍛える kitaeru
abhauen	逃げ出す nigedasu
abheben	取る toru
abholen	迎えに行く mukae ni iku
abklären	明らかにする akiraka ni suru
abklingen	しだいに弱まる shidai ni yowamaru
abkochen	ゆでる yuderu
abkühlen	冷やす hiyasu
abkürzen	短縮する tanshuku suru
abladen	下ろす orosu
ablaufen	期限が切れる kigen ga kireru
ablecken	なめて取る namete toru
ablegen	取り去る torisaru
ablehnen	拒否する kyohi suru
ablenken	そらす sorasu
abmagern	やせる yaseru
abmalen	模写する mosha suru
abmelden	去ることを届け出る sarukoto o todokederu
abmessen	測定する sokutei suru
abnehmen	減量する genryō suru
abnutzen	消耗する shōmō suru
abonnieren	購読する kōdoku suru
abprallen	はね返る hanekaeru
abputzen	拭いてきれいにする fuite kirei ni suru
abraten	思いとどまらせる omoi todomaraseru
abräumen	片付ける katazukeru
abreagieren	発散させる hassan saseru
abrechnen	最終計算をする saishū keisan o suru
abregen	落ち着く ochitsuku
abreisen	旅に出る tabini deru
abreißen	ひきはがす hikihagasu
abrunden	端数を丸める hasū o marumeru
abrutschen	滑る suberu

absagen	取りやめにする toriyame ni suru
abschaffen	廃止する haishi suru
abschalten	電源を切る dengen o kiru
abschätzen	査定する satei suru
abschauen	学び取る manabitoru
abschicken	発送する hassō suru
abschleppen	けん引する kenin suru
abschließen	閉める shimeru
abschminken	化粧を落とす keshō o otosu
abschneiden	切り取る kiritoru
abschreiben	書き写す kakiutsusu
abschwächen	和らげる yawarageru
abschweifen	わきへそれる waki e soreru
abschwellen	弱まる yowamaru
absehen	見合わせる miawaseru
absenden	発送する hassō suru
absetzen	取り外す torihazusu
absichern	守る mamoru
absinken	沈む shizumu
abspeichern	保存する hozon suru
abspielen	行われる okonawareru
abspringen	飛び降りる tobioriru
abspülen	食器洗いをする shokki arai o suru
abstammen	系統を引く keitō o hiku
abstehen	突き出ている tsukidete iru
abstellen	下に置く shita ni oku
absterben	死ぬ shinu
abstimmen	投票する tōhyō suru
abstoßen	不快感を起こさせる fukaikan o okosaseru
abstreiten	否認する hinin suru
abstumpfen	鈍くなる nibuku naru
abstürzen	墜落する tsuiraku suru
abstützen	支える sasaeru
absuchen	捜索する sōsaku suru
abtreiben	堕胎する tadai suru
abtrocknen	ふく fuku
abtropfen	水切りをする mizukiri o suru
abverlangen	要求する yōkyū suru
abwägen	慎重に比較する shinchō ni hikaku suru
abwarten	到着を待つ tōchaku o matsu
abwaschen	きれいに洗う kirei ni arau
abwechseln	交代する kōtai suru
abwehren	跳ね返す hane kaesu
abweichen	外れる hazureru
abweisen	退ける shirizokeru
abwerten	引き下げる hikisageru
abwischen	ふき取る fukitoru
abzahlen	返済する hensai suru
abziehen	引き抜く hiki nuku
achten	尊重する sonchō suru
ächzen	うめく umeku
addieren	足す tasu
adoptieren	養子にする yōshi ni suru
adressieren	宛て名を書く atena o kaku
agieren	行動する kōdō suru
ähneln	似ている niteiru
ahnen	予感する yokan suru

aktivieren	活発にする kappatsu ni suru
aktualisieren	最新のものにする saishin no mono ni suru
akzeptieren	受け入れる ukeireru
alarmieren	急を知らせる kyū o shiraseru
amputieren	切断する setsudan suru
amüsieren	楽しませる tanoshimaseru
analysieren	分析する bunseki suru
anbauen	栽培する saibai suru
anbeten	崇拝する sūhai suru
anbiedern	なれなれしく近づく narenareshiku chikazuku
anbieten	提供する teikyō suru
anblicken	見つめる mitsumeru
anbrüllen	大声でどなる ōgoe de donaru
andauern	持続する jizoku suru
ändern	変える kaeru
andeuten	暗示する anji suru
androhen	脅迫する kyōhaku suru
aneignen	習得する shūtoku suru
anekeln	吐き気を催させる hakike o moyōsaseru
anerkennen	高く評価する takaku hyōka suru
anfangen	始める hajimeru
anfassen	触る sawaru
anfertigen	作り上げる tsukuriageru
anfeuern	励ます hagemasu
anflehen	懇願する kongan suru
anfordern	要求する yōkyū suru
anfreunden	親しくなる shitashiku naru
anfühlen	触ってみる sawatte miru
anführen	先頭に立つ sentō ni tatsu
angeben	自慢する jiman suru
angehören	所属する shozoku suru
angeln	釣る tsuru
angewöhnen	習慣づける shūkan zukeru
angleichen	適応させる tekiō saseru
angreifen	攻撃する kōgeki suru
ängstigen	怖がらせる kowagaraseru
angucken	見る miru
anhaben	身に着けている mi ni tsukete iru
anhalten	止める tomeru
anhängen	結び付いている musubitsuite iru
anhimmeln	夢中になる muchū ni naru
anhören	耳を傾ける mimi o katamukeru
anklagen	非難する hinan suru
ankleben	貼り付ける haritsukeru
anklicken	クリックする kurikku suru
anklopfen	ノックする nokku suru
anknüpfen	関係を結ぶ kankei o musubu
ankommen	到着する tōchaku suru
ankreuzen	×印をつける batsujirushi o tsukeru
ankündigen	予告する yokoku suru
anlächeln	ほほえみかける hohoemi kakeru
anlachen	笑いかける warai kakeru
anlehnen	もたせかける motase kakeru
anleiten	指導する shidō suru

anlocken	ひきつける hikitsukeru
anlügen	嘘をつく uso o tsuku
anmachen	つける tsukeru
anmaßen	不当に行使する futō ni kōshi suru
anmelden	告げる tsugeru
anmerken	コメントを述べる komento o noberu
annähern	近づく chikazuku
annehmen	仮定する katei suru
annullieren	無効にする mukō ni suru
anordnen	配置する haichi suru
anpacken	飛びかかる tobikakaru
anpassen	適合させる tekigō saseru
anpflanzen	植える ueru
anprobieren	試着する shichaku suru
anreden	話しかける hanashi kakeru
anrufen	電話をかける denwa o kakeru
ansagen	告げる tsugeru
ansammeln	集める atsumeru
anschalten	スイッチを入れる suicchi o ireru
anschauen	じっくり見る jikkuri miru
anschieben	押して動かす oshite ugokasu
anschleichen	忍び寄る shinobi yoru
anschließen	つなぐ tsunagu
anschmiegen	密着させる micchaku saseru
anschnallen	固定する kotei suru
anschnauzen	どなりつける donari tsukeru
anschreien	大声で呼びかける ōgoe de yobikakeru
anschuldigen	告発する kokuhatsu suru
anschweigen	黙って見つめる damatte mitsumeru
anschwellen	膨れる fukureru
anschwindeln	欺く azamuku
ansehen	見つめる mitsumeru
anspannen	ぴんと張る pin to haru
anspielen	ほのめかす honomekasu
anspitzen	とがらせる togaraseru
anspornen	激励する gekirei suru
ansprechen	話しかける hanashi kakeru
anspringen	始動する shidō suru
anspucken	つばを吐きかける tsuba o hakikakeru
anstarren	じっと見つめる jitto mitsumeru
anstecken	うつす utsusu
anstehen	並ぶ narabu
ansteigen	上がる agaru
anstellen	列に並ぶ retsu ni narabu
anstimmen	歌い始める utai hajimeru
anstoßen	ぶつかる butsukaru
anstrahlen	照らす terasu
anstreben	得ようと努力する eyō to doryoku suru
anstreichen	塗る nuru
anstrengen	頑張る ganbaru
antreffen	ばったり会う battari au
antreiben	駆りたてる karitateru
antreten	始める hajimeru
antun	危害を加える kigai o kuwaeru
antworten	答える kotaeru

anvertrauen	打ち明ける uchiakeru
anweisen	指導する shidō suru
anwenden	使用する shiyō suru
anwidern	吐き気を催させる hakike o moyōsaseru
anzeigen	示す shimesu
anziehen	身につける mi ni tsukeru
anzünden	火をつける hi o tsukeru
anzweifeln	疑う utagau
applaudieren	拍手する hakushu suru
arbeiten	働く hataraku
ärgern	怒らせる okoraseru
atmen	呼吸する kokyū suru
aufarbeiten	見直す minaosu
aufatmen	ほっとする hotto suru
aufbauen	組み立てる kumitateru
aufbewahren	保存する hozon suru
aufblasen	膨らます fukuramasu
aufbleiben	起きている okite iru
aufbrauchen	使い果たす tsukai hatasu
aufbrausen	かっとなる kattonaru
aufbrechen	出発する shuppatsu suru
aufbringen	奮い起こす furuiokosu
aufdecken	明らかにする akiraka ni suru
aufdrängen	押し付ける oshitsukeru
aufdrehen	ひねって開ける hinette akeru
aufeinander-folgen	連続する renzoku suru
aufessen	残さず食べる nokosazu taberu
auffallen	目立つ medatsu
auffangen	受け止める uketomeru

auffassen	解釈する kaishaku suru
auffordern	要求する yōkyū suru
aufführen	演奏する ensō suru
aufgeben	あきらめる akirameru
aufgreifen	取り上げる toriageru
aufhaben	開いている aite iru
aufhalten	引き止める hikitomeru
aufhängen	掛ける kakeru
aufheben	拾い上げる hiroi ageru
aufhetzen	駆り立てる karitateru
aufholen	遅れを取り戻す okure o torimodosu
aufhören	やめる yameru
aufkleben	貼り付ける haritsukeru
aufladen	充電する jyūden suru
auflassen	開けたままにしておく aketa mama ni shiteoku
auflauern	待ち伏せする machibuse suru
aufleben	復活する fukkatsu suru
auflehnen	反抗する hankō suru
auflockern	ほぐす hogusu
auflösen	解散する kaisan suru
aufmachen	開ける akeru
aufmuntern	元気づける genki zukeru
aufnehmen	録画する rokuga suru
aufpassen	注意を払う chūi o harau
aufplatzen	裂ける sakeru
aufpumpen	ポンプで空気を入れる ponpu de kūki o ireru
aufraffen	立ち上がる tachiagaru
aufräumen	片付ける katazukeru

aufrechterhal-ten	維持する iji suru
aufregen	かき乱す kakimidasu
aufrunden	切り上げる kiriageru
aufsammeln	拾い集める hiroiatsumeru
aufschieben	延期する enki suru
aufschließen	鍵を開ける kagi o akeru
aufschreiben	書き留める kakitomeru
aufspringen	ぱっと開く patto hiraku
aufstacheln	駆り立てる karitateru
aufstehen	起きる okiru
aufstellen	立てる tateru
aufstützen	もたせかける motasekakeru
aufsuchen	行く iku
auftauchen	浮上する fujō suru
aufteilen	分ける wakeru
auftragen	塗る nuru
auftreiben	見つけ出す mitsukedasu
auftreten	現れる arawareru
aufwachen	覚める sameru
aufwachsen	成長する seichō suru
aufwärmen	温め直す atatamenaosu
aufwecken	目を覚まさせる me o samasaseru
aufweichen	柔らかくする yawarakaku suru
aufweisen	見せる miseru
aufwischen	拭き取る fukitoru
aufwühlen	かき立てる kakitateru
aufzählen	数え上げる kazoeageru
aufzeichnen	記録する kiroku suru
aufzeigen	示す shimesu

aufzwingen	押し付ける oshitsukeru
ausarbeiten	仕上げる shiageru
ausatmen	吐き出す hakidasu
ausbessern	修理する shūri suru
ausbleiben	来ない konai
ausbrechen	脱出する dasshutsu suru
ausbreiten	広げる hirogeru
ausdehnen	拡大する kakudai suru
ausdenken	考え出す kangaedasu
auseinander-brechen	割る waru
ausfallen	取りやめになる toriyame ni naru
ausfragen	質問する shitsumon suru
ausfüllen	埋める umeru
ausgeben	使う tsukau
ausgehen	外出する gaishutsu suru
ausgleichen	埋める umeru
aushaben	終えている oeteiru
aushalten	耐える taeru
aushelfen	助ける tasukeru
auskennen	勝手が分かっている katte ga wakatteiru
auskommen	うまくやっていく umaku yatte iku
auslachen	笑いとばす waraitobasu
auslaufen	漏れる moreru
ausleeren	空にする kara ni suru
ausleihen *von jemandem*	借りる kariru
ausloggen	ログオフする loguofu suru

auslösen	作動させる sadō saseru
ausmachen	消す kesu
ausmalen	想像する sōzō suru
ausmessen	測る hakaru
ausnutzen	利用する riyō suru
auspacken	取り出す toridasu
ausplaudern	漏らす morasu
auspressen	搾り出す shiboridasu
ausprobieren	試す tamesu
ausrasten	頭がおかしくなる atama ga okashiku naru
ausrauben	ぜんぶ奪い取る zenbu ubaitoru
ausrechnen	算出する sanshutsu suru
ausreden	あきらめさせる akirame saseru
ausreichen	足りる tariru
ausreisen	出国する shukkoku suru
ausrichten	伝える tsutaeru
ausruhen	休む yasumu
ausrutschen	滑って転ぶ subette korobu
ausschalten	スイッチを消す suicchi o kesu
ausscheiden	敗退する haitai suru
ausschimpfen	叱りつける shikaritsukeru
ausschlafen	十分に眠る jūbun ni nemuru
ausschließen	除外する jyogai suru
ausschneiden	切り取る kiritoru
aussehen	見える mieru
äußern	述べる noberu
aussetzen	止まる tomaru
aussprechen	発音する hatsuon suru
ausstehen	耐える taeru
aussteigen	降りる oriru
aussterben	絶滅する zetsumetsu suru
ausstrecken	伸ばす nobasu
aussuchen	選び出す erabidasu
austauschen	交換する kōkan suru
austeilen	分け与える wakeataeru
austoben	暴れ回る abaremawaru
austreten	離れる hanareru
austricksen	だます damasu
austrinken	飲み干す nomihosu
ausüben	実施する jisshi suru
auswählen	選択する sentaku suru
auswandern	移住する ijū suru
auswaschen	洗い落とす araiotosu
auswechseln	取り替える torikaeru
ausweichen	よける yokeru
auswerten	分析する bunseki suru
auswirken	効果を現す kōka o arawasu
auszählen	集計する shūkei suru
auszeichnen	表彰する hyōshō suru
ausziehen	脱ぐ nugu

B

babysitten	子守りをする komori o suru
backen	焼く yaku
baden	水浴びする mizuabi suru
baggern	レシーブする reshību suru
basteln	工作をする kōsaku o suru
bauen	建設する kensetsu suru
beabsichtigen	意図する ito suru
beachten	注意を払う chūi o harau
beängstigen	心配させる shinpai saseru
beanspruchen	...をとる ... o toru
beantragen	申請する shinsei suru
beantworten	答える kotaeru
bearbeiten	取り扱う toriatsukau
beatmen	人工呼吸を施す jinkō kokyū o hodokosu
beaufsichtigen	監督する kantoku suru
beauftragen	委託する itaku suru
bedanken	感謝する kansha suru
bedauern	後悔する koukai suru
bedecken	覆う ōu
bedenken	考慮する kōryo suru
bedeuten	意味する imi suru
bedienen	奉仕する hōshi suru
bedrängen	攻め立てる semetateru
bedrohen	脅かす obiyakasu
bedrücken	憂鬱にさせる yūutsu ni saseru
beeilen	急がせる isogaseru
beeindrucken	感動させる kandō saseru
beeinflussen	影響を与える eikyō o ataeru
beeinträchtigen	侵害する shingai suru
beenden	終える oeru
beerdigen	埋葬する maisō suru
befassen	携わる tazusawaru
befehlen	命令する meirei suru
befestigen	固定する kotei suru
befeuchten	湿らせる shimeraseru
befinden	ある aru
befolgen	従う shitagau
befragen	尋ねる tazuneru
befreien	解放する kaihō suru
befriedigen	満足させる manzoku saseru
befruchten	受精させる jyusei saseru
befürchten	恐れる osoreru
befürworten	支持する shiji suru
begegnen	出会う deau
begehen	犯す okasu
begehren	要求する yōkyū suru
begeistern	感激させる kangeki saseru
beginnen	始める hajimeru
begleiten	同行する dōkō suru
beglückwünschen	祝辞を述べる shukuji o noberu
begraben	葬る hōmuru
begreifen	理解する rikai suru
begrenzen	制限する seigen suru
begründen	弁明する benmei suru
begrüßen	歓迎する kangei suru
begünstigen	優遇する yūgū suru
begutachten	評価する hyōka suru

behalten	保つ tamotsu
behandeln	扱う atsukau
beharren	言い張る iiharu
behaupten	主張する shuchō suru
beheben	取り除く torinozoku
behelfen	何とかやっていく nantoka yatte iku
beherrschen	抑制する yokusei suru
beherzigen	心に留める kokoro ni tomeru
behindern	妨害する bōgai suru
behüten	保護する hogo suru
beibehalten	保持する hoji suru
beibringen	教える oshieru
beichten	懺悔する zange suru
beifügen	同封する dōfū suru
beinhalten	含む fukumu
beipflichten	賛成する sansei suru
beirren	動揺させる dōyō saseru
beißen	噛む kamu
beistehen	援助する enjyo suru
beitragen	貢献する kōken suru
beitreten	加入する kanyū suru
bejahen	肯定する kōtei suru
bejubeln	熱狂して迎える nekkyō shite mukaeru
bekämpfen	戦う tatakau
bekehren	転向させる tenkō saseru
bekennen	告白する kokuhaku suru
beklagen	愚痴をこぼす guchi o kobosu
bekleckern	染みを付ける shimi o tsukeru
bekommen	受け取る uketoru
bekräftigen	確証する kakushō suru
beladen	積み込む tsumikomu
belasten	責任を負わせる sekinin o owaseru
belästigen	しつこく付きまとう shitsukoku tsukimatou
belauschen	盗み聞きをする nusumigiki o suru
beleidigen	侮辱する bujoku suru
bellen	ほえる hoeru
belohnen	報酬を与える hōshū o ataeru
belügen	嘘をつく uso o tsuku
bemerken	気付く kizuku
bemitleiden	同情する dōjō suru
bemühen	努力する doryoku suru
benachrich-tigen	知らせる shiraseru
benehmen	振る舞う furumau
beneiden	うらやむ urayamu
benennen	名前をつける namae o tsukeru
benoten	成績を付ける seiseki o tsukeru
benötigen	必要とする hitsuyō to suru
beobachten	観察する kansatsu suru
beraten	助言する jyogen suru
berechnen	計算する keisan suru
bereden	協議する kyōgi suru
bereiten	引き起こす hikiokosu
bereithalten	準備できている jyunbi dekiteiru
bereitmachen	用意をする yōi o suru
bereuen	後悔する kōkai suru
berichten	報告する hōkoku suru

berichtigen	訂正する teisei suru
berücksichtigen	考慮に入れる kōryo ni ireru
beruhigen	落ち着かせる ochitsukaseru
berühren	触れる fureru
beschädigen	損傷する sonshō suru
beschaffen	手に入れる te ni ireru
beschäftigen	...で忙しくする … de isogashiku suru
bescheinigen	証明する shōmei suru
beschenken	贈り物をする okurimono o suru
beschimpfen	罵倒する batō suru
beschleunigen	加速する kasoku suru
beschließen	決定する kettei suru
beschmutzen	汚す yogosu
beschränken	制限する seigen suru
beschreiben	説明する setsumei suru
beschuldigen	責める semeru
beschützen	守る mamoru
beschweren	苦情を言う kujō o yū
beseitigen	排除する haijyo suru
besetzen	占有する senyū suru
besichtigen	見物する kenbutsu suru
besiegen	負かす makasu
besitzen	所有する shoyū suru
besorgen	入手する nyūshu suru
besprechen	話し合う hanashiau
bestätigen	確認する kakunin suru
bestatten	葬る hōmuru
bestaunen	感服する kanpuku suru
bestehen	合格する gōkaku suru
bestellen	注文する chūmon suru
bestimmen	決める kimeru
bestrafen	罰する bassuru
bestreiten	否定する hitei suru
besuchen	訪問する hōmon suru
betätigen	操作する sōsa suru
betäuben	感覚を麻痺させる kankaku o mahisaseru
beteiligen	参加する sanka suru
beten	祈る inoru
beteuern	誓う chikau
betonen	強調する kyōchō suru
betören	魅了する miryō suru
betrachten	じっと眺める jitto nagameru
betreuen	世話をする sewa o suru
betrügen	裏切る uragiru
betteln	物乞いする monogoi suru
beugen	曲げる mageru
beunruhigen	不安にする fuan ni suru
beurteilen	判断する handan suru
bevorzugen	優遇する yūgū suru
bewachen	監視する kanshi suru
bewaffnen	武装する busō suru
bewältigen	克服する kokufuku suru
bewegen	動かす ugokasu
beweisen	証拠を示す shōko o shimesu
bewerben	応募する ōbo suru
bewerten	評価する hyōka suru
bewirken	生じさせる shōji saseru
bewohnen	住む sumu

bewundern	称賛する	shōsan suru
bezahlen	支払う	shiharau
bezeichnen	呼ぶ	yobu
bezweifeln	疑う	utagau
biegen	曲げる	mageru
bieten	提供する	teikyō suru
bilden	形成する	keisei suru
bitten	頼む	tanomu
blamieren	恥をかかせる	haji o kakaseru
blasen	吹く	fuku
bleiben	とどまる	todomaru
blenden	目をくらませる	me o kuramaseru
blinken	またたく	matataku
blinzeln	まばたきする	mabataki suru
blitzen	輝く	kagayaku
blockieren	遮断する	shadan suru
blühen	花が咲く	hana ga saku
bluten	出血する	shukketsu suru
bohren	穴を開ける	ana o akeru
boxen	殴る	naguru
boykottieren	ボイコットする	boikotto suru
braten	炒める	itameru
brauchen	必要とする	hitsuyō to suru
brechen	折る	oru
bremsen	ブレーキをかける	burēki o kakeru
brennen	燃焼する	nenshō suru
bringen	持って来る	mottekuru
bröckeln	粉々に砕ける	konagona ni kudakeru
brüllen	叫ぶ	sakebu
brummen	ブンブンうなる	bunbun unaru
brüten	卵を抱く	tamago o daku
buchen	予約する	yoyaku suru
buchstabieren	字をつづる	ji o tsuzuru
bücken	身をかがめる	mi o kagameru
bügeln	アイロンをかける	airon o kakeru
bummeln	ぶらぶら歩く	burabura aruku
bürsten	ブラシをかける	burashi o kakeru

C

campen	キャンプをする kyanpu o suru
charakterisie-ren	特徴づける tokuchō zukeru
chatten	チャットする chatto suru

D

dableiben	立ち去らずにいる tachisarazu ni iru
danebenbeneh-men	無作法に振る舞う busahō ni furumau
danken	礼を言う rei o yū
darstellen	表す arawasu
dastehen	立っている tatteiru
dauern	長持ちする nagamochi suru
decken	覆う ōu
dehnen	引き伸ばす hikinobasu
dementieren	否認する hinin suru
demonstrieren	デモをする demo o suru
demütigen	屈辱を与える kutsujoku o ataeru
denken	考える kangaeru
deprimieren	気分をめいらせる kibun o meiraseru
desinfizieren	消毒する shōdoku suru
deuten	解釈する kaishaku suru
dienen	仕える tsukaeru
diskriminieren	差別する sabetsu suru
diskutieren	議論する giron suru
disqualifizieren	資格を剥脱する shikaku o hakudatsu suru
distanzieren	距離を置く kyori o oku
dividieren	割る waru
donnern	雷が鳴る kaminari ga naru
dosieren	量り分ける hakariwakeru
downloaden	ダウンロードする daunrōdo suru
dramatisieren	劇化する gekika suru

dranbleiben	その場にとどまる sonobani todomaru
drängeln	押し分けて進む oshiwakete susumu
drängen	押しのける oshinokeru
drankommen	順番になる junban ni naru
drehen	回す mawasu
drohen	脅す odosu
drucken	印刷する insatsu suru
drücken	押す osu
ducken	かがみ込む kagami komu
duften	におう niou
dulden	許容する kyoyō suru
durchdenken	じっくりと考える jikkuri to kangaeru
durcheinander-bringen	めちゃくちゃにする mechakucha ni suru
durchführen	実行する jikkō suru
durchsagen	アナウンスする anaunsu suru
durchschauen	見抜く minuku
durchsetzen	押し通す oshitōsu
durchsickern	しみ出る shimi deru
durchstöbern	くまなく捜す kumanaku sagasu
durchstreichen	線を引いて消す sen o hiitekesu
durchwühlen	苦労して切り抜ける kurō shite kirinukeru
durchziehen	実現させる jitsugen saseru
dürfen	。。。していい …shiteii
duschen	シャワーを浴びる shawā o abiru
duzen	「du」で話しかける „du“ de hanashi kakeru

E

ebnen	平らにする taira ni suru
ehren	敬意を表する keii o hyō suru
eignen	適している tekishite iru
eilen	急いで行く isoide iku
einatmen	吸い込む suikomu
einbilden	思い込む omoi komu
einbrechen	押し入る oshiiru
einchecken	チェックインする chekkuin suru
eincremen	クリームを塗る kurīmu o nuru
eindringen	入り込む hairikomu
eindrücken	押し込む oshikomu
einengen	制限する seigen suru
einfädeln	糸を通す ito o tōsu
einfahren	入る hairu
einfallen	思いつく omoitsuku
einfangen	捕まえる tsukamaeru
einfügen	挿入する sōnyū suru
einfühlen	気持ちを理解する kimochi o rikai suru
einführen	紹介する shōkai suru
eingeben	入力する nyūryoku suru
eingestehen	認める mitomeru
eingreifen	介入する kainyū suru
eingrenzen	限定する gentei suru
einholen	取り戻す torimodosu
einigen	合意する gōi suru
einkaufen	買い物をする kaimono o suru
einkleben	貼り付ける haritsukeru
einklemmen	挟む hasamu

einladen	招待する	shōtai suru
einleben	住み慣れる	suminareru
einlenken	折れる	oreru
einleuchten	理解できる	rikai dekiru
einliefern	収容する	shūyō suru
einloggen	ログインする	roguin suru
einlösen	換金する	kankin suru
einmischen	口を出す	kuchi o dasu
einordnen	分類する	bunrui suru
einpacken	包む	tsutsumu
einparken	駐車する	chūsha suru
einpflanzen	植える	ueru
einplanen	計画に入れる	keikaku ni ireru
einprägen	教え込む	oshie komu
einräumen	譲る	yuzuru
einreden	説得する	settoku suru
einreiben	擦り込む	surikomu
einreisen	入国する	nyūkoku suru
einrosten	錆びつく	sabitsuku
einschalten	。。。をつける	… o tsukeru
einschätzen	査定する	satei suru
einschenken	注ぐ	sosogu
einschlafen	寝入る	neiru
einschließen	閉じ込める	tojikomeru
einschränken	節減する	setsugen suru
einschreiten	口を挟む	kuchi o hasamu
einschüchtern	おびえさせる	obie saseru
einschulen	学校に入れる	gakkō ni ireru
einsehen	のぞくことができる	nozokukoto ga dekiru
einsetzen	。。。のために尽くす	…no tameni tsukusu
einsperren	閉じ込める	tojikomeru
einspringen	代理を務める	dairi o tsutomeru
einstecken	差し込む	sashikomu
einsteigen	乗る	noru
einstellen	採用する	saiyō suru
einstürzen	崩壊する	hōkai suru
eintauchen	浸す	hitasu
einteilen	配分する	haibun suru
eintragen	記入する	kinyū suru
eintreffen	着く	tsuku
eintreten	入る	hairu
einwandern	移住する	ijyū suru
einwechseln	替える	kaeru
einweichen	柔らかくする	yawarakaku suru
einweihen	落成式を行う	rakuseishiki o okonau
einweisen	入れるよう指示する	ireruyō shiji suru
einwenden	異議を唱える	igi o tonaeru
einwilligen	承諾する	shōdaku suru
einzahlen	払い込む	haraikomu
eitern	化膿する	kanō suru
ekeln	嫌でたまらない	iyade tamaranai
empfangen	受け取る	uketoru
empfehlen	紹介する	shōkai suru
empfinden	感じる	kanjiru
enden	終わる	owaru
entdecken	発見する	hakken suru

entfachen	あおる aoru
entfallen	記憶から抜け落ちる kiokukara nukeochiru
entfernen	除去する jyokyo suru
entführen	誘拐する yūkai suru
entgegenbrin-gen	示す shimesu
entgegnen	返答する hentō suru
entgleisen	脱線する dassen suru
enthalten	含んでいる fukundeiru
entkommen	脱する dassuru
entlanggehen	沿って行く sotte iku
entlassen	解雇する kaiko suru
entlasten	緩和する kanwa suru
entlaufen	逃げ去る nigesaru
entscheiden	決定する kettei suru
entschließen	決心する kesshin suru
entschuldigen	謝る ayamaru
entsetzen	ぞっとさせる zotto saseru
entsorgen	ごみを処理する gomi o shorisuru
entspannen	リラックスする rirakkusu suru
entsprechen	適合する tekigō suru
entstehen	生まれる umareru
entstellen	形をくずす katachi o kuzusu
enttäuschen	失望させる shitsubō saseru
entwaffnen	武装解除する busōkaijyo suru
entweichen	逃れる nogareru
entwerfen	デザインする dezain suru
entwickeln	発展させる hatten saseru
erben	相続する sōzoku suru
erbrechen	吐く haku
ereignen	発生する hassei suru
erfahren	知る shiru
erfinden	発明する hatsumei suru
erforschen	調査する chōsa suru
erfrieren	凍死する tōshi suru
erfrischen	爽やかな気分になる sawayakana kibun ni naru
erfüllen	実現する jitsugen suru
ergänzen	補足する hosoku suru
ergeben	ゆだねる yudaneru
erhalten	受け取る uketoru
erhoffen	期待する kitai suru
erhöhen	上げる ageru
erholen	立ち直る tachinaoru
erinnern	覚えている oboeteiru
erkälten	風邪をひく kaze o hiku
erkennen	認識する ninshiki suru
erklären	説明する setsumei suru
erkundigen	問い合わせる toiawaseru
erlauben	許可する kyoka suru
erläutern	解説する kaisetsu suru
erleben	経験する keiken suru
erledigen	片付ける katazukeru
erleichtern	やりやすくする yariyasuku suru
erlösen	解放する kaihō suru
ermahnen	勧告する kankoku suru
ermitteln	突きとめる tsukitomeru
ermöglichen	可能にする kanō ni suru
ermorden	殺害する satsugai suru

ermuntern	促す unagasu
ermutigen	励ます hagemasu
ernähren	食べ物を与える tabemono o ataeru
ernennen	任命する ninmei suru
erneuern	新しくする atarashiku suru
ernten	収穫する shūkaku suru
eröffnen	開く hiraku
erpressen	恐喝する kyōkatsu suru
erregen	興奮する kōfun suru
erreichen	届く todoku
erscheinen	登場する tōjō suru
erschrecken	驚愕する kyōgaku suru
erschüttern	揺さぶる yusaburu
erschweren	困難にする konnan ni suru
ersetzen	交換する kōkan suru
erstaunen	驚かす odorokasu
ersticken	窒息する chissoku suru
ertappen	取り押させる toriosaeru
ertragen	耐える taeru
ertrinken	溺れる oboreru
erwähnen	言及する genkyū suru
erwarten	待ち受ける machiukeru
erwidern	答える kotaeru
erwürgen	絞め殺す shimekorosu
erzählen	話して聞かせる hanashite kikaseru
erzeugen	製造する seizō suru
erziehen	教育する kyōiku suru
erzwingen	強要する kyōyō suru
essen	食べる taberu
existieren	存在する sonzai suru
explodieren	爆発する bakuhatsu suru

F

fahren	運転する unten suru
fallen	落ちる ochiru
fälschen	偽造する gizō suru
falten	折る oru
fangen	捕らえる toraeru
färben	染める someru
fassen	つかむ tsukamu
fasten	絶食する zesshoku suru
faszinieren	魅了する miryō suru
faulen	腐る kusaru
faulenzen	怠ける namakeru
fechten	争う arasou
fegen	箒で掃く hōki de haku
fehlen	欠けている kakete iru
feiern	祝う iwau
feilen	やすりをかける yasuri o kakeru
fernsehen	テレビを見る terebi o miru
fernsteuern	遠隔操作する enkakusōsa suru
fertigmachen	消耗させる shōmō saseru
fesseln	縛る shibaru
festhalten	しっかりつかまる shikkari tsukamaru
festnehmen	逮捕する taiho suru
feststehen	確実である kakujitsu de aru
feststellen	確定する kakutei suru
filmen	撮影する satsuei suru
filtern	ろ過する roka suru
finanzieren	資金を出す shikin o dasu
finden	見つける mitsukeru
flehen	嘆願する tangan suru
flicken	修繕する shūzen suru
fliegen	飛ぶ tobu
fliehen	逃亡する tōbō suru
fließen	流れる nagareru
flimmern	ちらちら光る chirachira hikaru
flirten	いちゃつく ichatsuku
fluchen	悪態をつく akutai o tsuku
flüchten	大急ぎで逃げる ōisogi de nigeru
flüstern	ささやく sasayaku
föhnen	ヘアドライヤーで乾かす headoraiyā de kawakasu
folgen	ついて行く tsuiteiku
folgern	結論する ketsuron suru
foltern	拷問する gōmon suru
fordern	要求する yōkyū suru
fördern	奨励する shōrei suru
formulieren	的確に述べる tekikaku ni noberu
forschen	研究する kenkyū suru
fortbilden	さらに勉強を続ける sarani benkyō o tsuzukeru
fortfahren	続ける tsuzukeru
fortsetzen	継続する keizoku suru
fotografieren	写真を撮る shashin o toru
fragen	質問する shitsumon suru
frankieren	切手を貼る kitte o haru
freigeben	釈放する shakuhō suru
freihaben	休みである yasumi de aru
freilassen	自由にする jiyū ni suru

freisprechen	無罪を言い渡す muzai o iiwatasu
fremdgehen	浮気をする uwaki o suru
fressen	食べる taberu
freuen	嬉しく思う ureshiku omou
frieren	凍える kogoeru
frühstücken	朝食を食べる chōshoku o taberu
frustrieren	幻滅させる genmetsu saseru
fühlen	感じる kanjiru
führen	案内する annai suru
füllen	満たす mitasu
funktionieren	機能する kinō suru
fürchten	恐れる osoreru

G

gähnen	あくびをする akubi o suru
garantieren	保証する hoshō suru
geben	与える ataeru
gefährden	危険にさらす kiken ni sarasu
gefallen	気に入る kiniiru
gehen	行く iku
gehorchen	従う shitagau
gehören	。。。のものである …no mono de aru
gelangen	到達する tōtatsu suru
gelingen	成功する seikō suru
gelten	適用される tekiyō sareru
genehmigen	認可する ninka suru
genesen	回復する kaifuku suru
genieren	恥ずかしがる hazukashigaru
genießen	楽しむ tanoshimu
genügen	十分である jūbun de aru
geschehen	起こる okoru
gestatten	許す yurusu
gestehen	告白する kokuhaku suru
gestikulieren	ジェスチャーで話す jesuchā de hanasu
gewinnen	勝つ katsu
gewittern	雷雨になる raiu ni naru
gewöhnen	慣れさせる naresaseru
gießen	水をやる mizu o yaru
glänzen	輝く kagayaku
glätten	なめらかにする nameraka ni suru
glauben	。。。と思う … to omou

gleichen	似ている niteiru
gleiten	滑る suberu
gliedern	構成する kōsei suru
glitzern	きらめく kirameku
glühen	白熱する hakunetsu suru
gönnen	喜んで認める yorokonde mitomeru
graben	掘る horu
gratulieren	お祝いを言う oiwai o yū
greifen	つかむ tsukamu
grenzen	隣接している rinsetsu shiteiru
grillen	グリルする guriru suru
grinsen	ニヤニヤ笑う niyaniya warau
grübeln	くよくよ考える kuyokuyo kangaeru
gründen	設立する setsuritsu suru
grunzen	ぶつぶつ不平を言う butsubutsu fuhei o yū
gruseln	ぞっとする zotto suru
grüßen	よろしくと伝える yoroshiku to tsutaeru
gucken	見る miru
gurgeln	うがいをする ugai o suru
gutmachen	償う tsugunau

H

haaren	毛が抜ける ke ga nukeru
haben	持っている motteiru
hacken	たたき割る tataki waru
hadern	不満を抱く fuman o idaku
hageln	あられが降る arare ga furu
häkeln	かぎ針で編む kagibari de amu
halbieren	半分にする hanbun ni suru
halten	つかんでいる tsukande iru
hämmern	ハンマーで打つ hanmā de utsu
handeln	行動をする kōdō o suru
handhaben	取り扱う toriatsukau
hängen	掛かっている kakatte iru
harmonieren	調和する chōwa suru
hassen	嫌う kirau
hauen	打つ utsu
heben	持ち上げる mochiageru
hecheln	荒い息をする arai iki o suru
heften	留める tomeru
hegen	大事にする daiji ni suru
heilen	治る naoru
heimfahren	家へ帰る ie e kaeru
heimzahlen	仕返をする shikaeshi o suru
heiraten	結婚する kekkon suru
heißen	。。。と呼ばれている ...to yobarete iru
heizen	暖房する danbō suru
helfen	助ける tasukeru
herausfordern	挑む idomu
herrschen	支配する shihai suru

hervorrufen	引き起こす hikiokosu
hetzen	急ぐ isogu
heucheln	ふりをする furi o suru
heulen	泣きわめく nakiwameku
hinken	片足を引きずって歩く kataashi o hikizutte aruku
hinrichten	死刑にする shikei ni suru
hinterfragen	裏を探る ura o saguru
hinweisen	指摘する shiteki suru
hinzufügen	付け加える tsuke kuwaeru
hobeln	薄切りにする usugiri ni suru
hocken	しゃがむ shagamu
hoffen	望む nozomu
holen	取ってくる tottekuru
hören	聞く kiku
humpeln	片足を引きずって歩く kataashi o hikizutte aruku
hungern	空腹である kūfuku de aru
hupen	警笛を鳴らす keiteki o narasu
hüpfen	ぴょんぴょん跳ぶ pyonpyon tobu
husten	咳をする seki o suru
hüten	番をする ban o suru
hypnotisieren	催眠術にかける saiminjutsu ni kakeru

I

identifizieren	身元を確かめる mimoto o tashikameru
ignorieren	無視する mushi suru
impfen	予防接種する yobōsesshu suru
infizieren	感染する kansen suru
informieren	知らせる shiraseru
innehaben	占める shimeru
inspirieren	刺激を与える shigeki o ataeru
installieren	設置する secchi suru
integrieren	統合する tōgō suru
interessieren	興味を持つ kyōmi o motsu
interpretieren	解釈する kaishaku suru
interviewen	インタビューする intabyū suru
investieren	投資する tōshi suru
irreführen	迷わせる mayowaseru
irren	間違える machigaeru
irritieren	困惑させる konwaku saseru
isolieren	隔離する kakuri suru

J

jagen	狩猟する shuryō suru
jammern	嘆く nageku
joggen	ジョギングする jogingu suru
jubeln	歓声をあげる kansei o ageru
jucken	かゆい kayui

K

kämmen	とかす tokasu
kämpfen	戦う tatakau
kapitulieren	降伏する kōfuku suru
kaputtgehen	壊れる kowareru
kassieren	集金する shūkin suru
kauen	かむ kamu
kauern	しゃがんでいる shagande iru
kaufen	買う kau
kehren	掃く haku
kehrtmachen	方向転換する hōkōtenkan suru
kennen	知っている shitteiru
kennzeichnen	印をつける shirushi o tsukeru
keuchen	息を切らす iki o kirasu
kichern	くすくす笑う kusukusu warau
kidnappen	誘拐する yūkai suru
kitzeln	くすぐる kusuguru
klaffen	ぽっかりと口を開ける pokkari to kuchi o akeru
klagen	訴える uttaeru
klammern	クリップで留める kurippu de tomeru
klappen	うまくいく umaku iku
klappern	ガタガタと鳴る gatagata to naru
klären	明らかにする akiraka ni suru
klargehen	順調に行く jyunchō ni iku
klarkommen	うまくやっていく umaku yatteiku
klatschen	拍手する hakushu suru
kleben	貼る haru

kleckern	こぼして汚す	koboshite yogosu
klettern	よじ登る	yojinoboru
klicken	クリックする	kurikku suru
klingeln	ベルを鳴らす	beru o narasu
klingen	聞こえる	kikoeru
klopfen	ノックする	nokku suru
knabbern	かじって食べる	kajitte taberu
knacken	ポキッと折る	pokitto oru
knallen	バタンと閉める	batan to shimeru
kneifen	つねる	tsuneru
kneten	こねる	koneru
knicken	折り曲げる	orimageru
knien	ひざをつく	hiza o tsuku
knirschen	ぎしぎし音を立てる	gishigishi oto o tateru
knistern	パチパチ音を立てる	pachipachi oto o tateru
knittern	しわになる	shiwa ni naru
knöpfen	ボタンを掛ける	botan o kakeru
knurren	うなる	unaru
kochen	料理する	ryōri suru
kombinieren	組み合わせる	kumiawaseru
kommen	来る	kuru
kommentieren	コメントする	komento suru
können	。。。することができる	...surukotoga dekiru
konstruieren	組み立てる	kumitateru
konsumieren	消費する	shōhi suru
kontrollieren	検査する	kensa suru
konzentrieren	集中する	shūchū suru
kooperieren	協力する	kyōryoku suru
koordinieren	調整する	chōsei suru
kopieren	コピーする	copī suru
korrigieren	訂正する	teisei suru
kosten	かかる	kakaru
krabbeln	はいはいする	haihai suru
krankmelden	病欠を届け出る	byōketsu o todokederu
kratzen	引っかく	hikkaku
kraulen	そっとなでる	sotto naderu
kräuseln	カールする	kāru suru
kreisen	旋回する	senkai suru
kreuzen	交差させる	kōsa saseru
kribbeln	むずむずする	muzumuzu suru
kriechen	はって進む	hatte susumu
kriegen	もらう	morau
kritisieren	批判する	hihansuru
krümeln	粉々になる	konagona ni naru
krümmen	曲げる	mageru
kühlen	冷やす	hiyasu
kümmern	面倒をみる	mendō o miru
kündigen	辞表を提出する	jihyō o teishutsu suru
kürzen	短くする	mijikaku suru
kuscheln	体を寄せる	karada o yoseru
küssen	キスする	kisu suru

L

lächeln	微笑む hohoemu
lachen	笑う warau
laden	積む tsumu
lagern	貯蔵する chozō suru
lähmen	まひしている mahi shiteiru
lahmlegen	まひさせる mahi saseru
landen	着く tsuku
langweilen	退屈させる taikutsu saseru
lassen	○○○させる ...saseru
lästern	悪口を言う waruguchi o yū
lauern	待ち伏せする machibuse suru
laufen	走る hashiru
läuten	鳴る naru
leben	生きている ikiteiru
lecken	なめる nameru
leeren	からにする kara ni suru
legen	寝かす nekasu
lehnen	寄りかかる yorikakaru
lehren	教える oshieru
leiden	苦しむ kurushimu
leihen *an jemanden*	貸す kasu
leisten	成し遂げる nashitogeru
leiten	先導する sendō suru
lenken	運転する unten suru
lernen	学ぶ manabu
lesen	読む yomu
leugnen	否定する hitei suru
lieben	愛する aisuru
liebkosen	愛撫する aibu suru
liefern	配達する haitatsu suru
liegen	横たわる yokotawaru
lispeln	舌足らずに話す shitatarazu ni hanasu
loben	ほめる homeru
locken	おびき寄せる obiki yoseru
lockern	ゆるめる yurumeru
löffeln	スプーンですくう supūn de sukuu
lohnen	価値がある kachiga aru
löschen	消す kesu
lösen	解決する kaiketsu suru
losfahren	出発する shuppatsu suru
loswerden	振り払う furiharau
lüften	換気する kanki suru
lügen	うそをつく uso o tsuku
lutschen	しゃぶる shaburu

M

machen	する suru
mahnen	警告する keikoku suru
mailen	メールで送る mēru de okuru
malen	描く egaku
manipulieren	操る ayatsuru
markieren	印をつける shirushi o tsukeru
massieren	マッサージする massāji suru
meditieren	瞑想する meisō suru
meiden	避ける sakeru
meinen	思う omou
meistern	マスターする masutā suru
melden	報告する hōkoku suru
merken	気付く kizuku
messen	測定する sokutē suru
miauen	ニャオと鳴く nyao to naku
mieten	借りる kariru
mindern	減らす herasu
mischen	混ぜる mazeru
missachten	無視する mushi suru
missbilligen	非難する hinan suru
missbrauchen	乱用する ranyō suru
missen	。。。なしで済ます …nashi de sumasu
missfallen	気に入らない kiniiranai
missglücken	失敗に終わる shippai ni owaru
misshandeln	虐待する gyakutai suru
misslingen	失敗する shippai suru
misstrauen	不信を抱く fushin o idaku
missverstehen	誤解する gokai suru
mitbekommen	知ってしまう shitte shimau
mitfahren	一緒に乗って行く issho ni notteiku
mitfühlen	共感する kyōkan suru
mitmachen	参加する sanka suru
mitteilen	伝える tsutaeru
mixen	混ぜ合わせる maze awaseru
mögen	好きである suki de aru
morden	人を殺す hito o korosu
motivieren	やる気にさせる yaruki ni saseru
multiplizieren	掛ける kakeru
murmeln	つぶやく tsubuyaku
müssen	。。。しなければならない …shinakereba naranai
mutmaßen	憶測する okusoku suru

N

nachahmen	まねる maneru
nachdenken	よく考えてみる yoku kangaetemiru
nachgeben	負ける makeru
nachholen	埋め合わせる umeawaseru
nachkommen	あとから来る/行く atokara kuru/iku
nachtragen	恨みに思う urami ni omou
nagen	かじる kajiru
nahekommen	親しくなる shitashiku naru
nahen	近づく chikazuku
nähen	縫う nuu
nähern	近づく chikazuku
nahestehen	親密な間柄である shinmitsuna aidagara de aru
naschen	甘いものを食べる amaimono o taberu
necken	からかう karakau
nehmen	取る toru
neiden	うらやむ urayamu
neigen	傾ける katamukeru
nennen	呼ぶ yobu
nerven	いらいらさせる iraira saseru
nicken	うなずく unazuku
niederknien	ひざまずく hizamazuku
niederlassen	定住する teijyū suru
nieseln	霧雨が降る kirisame ga furu
niesen	くしゃみをする kushami o suru
nörgeln	けちばかりつける kechi bakari tsukeru
nummerieren	番号をつける bangō o tsukeru
nuscheln	もごもごと話す mogomogo to hanasu

O

öffnen	開ける akeru
ölen	油を塗る abura o nuru
operieren	手術する shujyutsu suru
opfern	犠牲にする gisei ni suru
ordnen	整理する seiri suru
organisieren	企画準備する kikakujyunbi suru
orientieren	方向を正す hōkō o tadasu

P

packen	詰める tsumeru
paddeln	こぐ kogu
parken	駐車する chūsha suru
passen	ぴったり合う pittari au
passieren	起こる okoru
petzen	告げ口する tsugeguchi suru
pfeffern	コショウをふる koshō o furu
pfeifen	口笛を吹く kuchibue o fuku
pflanzen	植える ueru
pflegen	手入れをする teire o suru
pflücken	摘む tsumu
picknicken	ピクニックをする pikunikku o suru
piepen	ピーピー鳴る pīpī naru
piepsen	ピヨピヨ鳴く piyopiyo naku
plagen	苦しめる kurushimeru
planen	計画する keikaku suru
planschen	水をばしゃばしゃさせる mizu o bashabasha saseru
plappern	ぺちゃくちゃしゃべる pechakucha shaberu
platzen	破裂する haretsu suru
platzieren	配置する haichi suru
plaudern	おしゃべりする oshaberi suru
pleitegehen	破産する hasan suru
pokern	ポーカーをする pōkā o suru
posieren	ポーズをとる pōzu o toru
prägen	鋳造する chūzō suru
prahlen	自慢する jiman suru
prallen	衝突する shōtotsu suru

präsentieren	提示する teiji suru
pressen	加圧する kaatsu suru
probieren	試す tamesu
protestieren	抗議する kōgi suru
provozieren	引き起こす hikiokosu
prüfen	調べる shiraberu
prügeln	殴る naguru
pupsen	おならをする onara o suru
pusten	吹く fuku
putzen	きれいにする kirei ni suru

Q

quaken	ケロケロ鳴く kerokero naku
quälen	拷問する gōmon
qualmen	煙を出す kemuri o dasu
quengeln	だだをこねる dada o koneru
quieken	キーキー鳴く kīkī naku
quietschen	キーキーきしむ kīkī kishimu

R	
rächen	かたきを討つ kataki o utsu
radeln	自転車で走る jitensha de hashiru
rascheln	カサカサ音を立てる kasakasa oto o tateru
rasen	疾走する shissō suru
rasieren	ひげを剃る hige o soru
rasseln	ガチャガチャと音を立てる gachagacha to oto o tateru
raten	推測する suisoku suru
rätseln	あれこれ考える arekore kangaeru
rattern	ガタガタと音を立てる gatagata to oto o tateru
rauben	奪う ubau
rauchen	タバコを吸う tabako o sū
rauschen	さらさらと音を立てる sarasara to oto o tateru
räuspern	咳払いをする sekibarai o suru
rausschmeißen	追い出す oidasu
reagieren	反応する hannō suru
realisieren	実現する jitsugen suru
rebellieren	反抗する hankō suru
rechnen	計算する keisan suru
rechtfertigen	弁明する benmei suru
recyceln	リサイクルする risaikuru suru
reden	話す hanasu
regeln	規制する kisei suru
regen	動かす ugokasu
regieren	統治する tōji suru
registrieren	登録する tōroku suru

regnen	雨が降る ame ga furu
reiben	こする kosuru
reichen	十分である jūbun de aru
reimen	韻をを踏む in o fumu
reinigen	きれいにする kirei ni suru
reinlegen	ひっかける hikkakeru
reisen	旅行する ryokō suru
reißen	破る yaburu
reiten	乗る noru
reizen	そそる sosoru
rekeln	手足を伸ばす teashi o nobasu
rennen	駆ける kakeru
renovieren	改装する kaisō suru
reparieren	修理する shūri suru
reservieren	予約する yoyaku suru
respektieren	尊重する sonchō suru
retten	救助する kyūjo suru
revanchieren	復讐する fukushū suru
richtigstellen	正す tadasu
riechen	匂いがする nioi ga suru
riskieren	危険を冒す kiken o okasu
rollen	転がる korogaru
röntgen	レントゲン写真を撮る rentogen shashin o toru
rosten	錆びる sabiru
rubbeln	ごしごしこする goshigoshi kosuru
rückerstatten	払い戻す harai modosu
rudern	ボートをこぐ bōto o kogu
rufen	呼ぶ yobu
ruhen	休む yasumu

rühren	かき混ぜる kakimazeru
ruinieren	破滅する hametsu suru
rutschen	滑る suberu
rütteln	揺する yusuru

S

sagen	言う yū
sägen	鋸で切る nokogiri de kiru
salzen	塩を加える shio o kuwaeru
sammeln	集める atsumeru
säubern	汚れを取る yogore o toru
saugen	吸う suu
schaden	だめにする dameni suru
schaffen	成しとげる nashi togeru
schälen	むく muku
schalten	切り替える kirikaeru
schämen	恥じる hajiru
schätzen	。。。と思う …to omō
schauen	見る miru
schaufeln	シャベルですくう shaberu de sukū
schaukeln	ブランコに乗る buranko ni noru
schäumen	泡立つ awadatsu
scheinen	。。。のように見える …no yōni mieru
scheitern	挫折する zasetsu suru
schenken	プレゼントする purezento suru
scherzen	冗談を言う jōdan o yū
scheuchen	追い払う oiharau
scheuen	しりごみする shirigomi suru
schicken	送る okuru
schieben	押しやる oshiyaru
schiefgehen	うまくいかない umaku ikanai
schielen	斜視である shashi de aru
schießen	撃つ utsu

schildern	描写する byōsha suru
schimmeln	かびが生える kabi ga haeru
schimpfen	叱る shikaru
schlafen	寝る neru
schlagen	たたく tataku
schlecken	なめる nameru
schleichen	こっそり歩く kossori aruku
schleppen	ひっぱっていく hippatte iku
schließen	閉じる tojiru
schluchzen	むせび泣く musebi naku
schlucken	飲み込む nomikomu
schlüpfen	素早く着る subayaku kiru
schmarotzen	居候する isōrō suru
schmatzen	ピチャピチャ音をたてる pichapicha oto o tateru
schmecken	味がする ajiga suru
schmeißen	投げる nageru
schmelzen	溶ける tokeru
schmerzen	痛む itamu
schminken	化粧をする keshō o suru
schmollen	すねる suneru
schmücken	飾る kazaru
schmunzeln	ニヤッと笑う niyatto warau
schnarchen	いびきをかく ibiki o kaku
schnauben	荒い鼻息を立てる arai hanaiki o tateru
schnaufen	荒い息遣いをする arai ikizukai o suru
schneiden	切る kiru
schneien	雪が降る yuki ga furu

schnurren	喉をゴロゴロいわせる nodo o gorogoro iwaseru
schocken	ショックを与える shokku o ataeru
schockieren	びっくりさせる bikkuri saseru
schonen	いたわる itawaru
schrauben	ねじる nejiru
schreiben	書く kaku
schreien	叫ぶ sakebu
schubsen	押す osu
schummeln	ごまかす gomakasu
schütteln	揺さぶる yusaburu
schütten	注ぐ sosogu
schützen	守る mamoru
schwächen	弱める yowameru
schwanken	ぐらつく guratsuku
schwänzen	さぼる saboru
schwärmen	熱を上げる netsu o ageru
schwarzfahren	無賃乗車する muchinjyōsha suru
schweben	漂う tadayou
schweigen	黙っている damatteiru
schwerfallen	困難である konnan de aru
schwimmen	泳ぐ oyogu
schwindeln	うそをつく uso o tsuku
schwingen	揺れる yureru
schwirren	ブンブンと音を出す bunbun to oto o dasu
schwitzen	汗をかく ase o kaku
schwören	誓う chikau
segeln	帆走する hansō suru

sehen	見える mieru
sehnen	切望する setsubō suru
sein	。。。である …de aru
senden	送る okuru
senken	下げる sageru
servieren	食事を出す shokuji o dasu
setzen	座る suwaru
seufzen	ため息をつく tameiki o tsuku
sichergehen	確実な方法をとる kakujitsuna hōhō o toru
sichern	守る mamoru
sicherstellen	保障する hoshō suru
siegen	勝つ katsu
siezen	「Sie」で話しかける “Sie“ de hanashi kakeru
simsen	ショートメールを送る shōtomēru o okuru
singen	歌う utau
sinken	沈む shizumu
sitzen	座っている suwatte iru
skaten	スケートをする sukēto o suru
sollen	。。。しなくてはいけない …shinakutewa ikenai
sonnen	日に当たる hi ni ataru
sorgen	心配する shinpai suru
sortieren	分類する bunrui suru
sparen	節約する setsuyaku suru
spaßen	冗談を言う jyōdan o yū
spazieren	歩き回る aruki mawaru
speichern	保存する hozon suru
speisen	食事をする shokuji o suru

spekulieren	投機をする tōki o suru
spenden	寄付する kifu suru
sperren	閉鎖する heisa suru
spiegeln	反映する hanei suru
spielen	遊ぶ asobu
spinnen	気がふれている ki ga fureteiru
spitzen	とがらす togarasu
spotten	あざ笑う azawarau
sprechen	話す hanasu
spreizen	広げる hirogeru
sprengen	爆破する bakuha suru
sprießen	発芽する hatsuga suru
springen	跳ぶ tobu
spritzen	散布する sanpu suru
sprudeln	泡立つ awadatsu
sprühen	吹き付ける fukitsukeru
spucken	つばを吐く tsuba o haku
spuken	幽霊がでる yūrei ga deru
spülen	洗い流す arai nagasu
spüren	感じる kanjiru
stammen	。。。の出身である …no shusshin de aru
stapeln	積み重ねる tsumikasaneru
stärken	強くする tsuyoku suru
starren	じっと見つめる jitto mitsumeru
starten	始める hajimeru
stattfinden	開催させる kaisai sareru
staunen	驚く odoroku
stechen	突き刺す tsukisasu
stecken *Schlüssel*	差し込んである sashikonde aru

stehen	立っている tatteiru
stehlen	盗む nusumu
steigen	のぼる noboru
steigern	高める takameru
stellen	置く oku
sterben	死ぬ shinu
steuern	操縦する sōjyū suru
stieren	見つめる mitsumeru
stillen	授乳する jyunyū suru
stillhalten	じっとしている jitto shiteiru
stillliegen	操業を停止している sōgyō o teishi shiteiru
stimmen	合っている atteiru
stinken	悪臭を放つ akushū o hanatsu
stöbern	かき回して探す kakimawashite sagasu
stocken	言葉に詰まる kotoba ni tsumaru
stöhnen	うめく umeku
stolpern	つまずく tsumazuku
stoppen	止める tomeru
stören	邪魔をする jama o suru
stoßen	突く tsuku
stottern	つかえながら言う tsukaenagara yū
strafen	罰する bassuru
straffen	ぴんと張る pin to haru
strahlen	光り輝く hikari kagayaku
strampeln	手足をバタバタさせる teashi o batabata saseru
strapazieren	神経を疲れさせる shinkei o tsukaresaseru
sträuben	抵抗する teikō suru
streben	努力する doryoku suru
strecken	伸ばす nobasu
streicheln	なでる naderu
streichen	塗る nuru
streifen	軽く触れる karuku fureru
streiken	ストライキする sutoraiki suru
streiten	言い争う iiarasou
streuen	振りかける furikakeru
stricken	編む amu
studieren	大学で勉強する daigaku de benkyō suru
stürmen	吹き荒れる fukiareru
stürzen	転ぶ korobu
stutzen	立ちすくむ tachisukumu
stützen	支える sasaeru
subtrahieren	引く hiku
suchen	探し求める sagashimotomeru
summen	ブンブンと鳴る bunbun to naru
sündigen	罪を犯す tsumi o okasu
surfen	サーフィンする sāfin suru
süßen	甘くする amaku suru

T

tadeln	非難する hinan suru
tanken	給油する kyūyu suru
tanzen	踊る odoru
tapezieren	壁紙を貼る kabegami o haru
tappen	よたよた歩く yotayota aruku
tarnen	偽装する gisō suru
tasten	手探りする tesaguri suru
tauchen	もぐる moguru
tauen	溶ける tokeru
taufen	洗礼を施す senrei o hodokosu
taugen	適している tekishite iru
taumeln	よろめく yoromeku
tauschen	交換する kōkan suru
täuschen	裏切る uragiru
teilen	分け合う wakeau
teilnehmen	参加する sanka suru
telefonieren	電話する denwa suru
testen	テストする tesuto suru
ticken	カチカチ音をたてる kachikachi oto o tateru
tippen	タイプする taipu suru
toben	暴れる abareru
tolerieren	許容する kyoyō suru
töten	死なせる shinaseru
totfahren	ひき殺す hikikorosu
totschießen	射殺する shasatsu suru
totschlagen	殴り殺す naguri korosu
tragen	持ち運ぶ mochihakobu
trainieren	トレーニングする torēningu suru
trampeln	足を踏み鳴らす ashi o fuminarasu
tränen	涙を流す namida o nagasu
transportieren	輸送する yusō suru
trauen	信用する shinyō suru
trauern	嘆き悲しむ nageki kanashimu
träumen	夢を見る yume o miru
treffen	会う au
trennen	切り離す kirihanasu
treten	蹴る keru
trinken	飲む nomu
trocknen	乾く kawaku
trödeln	ぐずぐずする guzuguzu suru
trommeln	ドラムをたたく doramu o tataku
tröpfeln	滴り落ちる shitatari ochiru
tropfen	滴下する tekika suru
trösten	慰める nagusameru
trotzen	強情である gōjyō dearu
trügen	惑わす madowasu
tun	する suru
turnen	体操をする taisō o suru
tyrannisieren	暴虐を加える bōgyaku o kuwaeru

U

üben	練習する renshū suru
überanstrengen	酷使する kokushi suru
überarbeiten	手を加える te o kuwaeru
überblicken	概観する gaikan suru
überbringen	届ける todokeru
überbrücken	橋をかける hashi o kakeru
überdenken	じっくり考える jikkuri kangaeru
übereinstimmen	同意見である dōiken dearu
überfahren	ひく hiku
überfallen	襲う osou
überfordern	過大な要求をする kadaina yōkyū o suru
übergeben	吐く haku
überholen	追い越す oikosu
überhören	気かぬふりをする kikanufuri o suru
überlappen	部分的に重なる bubunteki ni kasanaru
überlassen	引き渡す hikiwatasu
überleben	生き残る ikinokoru
überlegen	よく考える yoku kangaeru
überlisten	策略でだます sakuryaku de damasu
übernachten	泊まる tomaru
übernehmen	引き取る hikitoru
überprüfen	再検査する saikensa suru
überqueren	横切る yokogiru
überraschen	驚かせる odorokaseru
überreden	説得する settoku suru
überreichen	手渡す tewatasu
überschatten	影でおおう kagede ōu
überschätzen	過大評価する kadaihyōka suru
überschlagen	宙返りする chūgaeri suru
überschnappen	かちっと外れる kachitto hazureru
überschneiden	交差する kōsa suru
überschütten	注ぎかける sosogi kakeru
überschwemmen	氾濫する hanran suru
übersehen	見渡す miwatasu
übersetzen	翻訳する honyaku suru
überspielen	巧みに隠す takumi ni kakusu
übersteigen	上回る uwamawaru
überstrapazieren	極度に酷使する kyokudo ni kokushi suru
überstürzen	大慌てでする ōawate de suru
übertragen	移動する idō suru
übertreffen	まさる masaru
übertreiben	誇張する kochō suru
überwachen	監督する kantoku suru
überwältigen	圧倒する attō suru
überweisen	振り込む furikomu
überwiegen	優勢である yūsei dearu
überwinden	克服する kokufuku suru
überzeugen	納得させる nattoku saseru
überziehen	かぶせる kabuseru
umarmen	抱きしめる dakishimeru
umbauen	改築する kaichiku suru
umbenennen	名を改める na o aratameru
umblättern	めくる mekuru

umbringen	殺す korosu
umdrehen	回転させる kaiten saseru
umfallen	倒れる taoreru
umfassen	含む fukumu
umgehen	回避する kaihi suru
umhängen	掛ける kakeru
umkehren	引き返す hikikaesu
umkippen	ひっくり返る hikkuri kaeru
umklammern	しがみつく shigamitsuku
umkommen	命を失う inochi o ushinau
umleiten	迂回する ukai suru
umräumen	配置を変える haichi o kaeru
umreißen	要点を述べる yōten o noberu
umrühren	かき混ぜる kakimazeru
umschalten	切り替える kirikaeru
umsehen	振り返る furikaeru
umsetzen	実行に移す jikkō ni utsusu
umsteigen	乗り換える norikaeru
umstimmen	気持ちを変えさせる kimochi o kaesaseru
umstürzen	ひっくり返す hikkurikaesu
umtauschen	交換する kōkan suru
umwerfen	投げ倒す nagetaosu
umziehen	引っ越す hikkosu
unterbrechen	中断する chūdan suru
unterdrücken	抑える osaeru
untergehen	沈む shizumu
unterhalten	語り合う katariau
unterlassen	やめる yameru
unternehmen	行う okonau
unterrichten	教える oshieru
untersagen	禁じる kinjiru
unterschätzen	過小評価する kashōhyōka suru
unterscheiden	区別する kubetsu suru
unterschreiben	署名する shomei suru
unterstellen	なすりつける nasuritsukeru
unterstreichen	強調する kyōchō suru
unterstützen	支援する shien suru
untersuchen	調べる shiraberu
untertauchen	姿を消す sugata o kesu
unterteilen	分割する bunkatsu suru
urteilen	判定を下す hantei o kudasu

V

verabreden	会う約束をする au yakusoku o suru
verabschieden	別れを告げる wakare o tsugeru
verachten	軽蔑する keibetsu suru
verallgemeinern	一般化する ippanka suru
verändern	変える kaeru
verängstigen	おびえさせる obiesaseru
verantworten	責任を負う sekinin o ou
verarbeiten	加工する kakō suru
verärgern	感情を害する kanjō o gaisuru
verarzten	応急手当をする ōkyūteate o suru
verbergen	隠す kakusu
verbessern	改善する kaizen suru
verbeugen	お辞儀をする ojigi o suru
verbiegen	曲げて駄目にする magete dame ni suru
verbieten	禁止する kinshi suru
verbinden	つなぐ tsunagu
verbleiben	とどまる todomaru
verbluten	出血多量で死ぬ shukketsutaryō de shinu
verbrauchen	使う tsukau
verbreiten	広める hiromeru
verbrennen	焼く yaku
verbringen	過ごす sugosu
verdächtigen	疑いをかける utagai o kakeru
verdanken	おかげである okage dearu
verdauen	消化する shōka suru
verdecken	覆い隠す ōi kakusu
verderben	傷む itamu
verdeutlichen	明確にする meikaku ni suru
verdienen	稼ぐ kasegu
verdoppeln	2倍にする nibai ni suru
verdrängen	抑圧する yokuatsu suru
verdursten	喉が渇いて死ぬ nodo ga kawaite shinu
verehren	尊敬する sonkei suru
vereinbaren	取り決める torikimeru
vereinen	まとまる matomaru
vereinfachen	簡素化する kansoka suru
vereinheitlichen	統一する tōitsu suru
vereinigen	一体化する ittaika suru
verfallen	荒廃する kōhai suru
verfälschen	曲げる mageru
verfassen	書く kaku
verfaulen	腐敗する fuhai suru
verfehlen	会いそこねる aisokoneru
verfeinern	向上する kōjyō suru
verfluchen	呪う norou
verfolgen	追う ou
verfügen	命じる meijiru
verführen	誘惑する yūwaku suru
vergehen	過ぎ去る sugisaru
vergelten	報いる mukuiru
vergessen	忘れる wasureru
vergeuden	無駄に使う muda ni tsukau
vergewaltigen	強姦する gōkan suru
vergewissern	確かめる tashikameru
vergiften	毒を加える doku o kuwaeru

vergleichen	比較する hikaku suru
vergnügen	楽しむ tanoshimu
vergraben	隠す kakusu
vergrößern	拡大する kakudai suru
verhaften	逮捕する taiho suru
verhalten	振る舞う furumau
verhandeln	交渉する kōshō suru
verhängen	課す kasu
verharmlosen	軽視する keishi suru
verharren	じっとしている jittoshiteiru
verheilen	傷が治る kizu ga naoru
verheimlichen	隠す kakusu
verherrlichen	褒めたたえる hometataeru
verhexen	魔法にかける mahō ni kakeru
verhindern	防ぐ fusegu
verhören	尋問する jinmon suru
verhüllen	覆い隠す ōi kakusu
verhungern	飢え死にする uejini suru
verhüten	予防する yobō suru
verirren	迷い込む mayoikomu
verjagen	追い払う oiharau
verkaufen	売る uru
verklagen	訴える uttaeru
verkleiden	変装する hensō suru
verkleinern	縮小する shukushō suru
verknoten	結び合わせる musubiawaseru
verknüpfen	結びつける musubitsukeru
verkommen	腐る kusaru
verkörpern	体現する taigen suru
verkraften	処理する shori suru

verkrampfen	こわばる kowabaru
verkümmern	伸び悩む nobinayamu
verkürzen	短くする mijikaku suru
verlangen	要求する yōkyū suru
verlängern	延長する enchō suru
verlangsamen	遅くする osoku suru
verlassen	離れる hanareru
verlaufen	道に迷う michi ni mayou
verleihen	貸す kasu
verlernen	忘れる wasureru
verletzen	負傷させる fushō saseru
verleugnen	否認する hinin suru
verleumden	中傷する chūshō suru
verlieben	惚れる horeru
verlieren	紛失する funshitsu suru
verloben	婚約する konyaku suru
vermehren	増やす fuyasu
vermeiden	避ける sakeru
vermieten	貸す kasu
vermischen	混ぜる mazeru
vermissen	いなくて寂しく思う inakute sabishiku omou
vermitteln	仲介する chūkai suru
vermuten	推測する suisoku suru
vernachlässigen	おろそかにする orosoka ni suru
vernehmen	尋問する jinmon suru
verneigen	お辞儀をする ojigi o suru
verneinen	否定する hitei suru
vernichten	全滅させる zenmetsu saseru
veröffentlichen	公表する kōhyō suru

verordnen	処方する shohō suru
verpacken	包む tsutsumu
verpassen	のがす nogasu
verpflichten	義務づける gimuzukeru
verprügeln	さんざんに殴る sanzan ni naguru
verraten	裏切る uragiru
verrechnen	計算を間違える keisan o machigaeru
verreisen	旅に出る tabini deru
verrenken	ねじ曲げる nejimageru
verriegeln	かんぬきを掛ける kannuki o kakeru
verringern	減らす herasu
versagen	作動しない sadō shinai
versammeln	集合させる shūgō saseru
versäumen	遅れる okureru
verschenken	贈る okuru
verschicken	発送する hassō suru
verschieben	位置を変える ichi o kaeru
verschimmeln	かびる kabiru
verschlafen	寝過ごす nesugosu
verschlechtern	悪化する akka suru
verschließen	ふたをする futa o suru
verschlimmern	悪化させる akka saseru
verschlucken	むせる museru
verschmutzen	よごす yogosu
verschonen	被害を免れさせる higai o manogaresaseru
verschönern	より美しくする yori utsukushiku suru
verschütten	こぼす kobosu
verschweigen	黙っている damatte iru
verschwenden	無駄遣いする mudazukai suru
verschwimmen	ぼやける boyakeru
verschwinden	消える kieru
verschwören	共謀する kyōbō suru
versenden	発送する hassō suru
versetzen	移動させる idō saseru
verseuchen	汚染する osen suru
versichern	断言する dangen suru
versickern	にじみ出る nijimi deru
versinken	沈む shizumu
versöhnen	仲直りする nakanaori suru
versorgen	面倒をみる mendō o miru
verspäten	遅れる okureru
versperren	ふさぐ fusagu
verspotten	ばかにする bakani suru
versprechen	約束する yakusoku suru
verspüren	感じる kanjiru
verständigen	通知する tsūchi suru
verstärken	強化する kyōka suru
verstauben	ほこりにまみれる hokori ni mamireru
verstauchen	捻挫する nenza suru
verstecken	隠す kakusu
verstehen	理解する rikaisuru
versteigern	競売にかける kyōbai ni kakeru
verstellen	調節する chōsetsu suru
verstopfen	ふさぐ fusagu
verstoßen	違反する ihan suru
verstreichen	塗り広げる nurihirogeru

verstummen	黙り込む damarikomu
versuchen	試みる kokoromiru
versüßen	楽しいものにする tanoshii mono ni suru
vertagen	延期する enki suru
vertauschen	取り違える torichigaeru
verteidigen	防衛する bōei suru
verteilen	分配する bunpai suru
vertiefen	深まる fukamaru
vertragen	耐える taeru
vertrauen	信用する shinyō suru
vertreiben	追い出す oidasu
vertreten	代理をする dairi o suru
vertrocknen	干からびる hikarabiru
vertrödeln	無駄に過ごす mudani sugosu
vertrösten	ごまかしを言って慰める gomakashi o itte nagusameru
vertuschen	隠蔽する inpei suru
verübeln	悪く解釈する waruku kaishaku suru
verüben	犯す okasu
verunglücken	事故にあう jiko ni au
verunsichern	ぐらつかせる guratsukaseru
verunstalten	醜くする minikukusuru
verursachen	引き起こす hikiokosu
verurteilen	有罪の判決を下す yūzai no hanketsu o kudasu
verwechseln	混同する kondō suru
verweigern	拒む kobamu
verwelken	しぼむ shibomu
verwenden	使う tsukau
verwirklichen	実現する jitsugen suru
verwirren	混乱させる konran saseru
verwischen	ぼやけさせる boyake saseru
verwöhnen	甘やかす amayakasu
verwunden	負傷させる fushō saseru
verzaubern	魅了する miryō suru
verzehren	衰弱させる suijyaku saseru
verzeichnen	書き留める kaki tomeru
verzeihen	許す yurusu
verzerren	ゆがめる yugameru
verzichten	放棄する hōki suru
verzieren	装飾する sōshoku suru
verzögern	遅らせる okuraseru
verzweifeln	絶望する zetsubō suru
voraussagen	予言する yogensuru
vorbeifahren	通り過ぎる tōri sugiru
vorbereiten	準備をする junbi o suru
vorbeugen	防止する bōshi suru
vordrängeln	押しのけながら前へ出る oshinokenagara mae e deru
vorenthalten	知らせない shirasenai
vorfallen	起こる okoru
vorfinden	見いだす miidasu
vorgeben	口実にする kōjitsu ni suru
vorhaben	意図する ito suru
vorhersehen	予測する yosoku suru
vorkommen	起こる okoru
vorlesen	読んで聞かせる yonde kikaseru
vormachen	やって見せる yatte miseru
vornehmen	もくろむ mokuromu

vorschlagen	提案する teian suru
vorschreiben	指図する sashizu suru
vorsorgen	あらかじめ準備する arakajime jyunbi suru
vorstellen	想像する sōzō suru
vortäuschen	振りをする furi o suru
vortragen	述べる noberu
vorübergehen	通り過ぎる tōrisugiru
vorweisen	提示する teiji suru
vorwerfen	責める semeru
vorzeigen	見せる miseru
vorziehen	｡｡｡より好む …yori konomu

W

wachsen	成長する seichō suru
wackeln	ぐらぐらする guragura suru
wagen	危険にさらす kiken ni sarasu
wählen	選ぶ erabu
wahrnehmen	気付く kizuku
wandern	ハイキングする haikingu suru
warnen	警告する keikoku suru
warten	待つ matsu
waschen	洗う arau
wechseln	取り替える torikaeru
wecken	起こす okosu
wegfahren	出発する shuppatsu suru
wegfallen	中止される chūshi sareru
weggehen	立ち去る tachisaru
weglassen	省略する shōryaku suru
wegnehmen	取り去る torisaru
wegrennen	逃げる nigeru
wegschicken	発送する hassō suru
wegschmeißen	投げ捨てる nagesuteru
wehren	阻止する soshi suru
weigern	拒む kobamu
weinen	泣く naku
welken	しおれる shioreru
wellen	波打つ namiutsu
wenden	裏返す uragaesu
werden	｡｡｡になる … ni naru
werfen	投げる nageru
wetten	賭ける kakeru

wickeln *Baby*	おむつを替える omutsu o kaeru
widerlegen	論破する ronpa suru
widersetzen	逆らう sakarau
widerspiegeln	反映する hanei suru
widerstehen	抵抗する teikō suru
widmen	ささげる sasageru
wiedergeben	返す kaesu
wiederholen	繰り返す kurikaesu
wiederkehren	帰ってくる kaette kuru
wiederkommen	戻ってくる modotte kuru
wiedersehen	再び見る futatabi miru
wiegen	重さを量る omosa o hakaru
wiehern	いななく inanaku
wimmeln	いっぱいである ippai dearu
wimmern	しくしく泣く shikushiku naku
winden	風が吹く kaze ga fuku
winken	手を振る te o furu
winseln	クンクン鳴く kunkun naku
wippen	上下に揺れる jyōge ni yureru
wirken	。。。のように見える …no yōni mieru
wischen	ふき取る fukitoru
wispern	ささやく sasayaku
wissen	知っている shitteiru
wohnen	住んでいる sunde iru
wollen	望む nozomu
wundern	驚かせる odorokaseru
wünschen	願う negau
würdigen	正しく評価する tadashiku hyōka suru
würfeln	振って出す futte dasu
würgen	首を絞める kubi o shimeru
würzen	味付けする ajitsuke suru

Z

zahlen	支払う shiharau
zählen	数える kazoeru
zähmen	飼いならす kainarasu
zanken	口げんかをする kuchigenka o suru
zappeln	そわそわする sowasowa suru
zaubern	魔法をかける mahō o kakeru
zeichnen	図面を書く zumen o kaku
zeigen	見せる miseru
zelten	テントに泊まる tento ni tomaru
zerbrechen	割る waru
zerdrücken	押しつぶす oshitsubusu
zerfallen	崩壊する hōkai suru
zerkleinern	細かく刻む komakaku kizamu
zerknüllen	しわくちゃにする shiwakucha ni suru
zerkratzen	引っかき傷をつける hikkakikizu o tsukeru
zerkrümeln	細かく砕く komakaku kudaku
zerreißen	引き裂く hikisaku
zerren	無理やり引っ張る muriyari hipparu
zerschlagen	砕く kudaku
zerspringen	割れて粉々になる warete konagona ni naru
zerstören	破壊する hakai suru
zertreten	踏みつぶす fumitsubusu
zertrümmern	粉々にする konagona ni suru
ziehen	引く hiku
zielen	狙う nerau
zieren	飾る kazaru
zischen	シューという音を出す „shū“ to yū oto o dasu
zittern	震動する shindō suru
zögern	ためらう tamerau
zoomen	拡大する kakudai suru
zubeißen	かみつく kamitsuku
zubereiten	用意をする yōi o suru
zubinden	結ぶ musubu
zublinzeln	目くばせする mekugase suru
zucken	ピクピク動く pikupiku ugoku
zücken	さっと引き抜く satto hikinuku
zudecken	ふたをする futa o suru
zudrehen	栓ひねって止める sen o hinette tomeru
zufriedengeben	満足する manzoku suru
zufriedenlassen	そっとしておく sottoshite oku
zufügen	与える ataeru
zugeben	白状する hakujyō suru
zugreifen	飛びつく tobitsuku
zugucken	眺める nagameru
zuhören	耳を傾ける mimi o katamukeru
zujubeln	。。。に歓声をあげる … ni kansei o ageru
zuknöpfen	ボタンを掛ける botan o kakeru
zulächeln	ほほえみかける hohoemi kakeru
zulassen	許す yurusu
zumachen	閉める shimeru
zumuten	期待する kitai suru
zünden	点火する tenka suru
zunehmen	増加する zōka suru

zunichte-machen	打ち砕く uchikudaku
zunicken	会釈する eshaku suru
zuordnen	割り当てる wariateru
zupacken	しっかりつかむ shikkari tsukamu
zupfen	つま弾く tsumahajiku
zurechtfinden	見当がつく kentō ga tsuku
zurücknehmen	撤回する tekkai suru
zurufen	大声で伝える ōgoe de tsutaeru
zusagen	承諾する shōdaku suru
zusammen-hängen	関連がある kanren ga aru
zusammen-prallen	衝突する shōtotsu suru
zusammen-schreiben	一語に書く ichigo ni kaku
zuschicken	送付する sōfu suru
zuschlagen	勢いよくばたんと閉める ikioiyoku batan to shimeru
zuschließen	鍵を掛ける kagi o kakeru
zuschrauben	ねじって締める nejitte shimeru
zusehen	眺める nagameru
zusichern	確約する kakuyaku suru
zuspielen	パスする pasu suru
zuspitzen	深刻化する shinkokuka suru
zustimmen	同意する dōi suru
zustoßen	ふりかかる furikakaru
zutrauen	自信がある jishin ga aru
zutreffen	正しい tadashii
zuvorkommen	先手を打つ sente o utsu
zuwenden	向ける mukeru
zuziehen	引いて閉める hiite shimeru
zwängen	力ずくで押し込む chikarazuku de oshikomu
zweifeln	疑う utagau
zwicken	つねる tsuneru
zwingen	強いる shiiru
zwinkern	まばたきする mabataki suru

INDEX DEUTSCH –
索引　ドイツ語
sakuin doitsugo

INDEX JAPANISCH –
索引　日本語
sakuin nihongo

INDEX DEUTSCH – 索引 ドイツ語 sakuin doitsugo

D

E

F

H

I

L

M

N

Q

R

W

INDEX JAPANISCH – 索引　日本語

sakuin nihongo

C

I

R

S

BILDNACHWEIS

* - © Fotolia.com

14 */Csaba Peterdi, **16** */Alexander Raths, **16** */Jeanette Dietl, **16** */Forgiss, **16** */paulmz, **16** */fotodesign-jegg.de, **16** */mimagephotos, **16** */Syda Productions, **16** */iko, **16** */Jeanette Dietl, **16** */drubig-photo, **16** */oocoskun, **17** */damato, **17** */vbaleha, **17** */Rido, **17** */Ljupco Smokovski, **17** */Jeanette Dietl, **17** */Janina Dierks, **17** */Valua Vitaly, **17** */Rido, **17** */Andres Rodriguez, **17** */Syda Productions, **17** */Valua Vitaly, **18** */Dmitry Lobanov, **18** */Samuel Borges, **18** */DenisNata, **18** */Pavel Losevsky, **18** */Gabriel Blaj, **18** */WONG SZE FEI, **18** */vgstudio, **18** */Picture-Factory, **18** */Ariwasabi, **19** */endostock, **19** */mma23, **19** */Jasmin Merdan, **19** */Tom Wang, **19** */Michael Gray, **19** */JanMika, **19** */BeTa-Artworks, **19** */michaeljung, **19** */Savannah1969, **19** */patpitchaya, **19** */Sabphoto, **19** */Cello Armstrong, **19** */eyetronic, **20** */Danilo Rizzuti, **20** */Ruth Black, **20** */Smileus, **20** */chesterF, **20** iStockphoto/Catherine Yeulet, **20** */DenisNata, **20** */Melinda Nagy, **20** */Kaarsten, **20** */MISHELA, **20** */Eray, **20** */Unclesam, **20** */satin_111, **20** */Michael Fritzen, **21** */yanlev, **21** */BeTa-Artworks, **21** */Margit Power, **21** */Brenda Carson, **21** */Africa Studio, **21** */Piotr Marcinski, **21** */Fotowerk, **21** */AVRORA, **21** */stockyimages, **21** */Tyler Olson, **21** */ExQuisine, **21** */Glenda Powers, **21** Thinkstock/iStockphoto, **22** */Valua Vitaly, **22** */codiarts, **23** */Jaimie Duplass, **23** */krimar, **23** */magann, **23** */Stefan Balk, **23** */Kaponia Aliaksei, **23** */koji6aca, **23** */yuriyzhuravov, **23** */yuriyzhuravov, **23** */Ermolaev Alexandr, **23** */V.R.Murralinath, **23** */badmanproduction, **23** */Anton Zabielskyi, **23** */auremar, **23** */koji6aca, **24** */mimagephotos, **24** */Tiler84, **24** */velazquez, **24** */giorgiomtb, **24** */apops, **24** */dusk, **24** */Knut Wiarda, **24** */stokkete, **24** */Taiga, **24** */Taiga, **24** */Taiga, **24** */Taiga, **25** */Karramba Production, **25** */Robert Kneschke, **25** */cantor pannatto, **25** */Garrincha, **25** */Picture-Factory, **25** */bevangoldswain, **25** */WavebreakMediaMicro, **25** */Rido, **25** */Minerva Studio, **25** */cantor pannatto, **25** */Fotowerk, **25** */Fotowerk, **26** */Gelpi, **26** */stockyimages, **26** */WavebreakmediaMicro, **26** */pathdoc, **26** */Ilike, **26** */pathdoc, **26** */Andres Rodriguez, **26** */Garrincha, **26** */cantor pannatto, **26** */pressmaster, **26** */vladimirfloyd, **26** */Elnur, **26** */Klaus Eppele, **27** */boumenjapet, **27** */Vera Anistratenko, **27** */carol_anne, **27** */Andrey Armyagov, **27** Thinkstock/NikolayK, **27** */srdjan111, **27** */Zbyszek Nowak, **27** */Pamela Uyttendaele, **27** */Michaela Pucher, **27** */Katrina Brown, **28** */ghoststone, **28** */nito, **28** */zhekos, **28** */chiyacat, **28** */Alexandra Karamyshev, **28** */BEAUTYofLIFE, **28** */Lucky Dragon, **29** */Karramba Production, **29** */BEAUTYofLIFE, **29** */Khvost, **29** */Khvost, **29** */Elnur, **29** */Popova Olga, **29** */Artem Gorohov, **29** */Elnur, **29** */Ruslan Kudrin, **29** */Gordana Sermek, **29** */Alexandra Karamyshev, **30** */alaterphotog, **30** */Elnur, **30** */Elnur, **30** */Ruslan Kudrin, **30** */Alexandra Karamyshev, **30** */Alexandra Karamyshev, **30** */Oliver Preißner, **30** */Robert Lehmann, **30** */Alexandra Karamyshev, **31** */mimagephotos, **31** */Alexandra Karamyshev, **31** */Alexandra Karamyshev, **31** */ludmilafoto, **31** */okinawakasawa, **31** Thinkstock/Alexandru Chiriac, **31** */cedrov, **31** */Khvost, **31** */hifashion, **31** */Alexandra Karamyshev, **31** */Alexandra Karamyshev, **32** */Little_wine_fly, **32** */Jiri Hera, **32** */rangizzz, **32** */Jiri Hera, **32** */Andrew Buckin, **32** Thinkstock/Danny Chan, **32** */Artem Merzlenko, **32** */Cobalt, **32** */fotomatrix, **32** */Rozaliya, **32** */adisa, **32** */Kira Nova, **32** */Shariff Che'Lah, **32** */venusangel, **32** */Unclesam, **32** */srki66, **33** */adisa, **33** */adisa, **33** */lalouetto, **33** */PRILL Mediendesign, **33** */Africa Studio, **33** */adisa, **33** */Andrey Bandurenko, **33** */Nadinelle, **33** */design56, **33** */Sergey Rusakov, **33** */Jiri Hera, **33** */gemenacom, **33** */Andre Plath, **33** */Alexander Raths, **33** */Liaurinko, **33** */thaikrit, **33** */humbak, **34** */wiedzma, **34** */kontur-vid, **34** */Tharakorn, **34** */picsfive, **34** */pattarastock, **34** */NilsZ, **34** */picsfive, **34** */picsfive, **34** */ksena32, **34** */cristi180884, **34** */bpstocks, **34** */nito, **34** */Tarzhanova, **34** */bpstocks, **34** */terex, **34** */ibphoto, **35** */Gennadiy Poznyakov, **36** */stockone, **38** */JSB, **38** */stocker1970, **38** */photo 5000, **38** */Tiberius Gracchus, **38** */Ralf Gosch, **38** */visivasnc, **38** */Lasse Kristensen, **38** */Speedfighter, **38** */Bokicbo, **38** */typomaniac, **38** */O.M., **38** */designsstock, **38** */Tatty, **39** */Kurhan, **39** */selensergen, **39** */Brilliant Eagle, **39** */Iriana Shiyan, **39** */terex, **39** */Sashkin, **39** */bcdesign, **39** */pyzata, **39** */Thomas Aumann, **39** */Tiberius Gracchus, **39** */Igor Kovalchuk, **39** */Maksym Yemelyanov, **39** */pabijan, **40** */Magda Fischer, **41** */Kasia Bialasiewicz, **41** */bennnn, **41** */Bert Folsom, **41** */Aleksandar Jocic, **41** */yevgenromanenko, **41** */Aleksandr Ugorenkov, **42** */Iriana Shiyan, **42** */luchshen, **42** */sokrub, **42** */sokrub, **42** */okinawakasawa, **43** */pics721, **43** */Delphimages, **43** */arteferretto, **43** */Kitch Bain, **43** */Chris Brignell, **44** */stock_for_free, **44** */kornienko, **45** */mrgarry, **45** */mariocigic, **45** Thinkstock/Hemera, **45** */Alexander Morozov, **45** */Denis Gladkiy, **45** */Sergii Moscaliuk, **45** */sutsaiy, **45** */sutsaiy, **45** */okinawakasawa, **45** */Alexander Morozov, **45** */venusangel, **45** */bergamont, **45** */Alexander Morozov, **45** */sutsaiy, **45** */manipulateur, **45** */kmiragaya, **46** */fotyma, **46** */Denisa V, **46** */jonnysek, **46** */Kitch Bain, **46** */pholien, **46** */Alona Dudaieva, **46** */M.R. Swadzba, **46** Thinkstock/iStockphoto, **46** */bennyartist, **46** */Nikola Bilic, **46** */cretolamna, **46** */Igor Syrbu, **46** */Piotr Pawinski, **47** */cretolamna, **47** */Harald Biebel, **47** */gavran333, **47** */M.R. Swadzba, **47** */IrisArt, **47** */Diana Taliun, **47** */cretolamna, **47** */M S, **47** */nito, **47** */Bombaert Patrick, **47** */scol22, **47** */cretolamna, **47** */picsfive, **48** */Sunshine Pics, **48** */VRD, **48** */petrsalinger, **48** */cretolamna, **48** */gavran333, **48** */Uwe Landgraf, **48** */nito, **48** */Schwoab, **48** */cretolamna, **48** */Stefan Balk, **48** */karandaev, **48** */Lucky Dragon, **48** */PhotoSG, **49** */2mmedia, **50** */Andres Rodriguez, **50** */simmittorok, **50** */Liliia Rudchenko, **50** */venusangel, **50** */Ljupco Smokovski, **50** */Maksim Kostenko, **50** Thinkstock/Stockbyte, **50** */Xuejun li, **50** */Ljupco Smokovski, **50** */Coprid, **50** */Yingko, **51** */poligonchik, **52** */arsdigital, **53** */adpePhoto, **53** */Africa Studio, **53** */Tiler84, **53** */NilsZ, **53** */Africa Studio, **53** */Coprid, **54** */magraphics.eu, **54** */sommersby, **54** */ermess, **54** */AndG, **55** */ILYA AKINSHIN, **55** */Lusoimages, **55** */HamsterMan, **55** */jlcst, **55** */Foto-Ruhrgebiet, **55** */Dmytro Akulov, **55** */picsfive, **55** */ibphoto, **55** */Jonathan Stutz, **55** */Jackin, **55** */ganko, **55** */artmim, **55** */Klaus Eppele, **56** */Sashkin, **56** */Creatix, **56** */Andreja Donko, **56** */Katrina Brown, **56** */Ljupco Smokovski, **57** */Okea, **58** */kmit, **58** */luckylight, **58** */tuja66, **58** */tuja66, **58** */corund, **58** */tuja66, **58** */Rynio Productions, **58** */mick20, **58** */Denis Dryashkin, **58** */tuja66, **58** */claudio, **58** */CE Photography, **58** */tuja66, **58** */Бурдюков Андрей, **58** */vav63, **59** */Rynio Productions, **59** */Rynio Productions, **59** */Rynio Productions, **59** */PRILL Mediendesign, **59** */fefufoto, **59** */antonsov85, **60** */andersphoto, **60** */scis65, **60** */venusangel, **60** */Coprid, **60** */f9photos, **60** */tuja66, **60** */Konovalov Pavel, **60** */Freer, **60** */Nik, **60** */chungking, **60** */mariusz szczygieł, **61** */auremar, **61** */Africa Studio, **61** */ankiro, **61** */Ionescu Bogdan, **61** */piai, **61** */Denys Rudyi, **62** */Nomad_Soul, **62** */gradt, **62** */twister025, **62** */egorovvasily, **62** */womue, **62** Thinkstock/

iStockphoto, **62** Thinkstock/iStockphoto, **62** */cherezoff, **62** */by-studio, **63** */coco, **63** */D. Ott, **63** */D. Ott, **63** */federicofoto, **63** */babsi_w, **63** */Stibat Studio, **63** */Kara, **63** */Jeanette Dietl, **63** */sonne fleckl, **63** */keller, **63** */miket, **63** */WoGi, **63** */M. Schuppich , **63** */Marco Becker , **63** */kobra78 , **63** */Kalle Kolodziej, **64** */mallivan, **64** */Zbyszek Nowak, **64** */opasstudio, **64** */hsagencia, **64** */photka , **64** */photka , **64** */photka , **64** */photka , **64** */Gerald Bernard , **64** */Jaimie Duplass , **64** */steamroller , **64** */tompet80 , **64** */schankz, **64** */keerati, **65** */hopfi23, **65** */Alex Petelin, **65** */Patryssia, **65** */D. Ott, **65** */Horticulture, **65** */Kasia Bialasiewicz, **65** */mopsgrafik, **65** */B. Wylezich, **65** */fotoschab, **65** */Miredi, **65** */udra11, **65** */NinaMalyna, **65** */rupbilder, **66** */mates, **68** */unpict, **68** */Teamarbeit, **68** */Christian Jung, **68** Dreamstime/Christianjung, **68** */HLPhoto, **68** */ExQuisine , **68** */rdnzl, **68** */uckyo, **68** */ExQuisine, **68** */lefebvre_jonathan, **68** */Cornerman, **68** */Mara Zemgaliete, **68** iStockphoto/Vasko, **68** */Diana Taliun, **68** Thinkstock/Alena Dvorakova, **68** Shutterstock/marco mayer, **69** */ExQuisine, **69** */ExQuisine, **69** */fotomaster, **69** */Eric Isselée, **69** */boguslaw, **69** */Eric Isselée, **69** */nito, **69** */Irina Khomenko, **69** */Viktor, **69** */Oran Tantapakul, **69** */lightpoet, **70** */Rémy MASSEGLIA, **70** */Natalia Merzlyakova, **70** Dreamstime/Witoldkr1, **70** */Picture Partners, **70** */antonio scarpi, **70** */Gaetan Soupa, **70** */o.meerson, **70** */ExQuisine, **70** Dreamstime/Pipa 100, **70** */lunamarina, **70** */HelleM, **70** */Dalmatin.o , **70** */Witold Krasowski, **70** */Andrei Nekrassov, **70** */Dionisvera, **70** */Dionisvera, **71** */angorius, **71** */Dani Vincek, **71** */felinda, **71** */Andrey Starostin, **71** */pedrolieb, **71** */ExQuisine, **71** Dreamstime/Onepony, **71** */dulsita, **71** */Giuseppe Lancia, **71** */margo555, **71** */BSANI , **71** */womue, **71** */Jiri Hera, **72** */ExQuisine, **72** Dreamstime/Sethislav, **72** */volff , **73** */dimakp, **73** Shutterstock/Multiart, **73** Shutterstock/Krzysztof Slusarczyk, **73** */Daddy Cool, **73** */Brad Pict, **73** Dreamstime/Jack14, **73** */cynoclub, **73** */Picture Partners, **73** */Lsantilli , **73** */Coprid, **73** */Fotofermer, **73** */Brad Pict, **73** */Mara Zemgaliete, **74** */Dani Vincek , **74** */Natika, **74** */Luis Carlos Jiménez, **74** */angorius, **74** */marrfa, **74** */Natika, **74** */fotogal, **74** */Shawn Hempel, **74** */Jessmine, **74** */Daorson, **74** */Jérôme Rommé, **74** */gcpics, **74** */Picture Partners, **75** */valeriy555, **75** */valeriy555, **75** */Barbara Pheby, **75** */volga1971, **75** Dreamstime/Robynmac, **75** */Anna Kucherova, **76** */jerome signoret, **76** */boguslaw, **76** */fotomatrix, **76** */World travel images, **76** */margo555 , **76** */margo555 , **76** */margo555 , **76** */margo555 , **76** */Wolfgang Jargstorff, **77** */valeriy555, **77** */silencefoto, **77** */valeriy555, **77** */valeriy555, **77** */silencefoto, **77** */valeriy555, **77** */photocrew, **77** */valeriy555, **77** */Anna Kucherova, **77** */valeriy555, **77** */Malyshchyts Viktar, **77** */charlottelake, **77** */valeriy555, **78** */tycoon101, **78** */Zbyszek Nowak, **78** */M.R. Swadzba, **78** */Schlierner, **78** */Ekaterina Lin, **78** */Andrey Starostin, **79** */azureus70, **79** */azureus70, **79** */valeriy555, **79** */Dionisvera, **79** Thinkstock/anna1311, **79** */valeriy555, **79** */Andrea Wilhelm, **79** */valeriy555, **79** */valeriy555, **79** */valeriy555, **79** */valeriy555, **79** */valeriy555, **79** */valeriy555, **79** */Anna Kucherova, **80** */Malyshchyts Viktar, **80** */Malyshchyts Viktar, **80** */Malyshchyts Viktar, **80** */Malyshchyts Viktar, **80** */Malyshchyts Viktar, **80** */Malyshchyts Viktar, **80** */Malyshchyts Viktar, **80** */Malyshchyts Viktar, **80** */Malyshchyts Viktar, **80** */Malyshchyts Viktar, **80** */Natika, **80** */Malyshchyts Viktar, **80** */Malyshchyts Viktar, f9photos, **80** */Malyshchyts Viktar, **80** */Oleksiy Ilyashenko, **80** */Tim UR, **80** */valeriy555, **80** */valeriy555, **80** */Natika, **80** */valeriy555, **81** Dreamstime/Skyper1975, **81** */Werner Fellner, **81** */marilyn barbone, **81** */nblxer, **81** */goodween123, **82** */Popova Olga, **82** */Popova Olga, **82** */mates, **82** */Popova Olga, **82** */Popova Olga, **82** */Popova Olga, **82** */Popova Olga, **82** */Popova Olga, **82** */pimponaco, **82** */Schlierner, **82** */svl861, **82** */svl861, **82** Dreamstime/Margouillat, **83** */Team 5, **83** MDB/seli8, **83** */unpict, **83** */Tomboy2290, **83** */nbriam, **83** */Vera Kuttelvaserova, **83** */Vesna Cvorovic, **83** */Maceo, **83** */scis65, **84** Thinkstock/iStockphoto, **84** Thinkstock/iStockphoto, **84** Thinkstock/iStockphoto, **84** Thinkstock/iStockphoto, **84** Thinkstock/iStockphoto, **84** Thinkstock/iStockphoto, **84** Thinkstock/iStockphoto, **84** Thinkstock/iStockphoto, **84** */Popova Olga, **84** Thinkstock/iStockphoto, **84** Thinkstock/iStockphoto, **84** Thinkstock/iStockphoto, **84** Thinkstock/iStockphoto, **84** Thinkstock/iStockphoto, **84** Thinkstock/iStockphoto, **84** Thinkstock/iStockphoto, **85** Dreamstime/Sergioz, **85** */Africa Studio, **85** */Orlando Bellini, **85** */Inga Nielsen, **85** */Inga Nielsen, **85** */Inga Nielsen, **85** */Boris Ryzhkov, **86** */Popova Olga, **86** */Popova Olga, **86** */Popova Olga, **86** */Popova Olga, **86** */Popova Olga, **86** */Popova Olga, **86** */Popova Olga, **86** */Popova Olga, **86** */Popova Olga, **86** */Popova Olga, **86** */Popova Olga, **86** */Popova Olga, **86** */Popova Olga, **86** */Elena Schweitzer, **86** */Picturefoods.com, **87** Dreamstime/Jirkaejc, **87** Dreamstime/Glasscuter, **87** */Andrzej Tokarski, **87** Dreamstime/Pryzmat, **87** */Stefano Neri , **87** */Roxana, **87** */enzo4, **87** */Stefano Neri, **87** */akulamatiau, **87** */zorandim75, **87** */marilyn barbone, **88** */pico, **88** */Sergejs Rahunoks, **88** Dreamstime/Givaga, **88** */Piovanello, **88** */Piovanello, **88** */the_pixel, **88** */Liaurinko, **88** */nemez210769, **88** */midosemsem, **88** */Jiri Hera, **88** */juri semjonow, **88** */Brad Pict, **88** Dreamstime/Travelling-light, **88** Dreamstime/Synchronista, **88** */Julian Weber, **88** */IrisArt , **89** */BeTa-Artworks, **89** */Sergii Moscaliuk, **89** */Diana Taliun, **89** */Daniel Wiedemann, **89** Dreamstime/Nagme, **89** */lantapix, **89** */Olegich, **89** */scis65, **89** */Vidady, **89** */komar.maria, **90** */Petrov Vadim, **90** */unpict, **90** */Smart7, **90** */tycoon101, **90** */M. Schuppich, **90** */digifood, **90** */Schwoab, **90** */photocrew, **90** */chrisdorney, **90** */anakondasp, **90** */unpict, **90** */sorcerer11, **90** */Lucky Dragon, **91** */MarFot, **91** */ppi09, **91** */Kesu, **91** */Andrea Wilhelm, **91** */kehr design, **91** */gtranquillity, **91** */Corinna Gissemann, **91** */Lucky Dragon, **91** */Jiri Hera, **91** */sergojpg, **91** */Daryl Musser, **91** */robysaba, **91** */unpict, **92** */Jiri Hera, **92** */Nitr, **92** */Nitr, **92** */ExQuisine, **92** */Natika , **92** */Inga Nielsen, **92** */Nitr, **92** */Nitr, **92** */Taffi, **92** */karandaev, **92** */unpict, **92** */baibaz, **92** */Africa Studio, **93** */pabijan, **93** */amenic181, **93** */Viktor, **93** */blende40, **93** */Fotofermer, **93** */Rob Stark, **93** */gtranquillity, **93** */gtranquillity, **93** */gtranquillity, **93** */gtranquillity, **93** */gtranquillity, **93** */Inga Nielsen, **94** Thinkstock/puchkovo48, **94** */neirfy, **94** */Nitr, **94** */Nitr, **94** */Nitr, **94** */Taffi, **94** */Taffi, **94** */Taffi, **94** */Taffi, **94** */karandaev, **94** */karandaev, **94** */karandaev, **95** */Hemeroskopion, **95** */Hemeroskopion, **95** */Hemeroskopion, **95** */Hemeroskopion, **95** */Hemeroskopion, **95** */Hemeroskopion, **95** */Hemeroskopion, **95** */Hemeroskopion, **95** */Hemeroskopion, **95** */Hemeroskopion, **95** */Hemeroskopion, **95** */Hemeroskopion, **95** */Hemeroskopion, **96** */kab-vision, **96** Shutterstock/Multiart - Shutterstock.com, **96** */Volodymyr Shevchuk, **96** */Sergejs Rahunoks, **96** */sspice, **96** */Corinna Gisseman, **96** */azureus70, **96** */Popova Olga, **96** */baibaz, **97** */Whitebox Media, **97** */angorius, **97** */Andrea Wilhelm, **97** Dreamstime/Margouillat, **97** */Viktor, **97** */Kesu, **97** */Peredniankina, **97** */margo555, **97** */Aleksandar Jocic, **98** */Jiri Hera, **98** */victoria p., **98** */djama, **98** */vagabondo, **98** */Jiri Hera, **98** */scis65, **98** */blende40, **98** */MUNCH!, **98** */Africa Studio, **98** */arinahabich, **98** */Marius Graf, **98** */Marius Graf, **98** */Marius Graf, **98** */Liaurinko, **98** */Brad Pict, **98** */juniart, **99** */Dmytro Sukharevskyy, **99** */Dmytro Sukharevskyy, **99** */Dmytro Sukharevskyy, **99** */Sergejs Rahunoks, **99** */canoncam, **99** */uckyo, **99** */torsakarin, **99** */Thibault Renard, **99** */eyewave, **99** */Orlando Bellini, **99** */Blue Wren, **99** */Dmytro Sukharevskyy, **99** */Dmytro Sukharevskyy, **100** */Jacek

Chabraszewski, **100** */Inga Nielsen, **100** */dusk, **100** */Road King, **100** */Jack Jelly, **100** Dreamstime/Tomislav Pinter, **100** */Jacek Chabraszewski, **100** */ExQuisine, **100** */aktifreklam, **100** */zhekos , **100** */Jess Yu, **100** */illustrez-vous, **100** */Andrea Wilhelm, **101** */Minerva Studio, **101** */Boris Ryzhkov, **101** */Nitr, **101** */unpict, **101** */Jacek Chabraszewski, **101** */photocrew, **101** */Viktor, **101** */eyewave, **101** Dreamstime/Lightzoom, **101** iStockphoto/Gordana Sermek, **102** */Africa Studio, **102** */Vitaly Korovin, **102** */Coprid, **102** */Schlierner, **102** */Fotofermer, **103** */ashka2000, **103** */womue, **103** */EM Art, **103** */ExQuisine, **103** */photocrew, **103** */jeehyun, **103** */reineg, **103** */reineg, **103** */reineg, **103** */reineg, **103** */Subbotina Anna, **103** */rangizzz, **103** */sjhuls, **104** */Fotofermer, **106** Thinkstock/Keith Levit Photography, **106** Thinkstock/iStockphoto, **106** Thinkstock/iStockphoto, **106** Thinkstock/iStockphoto, **106** Thinkstock/iStockphoto, **106** Thinkstock/iStockphoto, **106** Thinkstock/iStockphoto, **106** Thinkstock/iStockphoto, **106** Thinkstock/Fuse, **107** Thinkstock/Fuse, **107** Thinkstock/iStockphoto, **107** Thinkstock/iStockphoto, **107** Thinkstock/iStockphoto, **107** Thinkstock/Comstock, **107** */Alexandra Gl, **108** */leremy, **108** */leremy, **108** */leremy, **108** */leremy, **108** */leremy, **108** */leremy, **108** */mrtimmi, **108** */mrtimmi, **108** */mrtimmi, **108** */mrtimmi, **108** */mrtimmi, **108** */mrtimmi, **108** */Bobo, **108** */leremy, **108** */leremy, **108** */FelixCHH, **109** Thinkstock/iStockphoto, **109** */Eisenhans, **109** Thinkstock/iStockphoto, **109** Thinkstock/iStockphoto, **109** Thinkstock/Hemera, **109** Thinkstock/Hemera, **109** Thinkstock/Hemera, **109** */Bombaert Patrick, **109** */algre, **109** Thinkstock/Hemera, **109** Thinkstock/iStockphoto, **109** Thinkstock/Hemera, **110** */Vladimir Kramin, **110** */algre, **111** */algre, **111** */apttone, **112** Thinkstock/iStockphoto, **112** */Jenny Thompson, **112** */Aaron Amat, **112** */overthehill, **112** */eldadcarin, **112** */Michael Seidel, **113** Thinkstock/iStockphoto, **113** */gradt, **113** */Lasse Kristensen, **113** */Željko Radojko, **113** */golandr, **114** Thinkstock/iStockphoto, **114** Thinkstock/Stockbyte, **115** Thinkstock/iStockphoto, **115** Thinkstock/Hemera, **115** Thinkstock/iStockphoto, **115** Thinkstock/iStockphoto, **115** Thinkstock/iStockphoto, **115** */Bikeworldtravel, **116** */Idelfoto, **116** Thinkstock/iStockphoto, **116** Thinkstock/Hemera, **116** Thinkstock/Hemera, **116** Thinkstock/Hemera, **117** Thinkstock/iStockphoto, **117** Thinkstock/iStockphoto, **117** Thinkstock/iStockphoto, **118** Thinkstock/iStockphoto, **119** Thinkstock/Hemera, **119** Thinkstock/iStockphoto, **119** Thinkstock/iStockphoto, **119** Thinkstock/iStockphoto, **119** Thinkstock/iStockphoto, **119** Thinkstock/iStockphoto, **119** Thinkstock/iStockphoto, **119** Thinkstock/iStockphoto, **119** Thinkstock/iStockphoto, **119** Thinkstock/iStockphoto, **119** Thinkstock/iStockphoto, **119** Thinkstock/iStockphoto, **119** Thinkstock/iStockphoto, **119** Thinkstock/iStockphoto, **119** Thinkstock/Hemera, **119** Thinkstock/iStockphoto, **120** Thinkstock/iStockphoto, **120** Thinkstock/Hemera, **120** Thinkstock/Photos.com, **120** Thinkstock/iStockphoto, **120** */photo 5000, **120** Thinkstock/iStockphoto, **120** Thinkstock/iStockphoto, **120** Thinkstock/Hemera, **120** Thinkstock/Hemera, **121** */Eisenhans, **121** Thinkstock/iStockphoto, **121** Thinkstock/iStockphoto, **121** Thinkstock/Stockbyte, **121** Thinkstock/Hemera, **121** Thinkstock/iStockphoto, **121** Thinkstock/Julio de la Higuera Rodrigo, **121** */DeVIce, **121** */Artem Gorohov, **121** */Lukas Sembera, **121** Thinkstock/iStockphoto, **121** Thinkstock/iStockphoto, **121** */Eisenhans, **121** Thinkstock/iStockphoto, **121** Thinkstock/iStockphoto, **121** */auremar, **122** */laurenthuet, **122** */Nikolai Sorokin, **122** */Dmitry Vereshchagin, **122** */Ettore, **122** */tr3gi, **122** */12ee12, **122** Thinkstock/Vladimir Arndt, **123** */Fotito, **123** */mschick, **123** */BlueSkyImages, **123** */contrastwerkstatt, **123** Thinkstock/iStockphoto, **123** Thinkstock/Hemera Technologies, **124** */Okea, **124** */Marcus Lindström - iStockphoto.com, **125** */CandyBox Images, **125** */TMAX, **125** */michaeljung, **125** */Maygutyak, **125** */Steve Mann, **125** */nui7711, **125** */Jörg Hackemann, **126** */Sashkin, **126** */virtabo, **126** Thinkstock/iStockphoto, **126** */Ben Chams, **126** */Ben Chams, **126** */Ben Chams, **126** */mindscanner , **126** */swx, **126** */michaeljung, **126** */alexmillos, **126** Thinkstock/iStockphoto, **126** */Bergringfoto, **126** Thinkstock/iStockphoto, **126** */chalabala, **126** */Ben Burger, **127** */Tupungato, **127** */Pink Badger, **127** */HappyAlex, **127** */monticellllo, **127** */monticellllo, **127** */monticellllo, **128** */Masyanya, **128** */Dmitry Vereshchagin, **128** */Dmitry Vereshchagin, **128** */Dmitry Vereshchagin, **128** */Photobank kiev, **129** */vichie81, **129** */Uschi Hering, **129** */skampixelle, **129** */DOC RABE Media, **129** */Nadine Klabunde, **129** */AndreasJ. **130** */Farinoza, **132** */Marco2811, **132** */phant, **132** */Crobard, **132** */A.Karnholz, **132** */ermess, **133** */sborisov, **133** */XtravaganT, **133** */Mihai-Bogdan Lazar, **133** */jacek_kadaj, **133** */ArTo, **133** */hansenn, **133** */Marcel Schauer, **133** Thinkstock/iStockphoto, **133** */Jörg Lantelme, **133** */vaitekune, **133** */apops, **133** */motivation1965, **133** */steschum, **133** Thinkstock/iStockphoto, **133** Thinkstock/iStockphoto, **133** */HaywireMedia, **134** */Scanrail, **134** */anshar73, **134** */XtravaganT, **134** Thinkstock/iStockphoto, **134** Thinkstock/iStockphoto, **134** */A_Lein, **134** Thinkstock/iStockphoto, **134** */jovannig, **134** */Patryk Kosmider, **134** */Max, **134** Thinkstock/Getty Images, **134** */miket, **134** */Ciaobucarest, **134** */Paul Liu, **134** Thinkstock/iStockphoto, **134** */Adrian v. Allenstein, **135** */Pabkov, **135** Thinkstock/iStockphoto, **135** Thinkstock/iStockphoto, **135** Thinkstock/photodisc/David De Lossy, **135** */Anchels, **135** Thinkstock/Ingram Publishing, **135** */Ichbins11, **135** */MIMOHE, **135** */blas, **135** */Franz Pfluegl, **135** */Petra Beerhalter, **135** */davidundderriese, **136** */contrastwerkstatt, **136** */Berni, **136** */Berni, **136** */Berni, **136** */slava296, **136** */Berni, **136** */Berni, **136** */xy, **136** */lunamarina, **136** */Berni, **137** Thinkstock/Hemera, **137** */oranhall, **137** */Kzenon, **137** Thinkstock/iStockphoto, **137** */Margo Harrison, **137** Thinkstock/iStockphoto, **137** Thinkstock/iStockphoto, **137** */JackF, **137** */Africa Studio, **137** */Hirurg, **137** */stockyimages, **138** */qech, **138** */contrastwerkstatt, **138** Thinkstock/iStockphoto, **138** Thinkstock/iStockphoto, **138** Thinkstock/photodisc/Keith Brofsky, **138** */LVDESIGN, **138** */Santiago Cornejo, **139** */eyewave, **139** */jogyx, **139** */Joop Hoek, **139** */T. Michel, **139** Thinkstock/iStockphoto, **139** */dextroza, **139** Thinkstock/iStockphoto, **139** */lowtech24, **139** Thinkstock/iStockphoto, **139** Thinkstock/iStockphoto, **139** Thinkstock/Comstock, **139** */Picture-Factory, **139** Thinkstock/iStockphoto, **140** Thinkstock/iStockphoto, **140** Thinkstock/iStockphoto, **140** */zhu difeng, **140** */Gina Sanders, **140** */Bauer Alex, **140** */Andres Rodriguez, **140** */Kzenon, **140** */Alex Tihonov, **140** */Alex Tihonov, **140** */Christophe Fouquin, **140** */Sven Weber, **140** */mediagram, **140** */bradleyhebdon, **140** */Africa Studio, **140** */paul prescott, **140** */Tyler Olson, **141** */shotsstudio, **141** */luanateutzi, **141** */adisa, **141** */scaliger, **141** Thinkstock/Fuse, **141** Thinkstock/Andrey Burmakin, **141** Thinkstock/Digital Vision/RL Productions, **141** */Pumba, **141** */lightpoet, **141** Thinkstock/Fuse, **141** Thinkstock/iStockphoto, **141** */chamillew, **141** */gemenacom, **141** */mangostock, **141** */Tyler Olson, **141** */Kzenon, **142** */photocreo, **142** Thinkstock/photodisc/Siri Stafford, **142** */T. Michel, **142** */filtv, **142** */apops, **142** */Monkey Business, **143** */JJAVA, **143** */JJAVA, **143** */JackF, **143** */Pavel Losevsky, **143** */Pavel Losevsky, **143** */erwinova, **143** */JJAVA, **143** */Art Allianz, **143** */Sam Spiro, **143** */adisa, **143** */JackF, **143** */JackF, **143** */rufeh, **143** Thinkstock/Hemera, **143** */M. studio, **143** Thinkstock/iStockphoto, **144** */Minerva Studio, **144** */eyetronic, **144** */paul prescott, **144** */corepics, **144** */AlienCat, **144** */Thomas Francois, **144** */ag visuell, **144** */Minerva Studio, **144** */contrastwerkstatt, **145** */Art Allianz, **145** */adisa, **145** */Pumba, **145** */adisa, **145** */Vitaly Maksimchuk, **145** Thinkstock/iStockphoto, **145** */amlet, **145** Thinkstock/Brand X Pictures, **145** */

Joshhh, **145** */karandaev, **145** */808isgreat, **145** Thinkstock/iStockphoto, **145** */Andres Rodriguez, **146** */ruigsantos, **146** */Pixel & Création, **146** Thinkstock/iStockphoto, **146** */robert, **146** Thinkstock/Ingram Publishing, **146** */by-studio, **146** Thinkstock/Digital Vision, **146** */viperagp, **146** */OlegDoroshin, **146** */Pixelwolf2, **146** */VL@D, **146** */rekemp, **146** */Natalia Merzlyakova, **146** */spaxiax, **146** */Sunshine Pics, **146** */eyewave, **147** */nicknick_ko, **147** Thinkstock/iStockphoto, **147** Thinkstock/iStockphoto, **147** */Mingis, **147** */nyul, **147** Thinkstock/iStockphoto, **147** */Africa Studio, **147** */Minerva Studio, **147** Thinkstock/iStockphoto, **147** */fottoo, **147** */Africa Studio, **147** Thinkstock/iStockphoto, **147** */Digitalpress, **148** Thinkstock/Hemera, **148** Thinkstock/iStockphoto, **148** */cottonfioc, **148** */goodluz, **148** */Alen Ajan, **148** */Artur Bogacki, **148** */leungchopan, **148** */Paul Vinten, **148** Thinkstock/Jupiterimages, **148** */amarok17wolf, **148** */Scott Griessel, **148** */fxegs, **148** */terex, **149** */kameraauge, **149** */LianeM, **149** */XtravaganT, **149** */vom, **149** */dbvirago, **149** */Stuart Monk, **149** */legeartispics, **149** */phant, **149** */ArTo, **149** */Sorry, **149** */bbourdages, **149** */Furan, **149** */bluclementine, **150** Thinkstock/iStockphoto, **150** */AV, **150** Thinkstock/Mikhail Markovskiy, **150** */DragonImages, **150** */piccaya, **150** */Leonid Tit, **150** */ArtHdesign, **150** */womue, **150** */Maurizio Malangone, **151** */alex200464, **151** Thinkstock/iStockphoto, **151** */Arkady Chubykin, **151** Thinkstock/iStockphoto, **151** */djama, **151** */Schulz-Design, **151** */Martinan, **151** */Ammentorp, **151** */Gerhard Seybert, **151** Thinkstock/Digital Vision, **151** */travis manley, **152** */Nika Novak, **154** */Gennadiy Poznyakov, **154** */sdenness, **154** */contrastwerkstatt, **154** */Monkey Business, **154** */Robert Kneschke, **154** */shock, **154** */Monkey Business, **154** Thinkstock/iStockphoto, **154** */Cozyta, **154** Thinkstock/Comstock, **154** */tiero, **154** */contrastwerkstatt, **154** */hues, **155** */Gennadiy Poznyakov, **155** */kritchanut, **156** */luminastock, **156** */robert, **156** */yeyen, **156** */auremar, **156** */Javier Castro, **156** */peshkova, **156** */Gennadiy Poznyakov, **156** */Kzenon, **156** */sunabesyou, **156** */gemenacom, **156** */shock, **156** */Jürgen Fälchle, **156** */Nosvos, **156** */luminastock, **156** */kartos, **156** */peshkova, **157** */Olga Galushko, **157** */AVAVA, **157** */Tyler Olson, **157** */Sven Bähren, **157** */alco81, **157** */paylessimages, **157** */Robert Kneschke, **157** */auremar, **157** */ayutaroupapa, **157** */Aiwendyl, **157** */kmiragaya, **157** */contrastwerkstatt, **157** */Tomasz Trojanowski, **158** Thinkstock/iStockphoto, **158** */Africa Studio, **158** */Zerbor, **158** */dkimages, **158** */babimu, **158** */phloxii, **158** */Africa Studio, **158** */Vlad Ivantcov, **158** */Vladyslav Danilin, **159** */ThorstenSchmitt, **159** Thinkstock/PhotoObjects.net, **159** */lily, **160** Thinkstock/iStockphoto, **160** */leszekglasner, **160** */Mat Hayward, **160** */Konstantin L, **160** */josje71, **160** */xy, **160** */Creativa, **160** */Monkey Business, **160** */Monkey Business, **160** */aidaricci, **161** Thinkstock/iStockphoto, **161** */Marius Graf, **161** */muro, **161** */BEAUTYofLIFE, **161** */ia_64, **161** */lu-photo, **162** */Jörg Lantelme, **162** */Berni, **162** */Jeanette Dietl, **162** Thinkstock/Brand X Pictures, **162** */Randall Reed, **162** */Minerva Studio, **162** */trotzolga, **162** */johannesspreter, **162** */Africa Studio, **162** */Alexander Raths, **162** */contrastwerkstatt, **162** */agenturfotografin, **162** */lightpoet, **163** Thinkstock/James Woodson, **163** */CandyBox Images, **163** */Igor Mojzes, **163** */WavebreakmediaMicro, **163** */Africa Studio, **163** */Andres Rodriguez, **163** */xy, **163** */apops, **163** */pearl, **163** */Robert Kneschke, **163** */Markus Haack, **163** */lightpoet, **164** */Minerva Studio, **164** */WavebreakmediaMicro, **164** */goodluz, **164** */lightpoet, **164** */goodluz, **164** */Kzenon, **164** */CandyBox Images, **164** */Fuse, **164** */goodluz, **164** */pearl, **164** */mangostock, **164** Thinkstock/iStockphoto, **164** Thinkstock/Digital Vision, **165** */contrastwerkstatt, **165** */A_Bruno, **165** */WavebreakmediaMicro, **165** */Geo Martinez, **165** */Geo Martinez, **165** */endostock, **166** */Minerva Studio, **166** */apops, **166** */bevangoldswain, **166** */Adam Gregor, **166** */Kzenon, **166** */Kzenon, **166** */michaeljung, **166** */ontrastwerkstatt, **166** */Tyler Olson, **166** */Valentina R., **166** */contrastwerkstatt, **166** */Iurii Sokolov, **166** */Kzenon, **166** */Picture-Factory, **166** */Rido, **166** */nyul, **167** */goodluz, **167** */Kadmy, **167** */Peter Atkins, **167** */jörn buchheim, **167** */Kadmy, **167** */Kurhan, **167** */krizz7, **167** */Kadmy, **167** */ikonoklast_hh, **167** */Marén Wischnewski, **167** */apops, **167** */goodluz, **167** */Cyril Comtat, **167** Thinkstock/Andriy Fomenko, **167** */manu, **167** */petert2, **168** */Monika Wisniewska, **168** Thinkstock/iStockphoto, **168** */goodluz, **168** */Minerva Studio, **168** */Kzenon, **168** */Kzenon, **168** Thinkstock/Photodisc, **168** */Kzenon, **168** */Claudia Nagel, **168** */Minerva Studio, **168** */Kzenon, **168** */contrastwerkstatt, **168** */CandyBox Images, **168** */Kzenon, **168** */Kzenon, **168** */Kurhan, **169** */goodluz, **169** */contrastwerkstatt, **169** */Igor Mojzes, **169** */mezzotint, **169** */claudiaveja, **169** */Andrey Kiselev, **169** */WavebreakmediaMicro, **169** */Elnur, **169** */diego cervo, **169** */Africa Studio, **169** */Africa Studio, **169** */berc, **169** */Natali_ua, **169** Thinkstock/Fuse, **169** */lightpoet, **169** */contrastwerkstatt, **172** */terex, **172** Thinkstock/iStockphoto, **172** */nikkytok, **172** */marcoprati, **172** */eyewave, **172** */Africa Studio, **173** */Africa Studio, **173** */Diana Taliun, **173** */Rulan, **173** */interklicks, **173** Thinkstock/iStockphoto, **173** Thinkstock/iStockphoto, **173** */Corwin, **173** */rangizzz, **173** */monstersparrow, **174** */Picture-Factory, **174** */Carlos Caetano, **174** */vda_82, **174** */vetkit, **174** */Jacek Fulawka, **174** */masterzphotofo, **175** */Viorel Sima, **175** */Mi.Ti., **175** */Brian Jackson, **175** */juniart, **175** */Oksana Kuzmina, **175** */Marcin Sadlowski, **176** */Gelpi, **178** */TAlex, **178** */karandaev, **179** */Maksym Yemelyanov, **179** */Vitas, **179** */romantiche, **179** */rawcaptured, **179** */AVD, **179** */Sergey Dashkevich, **179** Thinkstock/iStockphoto, **179** */Artur Synenko, **179** */dimakp, **179** */heigri, **179** */Lusoimages, **179** */Apart Foto, **179** */sonne fleckl, **179** */Manuela Fiebig, **179** */Klaus Eppele, **179** */Artur Synenko, **180** */Gina Sanders, **180** */snyfer, **180** */snyfer, **180** */Iurii Timashov, **180** */Iurii Timashov, **180** */Iurii Timashov, **180** */Iurii Timashov, **180** */Iurii Timashov, **180** */Iurii Timashov, **180** */WonderfulPixel, **180** */Iurii Timashov, **180** */Iurii Timashov, **180** */Iurii Timashov, **181** */WonderfulPixel, **181** */WonderfulPixel, **181** */WonderfulPixel, **181** */WonderfulPixel, **181** */WonderfulPixel, **181** */vasabii, **181** */grgroup, **181** */Skipio, **181** */vector_master, **181** */Scanrail, **181** */Vectorhouses, **181** */Vectorhouses, **181** */Vectorhouses, **182** */Metin Tolun, **182** */inal09, **182** */electriceye, **182** */Do Ra, **182** */Do Ra, **182** */Do Ra, **182** */Do Ra, **182** */Do Ra, **182** */Do Ra, **182** */Do Ra, **182** */Palsur, **182** */marog-pixcells, **182** */Palsur, **183** */mtkang, **183** */Taffi, **183** */pizuttipics, **183** */by-studio, **183** */Scanrail, **183** */RTimages, **183** */Aleksandr Bryliaev, **183** */JcJg Photography, **183** */Coprid, **183** */tanatat, **183** */Palsur, **183** */Andrew Barker, **184** */ashumskiy, **184** */Gewoldi, **184** */Vitas, **184** */singkham, **185** */Sebalos, **185** */tomispin, **185** */manaemedia, **185** */Niceregionpics, **185** */thanomphong, **185** */Lusoimages, **186** Thinkstock/Alexander Podshivalov, **186** */wellphoto, **186** */Stefan Körber, **186** */Pavel Losevsky, **187** */TrudiDesign, **187** */WavebreakmediaMicro, **187** */ArtHdesign, **187** */valdis torms, **187** */cirquedesprit, **187** */Alexandra Gl, **187** */Sergey Nivens, **187** */imkenneth, **187** */WavebreakMediaMicro, **188** */jfv, **188** */pressmaster, **188** */jminso679, **188** */Marco2811, **188** */Johanna Mühlbauer, **188** */A_Bruno, **189** */pedrosala, **189** */fotomatrix, **189** */Uwe Bumann, **189** */robert, **189** */Milan Surkala, **189** */the_builder, **189** */reich, **190** */Scanrail, **190** */Dron, **190** */drubig-photo, **190** */mirabella, **190** */gradt, **191** */gradt, **191** Thinkstock/iStockphoto, **191** */JiSIGN, **191** */JiSIGN, **191** */JiSIGN, **191** */Rido, **191** */auremar, **192** */Elenathewise, **194** */mirpic, **194** */KB3, **194** Thinkstock/Stockbyte, **195** */lesniewski, **195** */Lario Tus, **195** */Melinda Nagy, **195** */kostasaletras, **195** */contrastwerkstatt, **195** */

beachboyx10, **196** Thinkstock/iStockphoto, **196** */Val Thoermer, **197** Thinkstock/Dorling Kindersley RF, **197** */snaptitude, **198** */Pavel Losevsky, **198** */.shock, **198** */Nicholas Piccillo, **198** Thinkstock/Photodisc, **198** Thinkstock/Photodisc, **198** Thinkstock/Photoobjects.net, **198** */.shock, **198** */micromonkey, **199** */kromkrathog, **199** Thinkstock/Fuse, **199** */Stian Iversen, **200** */Tan Kian Khoon, **200** */modestil, **200** */Igor Sokolov, **200** */piai, **200** */Will Hughes, **200** */Actionpics, **200** */Kelpfish, **200** */Africa Studio, **200** */Brocreative, **200** */karaboux, **200** */Lance Bellers, **200** */Sean Gladwell, **200** */by-studio, **201** */kanate, **201** */by-studio, **201** */Michael Pettigrew, **201** Thinkstock/Ingram Publishing, **202** */Katya Constantine, **202** */Nicholas Piccillo, **203** */Dmitry Vereshchagin, **203** */PinkBlue, **203** */PinkBlue, **203** */PinkBlue, **204** */Kris Strach, **204** */Kzenon, **204** */Kzenon, **205** */Quasarphoto, **205** */sumnersgraphicsinc, **205** */sumnersgraphicsinc, **205** */Veniamin Kraskov, **205** */Apart Foto, **205** */RTimages, **206** */zozulinskyi, **206** */Stefan Schurr, **206** */berc, **206** */mezzotint, **206** */ekarin, **206** Thinkstock/Digital Vision, **207** */Sportlibrary, **207** */lilufoto, **207** */roibu, **207** Thinkstock/TongRo Images, **207** */lilufoto, **207** Thinkstock/iStockphoto, **207** Thinkstock/iStockphoto, **207** */Michael Rosskothen, **207** */Oscar Brunet, **207** */Oscar Brunet, **207** Thinkstock/Comstock/JupiterImages, **208** */alessandro0770, **208** */Stefan Schurr, **208** */Maridav, **208** Thinkstock/moodboard, **208** */endostock, **208** */lightpoet, **208** */yanlev, **208** Thinkstock/Fuse, **208** */Wong Hock Weng, **209** */Andres Rodriguez, **209** */goldenangel, **209** */wellphoto, **209** Thinkstock/Digitial Vision, **209** */wellphoto, **209** */Cpro, **209** */Cpro, **209** */Birgit Reitz-Hofmann, **209** */Kitch Bain, **209** */Tony Taylor Stock, **209** */xy, **210** */marsyk, **210** */Sportlibrary, **210** */agentur2728.de, **210** Thinkstock/Hemera @ Getty Images, **211** Thinkstock/iStockphoto, **211** Thinkstock/iStockphoto, **211** Thinkstock/Comstock, **212** Thinkstock/iStockphoto, **212** */dima266f, **212** */Maridav, **212** */Anion, **212** */beatrice prève, **212** Thinkstock/Hemera, **212** */EpicStockMedia, **212** Thinkstock/iStockphoto, **212** Thinkstock/iStockphoto, **212** Thinkstock/Monkey Business, **213** Thinkstock/Fuse, **213** Thinkstock/iStockphoto, **213** Thinkstock/Pixland, **213** */attltibi, **213** */attltibi, **213** */belinka, **213** */Andrey Kiselev, **213** */auremar, **213** */tunedin, **213** Thinkstock/Hemera, **213** */Dmitry Vereshchagin, **213** */Elnur, **214** */Kseniya Abramova, **215** */Thierry RYO, **215** */Kseniya Abramova, **215** */Kseniya Abramova, **215** Thinkstock/Thomas Northcut @ Getty Images, **215** */Margo Harrison, **215** */fifranck, **215** */hosphotos, **215** */Heike und Hardy, **215** Thinkstock/iStockphoto, **215** */PackShot, **215** */auremar, **216** */Ljupco Smokovski, **216** */SS1001, **216** */Vadim Bukharin, **216** */Dmitry DG, **217** */ftlaudgirl, **217** */U. Woell, **217** */Anton Gvozdikov, **217** */project1photography, **217** */Volker Skibbe, **217** */Marcelo Dufflocq, **217** Thinkstock/iStockphoto, **217** */roblan, **217** */andreshka, **217** */stoonn, **217** */daseaford, **217** */sablin, **217** */garry_images, **218** */dell, **218** */Silvano Rebai, **218** */dell, **218** */victor zastol'skiy, **218** */mradlgruber, **218** Thinkstock/iStockphoto, **218** */© Olympixel, **218** */Val Thoermer, **218** */terranova_17, **219** Thinkstock/iStockphoto, **219** Thinkstock/moodboard, **219** */Galina Barskaya, **219** Thinkstock/Hemera, **219** */Dreef, **219** */Steeve ROCHE, **219** Thinkstock/iStockphoto, **219** Thinkstock/Photodisc/Ryan McVay, **219** */corepics, **219** */Lsantilli, **220** Thinkstock/iStockphoto, **220** */Netzer Johannes, **220** */Stefan Schurr, **220** */inigocia, **220** */Netzer Johannes, **220** */Jan Kranendonk, **220** */monster85, **220** */Avantgarde, **220** */photomag, **220** */storm, **220** */Fotoimpressionen, **220** */Marco2811, **220** */yanlev, **220** */lassedesignen, **220** */Stefan Schurr, **220** */Grigorenko, **221** */lilufoto, **221** */3dmentat, **221** */maxoidos, **221** */Bergringfoto, **221** */Marin Conic, **221** */Dimitar Marinov, **221** */just2shutter, **221** Thinkstock/iStockphoto, **221** */Shmel, **221** */olly, **221** Thinkstock/iStockphoto, **221** Thinkstock/Cameron Spencer @ Getty Images, **221** */ChantalS, **221** */Felix Mizioznikov, **221** Thinkstock/Digital Vision, **221** */artjazz, **222** Thinkstock/iStockphoto, **222** */okinawakasawa, **222** */VIPDesign, **222** */okinawakasawa, **222** */starush, **222** */Hetizia, **223** Thinkstock/Wavebreak Media, **223** */Lerche & Johnson, **223** */Lerche & Johnson, **223** */Lerche & Johnson, **223** */Lerche & Johnson, **223** Thinkstock/iStockphoto, **223** Thinkstock/iStockphoto, **223** */Lerche & Johnson, **223** */Wisky, **223** */nito, **223** */Kzenon, **224** */Africa Studio, **226** Thinkstock/iStockphoto, **226** Thinkstock/Digital Vision, **226** Thinkstock/iStockphoto, **226** Thinkstock/Purestock, **226** Thinkstock/iStockphoto, **226** */Andrey Burmakin, **226** */Andrey Burmakin, **226** */Nejron Photo, **226** Thinkstock/JupiterImages © Getty Images, **227** Thinkstock/Digital Vision, **227** Thinkstock/Digital Vision, **227** Thinkstock/Digital Vision, **228** Thinkstock/iStockphoto, **228** */Africa Studio, **228** */Kalim, **228** Thinkstock/iStockphoto, **228** */ysbrandcosijn, **229** */Klaus Eppele, **229** */scalaphotography, **229** */cynoclub, **229** */Brian Jackson, **229** */mekcar, **229** */by-studio, **229** */Henry Schmitt, **229** */Henry Schmitt, **229** */alephcomo1, **229** */Henry Schmitt, **229** */deusexlupus, **229** */apops, **229** */MUE, **229** */MUE, **229** */MUE, **229** thinkstock/Hemera (Cagri Oner), **230** */ReMuS, **230** */soerenkuhrt, **230** */Maruba, **230** */cjansuebsri, **230** Thinkstock/iStockphoto, **230** */Constantinos, **230** */ILYA AKINSHIN, **230** */dvs71, **230** */Jürgen Fälchle, **230** */Uros Petrovic, **230** */Distrikt3, **230** */Lucky Dragon USA, **230** */Denis Ivatin, **230** */photlook, **230** */Klaus Eppele, **230** */venusangel, **231** Thinkstock/iStockphoto, **231** */visivasnc, **231** */sumnersgraphicsinc, **231** */ArtFamily, **231** Thinkstock/iStockphoto, **231** */ysbrandcosijn, **231** */jehafo, **232** */Andrey Armyagov, **232** Thinkstock/iStockphoto, **232** */G.Light, **232** Thinkstock/Digital Vision/A J James, **232** Thinkstock/iStockphoto, **232** */bizoo_n, **233** */Bombaert Patrick, **233** */tuja66, **233** */Giuseppe Porzani, **233** */ILYA AKINSHIN, **233** */jiggo, **234** */starman963, **234** */Kirill Zdorov, **234** */tobago77, **234** */Steve Mann, **234** */Michael Flippo, **234** Thinkstock/iStockphoto, **234** */Martina Berg, **234** */st-fotograf, **234** */imagika, **234** Thinkstock/iStockphoto, **234** */WavebreakMediaMicro, **234** */jillchen, **234** */Alexander Raths, **235** */Warren Millar, **235** Thinkstock/Stockbyte, **235** Thinkstock/iStockphoto, **235** Thinkstock/iStockphoto, **235** Thinkstock/iStockphoto, **235** Thinkstock/iStockphoto, **235** */ksena32, **235** Thinkstock/iStockphoto, **235** */AllebaziB, **235** */Barbara Pheby, **235** Thinkstock/Hemera, **235** */womue, **235** */Liliia Rudchenko, **235** Thinkstock/iStockphoto, **235** */jogyx, **235** */Marius Graf, **236** */Regina Jersova, **236** */bittedankeschön, **236** Thinkstock/iStockphoto, **236** */franzgustincich, **236** */openlens, **236** */bruniewska, **236** */Amid, **236** Thinkstock/iStockphoto, **236** */Gino Santa Maria , **236** Thinkstock/iStockphoto, **236** */krimzoya46, **236** */sandis94, **236** */tsaplia, **236** */tigger11th, **236** */neirfy, **236** */bahrialtay, **237** */akekoksom, **238** Thinkstock/iStockphoto, **238** Thinkstock/iStockphoto, **238** */Sergiogen, **238** Thinkstock/iStockphoto, **238** */babimu, **239** */uckyo, **239** */RTimages, **239** */Africa Studio, **239** */Africa Studio, **239** */luiscarceller, **239** */Neyro, **239** */kornienko, **239** Thinkstock/thinstock Ablestock.com @ Getty Images, **239** */Mushy, **239** */maestria_diz, **239** Thinkstock/iStockphoto, **239** */U. Hardberck, **239** */Andreja Donko, **239** */koosen, **239** Thinkstock/iStockphoto, **239** Thinkstock/Hemera @ Getty Images, **240** */Printemps, **240** */Africa Studio, **240** Thinkstock/iStockphoto, **240** */shooarts, **240** */Vyacheslav Plyasenko, **240** */Artranq, **240** Thinkstock/JupiterImages © Getty Images, **240** */Firma V, **240** */ronstik, **240** */lunamarina, **240** */iampuay, **240** */Kuzmick, **240** */marysa03, **241** Thinkstock/Fuse, **241** Thinkstock/Creatas Images, **241** Thinkstock/Fuse, **241** */Kzenon, **241** */nyul, **241** */

Sergey Nivens, **241** */Nejron Photo, **242** */Robert Neumann, **242** */ratana_k, **242** */Marius Graf, **242** Thinkstock/iStockphoto, **242** */Unclesam, **242** */indigolotos, **242** */Birgit Reitz-Hofmann, **242** */fotomanu21, **242** */Hamik, **243** */Lichtmaler, **243** */Cmon, **243** Thinkstock/iStockphoto, **243** */DoraZett, **243** */NoName, **243** */RTimages, **243** */avtor_ep, **243** Thinkstock/Comstock, **243** */Dan Race, **243** Thinkstock/Digital Vision/Ryan McVay, **243** Thinkstock/Ingram Publishing, **243** Thinkstock/iStockphoto, **243** */seen, **244** Thinkstock/Zoonar, **244** */donfiore, **244** Thinkstock/iStockphoto, **244** */eldadcarin, **244** */eldadcarin, **244** */Anja Roesnick, **244** */Anja Roesnick, **244** */Anja Roesnick, **244** */Africa Studio, **244** */Foto-Ruhrgebiet, **244** Thinkstock/Zoonar, **244** */eldadcarin, **244** */STUDIO12, **245** Thinkstock/iStockphoto, **245** */sergign, **245** */schoki_01, **245** */aleciccotelli, **245** */Fyle, **245** */frank peters, **245** */Christer Tvedt, **246** */benjaminnolte, **246** Thinkstock/iStockphoto, **246** Thinkstock/Digital Vision/Alexander Hassenstein, **246** */Aleksandar Todorovic, **247** Thinkstock/iStockphoto, **247** */f9photos, **247** Thinkstock/iStockphoto, **247** */photocrew, **247** Thinkstock/iStockphoto, **247** */Aleksandar Todorovic, **247** */mikesch112, **247** */rangizzz, **247** */chulja, **247** Thinkstock/iStockphoto, **247** */pressmaster, **247** Thinkstock/iStockphoto, **247** */arnau2098, **248** */B. Wylezich, **248** */philipus, **248** */Angus , **248** */od - pictureworks, **248** */bergamont , **248** */risto0, **248** */full image, **248** */Coprid, **248** */f9photos, **248** */sss78, **248** */federicofoto, **249** */Africa Studio, **249** */Ljupco Smokovski, **249** */Danicek, **249** Thinkstock/iStockphoto, **249** */Alexey Potapov, **249** */scphoto48 , **249** */tolism, **250** */babimu, **252** */CLIPAREA.com, **252** */CLIPAREA.com, **253** */CLIPAREA.com, **253** */CLIPAREA.com, **254** Thinkstock/Zoonar, **254** Thinkstock/Hemera @ Getty Images, **254** Thinkstock/iStockphoto, **255** */mrgarry, **255** */turhanerbas, **256** */adimas, **257** */adimas, **258** */pixelcaos, **259** */3drenderings, **259** */3drenderings, **259** */3drenderings, **259** */3drenderings, **259** */3drenderings, **259** */3drenderings, **259** */arsdigital, **259** */pixelcaos, **260** */pixelcaos, **261** */pixelcaos, **261** */Diana Taliun, **262** */vectorus, **262** */Lsantilli, **262** */Sven Bähren, **262** */Tyler Olson, **262** */GordonGrand, **262** */iStockphoto, **263** */reflektastudios, **263** Thinkstock/oksun70, **263** */Robert Angermayr, **263** */silverrobert, **263** */Popova Olga, **263** */gradt, **264** */Alexander Raths, **264** */fhmedien_de, **264** */Creativa, **264** */ISO K° - photography, **264** */Sashkin, **264** */Africa Studio, **265** */Monkey Business, **265** */dalaprod, **265** */drubig-photo, **265** */drubig-photo, **265** */vladimir-floyd, **266** */Africa Studio, **266** */iko, **266** */DoraZett, **266** */Creativa, **266** */Gina Sanders, **266** */Subbotina Anna, **266** */drubig-photo, **266** */Ocskay Bence, **266** */detailblick, **266** */Kurhan, **267** */Creativa, **267** */underdogstudios, **267** */Dmitry Lobanov, **267** */rangizzz, **267** */Dan Race, **267** */Eisenhans, **267** */smikeymikey1, **268** Thinkstock/iStockphoto, **268** */Guido Grochowski, **268** */Dmitry Vereshchagin, **268** */HBK, **268** */treetstreet, **268** */Peter Atkins, **268** */Bandika, **268** */wckiw, **269** */ksena32, **269** */Igor Mojzes, **269** */st-fotograf, **269** */Vidady, **269** */Maridav, **269** Thinkstock/iStockphoto, **269** Thinkstock/iStockphoto, **269** */Kondor83, **269** */Gelpi, **269** */Volker Witt, **269** */apops, **269** */juefraphoto , **269** */Joss, **270** */CandyBox Images, **270** */alswart, **270** */hitdelight, **270** */unclepodger, **271** */Igor Zakowski, **271** */Rade Lukovic, **271** */draw05, **271** */blende40, **271** */Kurhan, **271** */Jessmine, **271** */contrastwerkstatt, **271** */apops, **272** */Alexandr Mitiuc, **272** Thinkstock/iStockphoto, **272** */Tyler Olson, **272** */Africa Studio, **273** */malajscy, **273** */Gerhard Brée, **273** */ep stock, **273** */ksl, **274** */Gennadiy Poznyakov, **274** */Tobilander, **274** */malajscy, **274** */starman963, **274** */Jim Vallee, **275** */danutelu, **275** */spotmatikphoto, **275** */Robert Kneschke, **275** */Dmitry Vereshchagin, **275** */itsmejust, **275** */Robert Kneschke, **275** */WONG SZE FEI, **276** */Africa Studio, **276** */Africa Studio, **276** */contrastwerkstatt, **276** */khuntapol, **276** */Coprid, **276** */Anatoly Repin, **276** */adisa, **276** */Borys Shevchuk, **276** */Manuel Schäfer, **276** */Nataraj, **277** */Gordon Saunders, **277** */seen, **277** */only4denn, **277** Thinkstock/Hemera, **277** */Coprid, **277** */blondina93, **277** */by-studio, **277** */Jiri Hera, **277** */Johanna Goodyear, **277** */Nazzu, **277** */Tharakorn, **277** */Tarzhanova, **277** */terex, **278** */Tatjana Balzer, **278** */Tyler Olson, **278** */Schlierner, **278** */Kzenon, **278** */modul_a, **278** */Nikki Zalewski, **278** */Khorzhevska, **278** */bertys30, **278** */Tran-Photography, **278** */Zdenka Darula, **278** */WONG SZE FEI, **278** */pearl, **278** */Taffi, **279** */Gennadiy Poznyakov, **279** */ecobo, **279** */pukall-fotografie, **279** */goodluz, **279** Thinkstock/Dorling Kindersley RF, **279** Thinkstock/iStockphoto, **279** */Artem Merzlenko, **280** */Han van Vonno, **282** */CandyBox Images, **282** */Roman Milert, **282** */Volker Witt, **282** */AK-DigiArt, **282** */Dario Lo Presti, **282** */benjaminnolte, **283** */Michael Schütze, **283** */brozova, **283** */Rodja, **283** Thinkstock/iStockphoto, **283** */cristi180884, **283** */Lisa F. Young, **284** Thinkstock/iStockphoto, **284** Thinkstock/Photodisc, **284** */VRD, **284** */Andre Bonn, **284** */shutswis, **285** */Lukas Sembera, **285** Thinkstock/liquidlibrary, **285** */marog-pixcells, **285** Thinkstock/iStockphoto, **285** */koszivu, **285** */Photographee.eu, **285** Thinkstock/iStockphoto, **285** */Monkey Business, **285** */Photographee.eu, **285** */Gerhard Seybert, **285** */Artem Furman, **286** */PictureArt, **286** */Pavel Losevsky, **286** */davis, **286** */Arcady, **286** */playstuff, **286** */beermedia, **286** */Lucky Dragon USA, **286** */Igor Kovalchuk, **287** */Christa Eder, **287** */Svetlana Gryankina, **287** */creAtive, **287** */Berry, **287** */Maygutyak, **287** */WoGi, **287** */Tobboo, **287** */jogyx, **287** */rouakcz, **287** */Silvano Rebai, **288** */Fiedels, **288** */nupsik284, **288** */Birgit Reitz-Hofmann, **288** */Claudio Divizia, **288** */GP, **288** */S.Kobold, **288** */amorfati.art, **288** */CPJ Photography, **288** */Zacarias da Mata, **288** */Hugh McKean, **288** */aquapix, **288** */Eric Gevaert, **289** */andrewburgess, **289** Thinkstock/iStockphoto, **289** */lassedesignen, **289** */Heinz Waldukat, **289** */Sergey Kamshylin, **289** */Nazzalbe, **289** */Kalle Kolodziej, **289** */Roy Pedersen, **289** */MacX, **289** */reeel, **289** */marqs, **289** */william87, **290** */Igor Kovalchuk, **292** Thinkstock/iStockphoto, **292** */Artenauta, **293** */fergregory, **294** */Jürgen Fälchle, **294** */peresanz, **294** */magann, **294** */vencav, **294** */virtua73, **294** */Kovalenko Inna, **294** */creatifixus, **294** */cbpix, **294** */Florent DIE, **294** */ping han, **294** */peresanz, **294** */kevron2001, **294** */peresanz, **295** */jeremyculpdesign, **297** */Arid Ocean, **298** */artalis, **299** */jokatoons, **299** */Thomas Röske, **299** */jokatoons, **299** */jokatoons, **299** */jokatoons, **299** */jokatoons, **299** */jokatoons, **299** */jokatoons, **299** */jokatoons, **299** */jokatoons, **299** */jokatoons, **299** */jokatoons, **299** */jokatoons, **299** */jokatoons, **299** */jokatoons, **299** */jokatoons, **300** */jokatoons, **300** */jokatoons, **300** */jokatoons, **300** */jokatoons, **300** */jokatoons, **300** */jokatoons, **300** */jokatoons, **300** */jokatoons, **300** */jokatoons, **300** */jokatoons, **300** */jokatoons, **300** */jokatoons, **300** */jokatoons, **300** */jokatoons, **300** */jokatoons, **301** */jokatoons, **301** */jokatoons, **301** */Thomas Röske, **301** */jokatoons, **301** */jokatoons, **301** */Pekchar, **301** */jokatoons, **301** */jokatoons, **301** */jokatoons, **301** */jokatoons, **301** */jokatoons, **301** */jokatoons, **301** */jokatoons, **302** Thinkstock/Hemera, **302** Thinkstock/Hemera, **302** Thinkstock/Hemera, **302** Thinkstock/Hemera, **302** Thinkstock/Hemera, **302** Thinkstock/Hemera, **302** Thinkstock/Hemera, **302** Thinkstock/Hemera, **302** Thinkstock/Hemera, **302** Thinkstock/Hemera, **302** Thinkstock/Hemera, **302** Thinkstock/Hemera, **302** Thinkstock/Hemera, **302** */Route66, **302** Thinkstock/Hemera, **302** Thinkstock/Hemera, **303** Thinkstock/Hemera, **303** Thinkstock/Hemera, **303** Thinkstock/Hemera, **303** Thinkstock/Hemera, **303**

Thinkstock/Hemera, **303** Thinkstock/Hemera, **303** Thinkstock/Hemera, **303** Thinkstock/iStockphoto, **303** Thinkstock/iStockphoto, **303** Thinkstock/iStockphoto, **303** Thinkstock/iStockphoto, **303** Thinkstock/iStockphoto, **303** Thinkstock/iStockphoto, **303** Thinkstock/iStockphoto, **303** Thinkstock/iStockphoto, **304** Thinkstock/iStockphoto, **304** Thinkstock/iStockphoto, **304** Thinkstock/iStockphoto, **304** Thinkstock/iStockphoto, **304** */romantiche, **304** */romantiche, **304** */romantiche, **304** */romantiche, **304** */romantiche, **304** */romantiche, **304** */romantiche, **304** */romantiche, **304** */romantiche, **304** */romantiche, **304** */romantiche, **304** */romantiche, **305** */romantiche, **305** */romantiche, **305** */romantiche, **305** */romantiche, **305** */romantiche, **305** */romantiche, **305** */romantiche, **305** */romantiche, **305** */romantiche, **305** */romantiche, **305** */romantiche, **305** */romantiche, **305** */romantiche, **305** */romantiche, **305** */romantiche, **305** */romantiche, **306** */romantiche, **306** */romantiche, **306** */romantiche, **306** */romantiche, **306** */romantiche, **306** */romantiche, **306** */romantiche, **306** */romantiche, **306** */romantiche, **306** */romantiche, **306** */romantiche, **306** */romantiche, **306** */romantiche, **306** */romantiche, **306** */romantiche, **306** */romantiche, **306** */romantiche, **307** */romantiche, **307** */romantiche, **307** */romantiche, **307** */romantiche, **307** */romantiche, **307** */romantiche, **307** */romantiche, **307** */romantiche, **307** */romantiche, **307** */romantiche, **307** */petra b., **307** */petra b., **307** */petra b., **307** */petra b., **308** */petra b., **308** */petra b., **308** */petra b., **308** */petra b., **308** */petra b., **308** */petra b., **308** */petra b., **308** */petra b., **308** */petra b., **308** */petra b., **308** */petra b., **308** */petra b., **308** */petra b., **308** */petra b., **308** */petra b., **308** */petra b., **309** */petra b., **309** */petra b., **309** */petra b., **309** */petra b., **309** */petra b., **309** */petra b., **309** */petra b., **309** */Yotama, **309** */petra b., **309** */petra b., **309** */petra b., **309** */petra b., **309** */petra b., **309** */petra b., **309** */petra b., **309** */petra b., **310** */petra b., **310** */petra b., **310** */petra b., **310** */petra b., **310** */petra b., **310** */petra b., **310** */petra b., **310** */petra b., **310** */Pekchar, **310** */megastocker, **310** Thinkstock/iStockphoto, **310** */Thomas Röske, **310** Thinkstock/iStockphoto, **310** Thinkstock/iStockphoto, **310** Thinkstock/iStockphoto, **310** Thinkstock/iStockphoto, **311** Thinkstock/iStockphoto, **311** */Thomas Röske, **311** Thinkstock/iStockphoto, **311** Thinkstock/iStockphoto, **311** Thinkstock/iStockphoto, **311** Thinkstock/iStockphoto, **311** Thinkstock/iStockphoto, **311** */jokatoons, **311** */yannik LABBE, **311** */Dream Cursor, **311** */sunt, **311** Thinkstock/iStockphoto, **311** */Andreas Meyer, **311** */DomLortha, **312** */Elena Petrova, **312** */Christian Pedant, **312** */Tomas Sereda, **312** Thinkstock/Fuse, **312** */Masson, **312** */Alliance, **312** */marog-pixcells, **312** */byheaven, **312** */joda, **312** */Miredi, **312** */momanuma, **312** */pictureguy32, **312** */bugphai, **313** */Nathan Jaskowiak, **313** */Vera Kuttelvaserova, **313** */rangizzz, **313** Thinkstock/Image Source, **313** */Leonid Tit, **313** */hjschneider, **313** */tiplyashina, **313** */Serg Zastavkin, **313** */Vera Kuttelvaserova, **313** */Vera Kuttelvaserova, **313** */RyszardStelmachowicz, **313** */Hamik, **313** */rangizzz, **314** */Sunny Forest, **314** Thinkstock/iStockphoto, **314** */Minerva Studio, **314** Thinkstock/iStockphoto, **314** */steffendia, **314** */FrankBirds, **314** */Sunshine Pics, **314** */Christophe Fouquin, **314** Thinkstock/iStockphoto, **314** */lassedesignen, **314** Thinkstock/iStockphoto, **314** Thinkstock/iStockphoto, **314** */Maygutyak, **314** */mario beauregard, **314** */victor zastol'skiy, **314** */macky_ch, **315** */scattomatto74, **315** */Sabine Kipus, **315** */Cmon, **315** */Dario Bajurin, **315** */jacare35, **315** */kohy, **316** */nni94, **316** Thinkstock/Ingram Publishing, **316** */ollirg, **316** */Martin M303, **316** */mrks_v, **316** */doris oberfrank-list, **316** Thinkstock/iStockphoto, **316** */steffus, **316** */smereka, **316** */Ben Burger, **316** */kentauros, **316** */Bernd S., **316** */Dario Bajurin, **316** */acceleratorhams, **316** */Fyle, **316** */Alena Stalmashonak, **317** */siimsepp, **317** */siimsepp, **317** */siimsepp, **317** */siimsepp, **317** */siimsepp, **317** */Tyler Boyes, **317** */siimsepp, **317** */Tyler Boyes, **317** */vvoe, **317** */wlad074, **317** */Tyler Boyes, **317** */iraries, **317** */Ekaterina Fribus, **317** */Ekaterina Fribus, **317** */marcel, **317** */siimsepp, **318** */boykung, **318** */Alexander Hoffmann, **318** */Alexander Hoffmann, **318** */Atiketta Sangasaeng, **318** */byjeng, **318** */Alexander Hoffmann, **318** */Alexander Hoffmann, **318** */apttone, **318** */Alexander Hoffmann, **318** */bigjo, **318** */Rozaliya, **318** */VL@D, **318** */Alexander Hoffmann, **318** */Alex Shadrin, **318** */Alexander Hoffmann, **318** */Alexander Hoffmann, **318** */Digipic, **318** */volff, **318** */Alexander Hoffmann, **318** */Alexander Hoffmann, **319** */Alexander Potapov, **319** */Tiler84, **319** */Tiler84, **319** */Tiler84, **319** */Tiler84, **319** */lamax, **320** */vladimirkim3722, **320** */k_kron, **320** Thinkstock/iStockphoto, **320** */iko, **320** */ürgen Fälchle, **320** */ondrej83, **320** */Heinz Waldukat, **320** */termis1983, **320** */Tom, **320** */mubus, **320** */veneratio, **320** */Roman Pyshchyk, **320** */Picture-Factory, **320** */Omika, **320** */funnycreature, **320** */Almgren, **321** */Nik, **321** */Tonanakan, **321** */motorlka, **321** */Pavlo Vakhrushev, **321** */Miroslawa Drozdowski, **321** */pia-pictures, **322** */Gang, **322** */Africa Studio, **322** */felinda, **322** */sergio37_120, **322** */eyetronic, **322** */sergio37_120, **322** */VICUSCHKA, **322** */tr3gi, **322** */Tim UR, **322** */alfastudiofoto, **322** */sergio37_120, **322** */lenkusa, **322** */sergio37_120, **322** */Friedberg, **322** */Africa Studio, **322** */Roxana, **323** */anankkml , **323** */Daniel Strauch, **323** */Stefan Körber, **323** */hans klein, **323** */juiceteam2013, **323** */audioscience, **323** */keller , **323** */flucas , **323** */ijacky , **323** */Tomashko , **323** */Serghei Velusceac , **323** */Andrea Wilhelm, **323** */tab62, **323** */Ichbins11, **323** */Studio Barcelona, **323** */volkerr, **324** */Farinoza, **324** */Eric Isselée, **324** */jagodka, **324** */Azaliya Elya Vatel, **324** */Eric Isselée, **324** */Uros Petrovic, **324** */Katrina Brown, **324** */eastmanphoto, **324** */nn-fotografie, **324** */cynoclub, **324** */biglama, **324** */Eric Isselée, **324** */grafikplusfoto, **325** Thinkstock/iStockphoto, **325** */Eric Isselée, **325** */JackF, **325** */Eric Isselée, **325** */Eric Isselée, **325** */Aaron Amat, **325** */Eric Isselée, **325** */Eric Isselée, **325** */anekoho, **325** */Christian Musat, **325** */Eric Isselée, **325** */Eric Isselée, **325** */Christian Musat, **325** */ILYA AKINSHIN, **325** */Eric Isselée, **325** */Eric Isselée, **326** */Eric Isselée, **326** */StarJumper, **326** */Eric Isselée, **326** */Anatolii, **326** */Vera Kuttelvaserova, **326** */Eric Isselée, **326** */Coprid, **326** */Eric Isselée, **326** */JackF, **326** */nexusseven, **326** */EwaStudio, **326** */cynoclub, **326** */anankkml, **326** */tiero, **326** */Taalvi, **326** */Eric Isselée, **327** */Alexander Potapov, **327** */Eric Isselée, **327** */Eric Isselée, **327** */Eric Isselée, **327** Thinkstock/iStockphoto, **327** Thinkstock/iStockphoto, **327** */Mike Price, **327** */Roman Samokhin, **327** */Eric Isselée, **327** */Eric Isselée, **327** Thinkstock/iStockphoto, **327** */maz12, **327** */Eric Isselée, **327** */Smileus, **327** */XK, **327** */anankkml, **328** */Eric Isselée, **328** */Steve Byland, **328** */Eric Isselée, **328** */Eric Isselée, **328** */Eric Isselée, **328** */Eric Isselée, **328** */Eric Isselée, **328** */fotomaster, **328** */jakgree, **328** */Farinoza, **328** */Farinoza, **328** Thinkstock/iStockphoto, **328** */Eric Isselée, **329** */Uryadnikov Sergey, **329** */phant, **329** */Eric Isselée, **329** */Eric Isselée, **329** */ILYA AKINSHIN, **329** */Janis Smits, **329** */Aaron Amat, **329** */ILYA AKINSHIN, **329** */Eric Isselée, **329** */fotomaster, **329** */Roman Samokhin, **329** */shishiga, **329** */Nicolette Wollentin, **329** */sval7, **329** */Eric Isselée, **329** */Eric Isselée, **330** */eastmanphoto, **330** */eastmanphoto, **330** */Smileus, **330** */Daniel Nimmervoll, **330** */kurapy, **330** */Eric Isselée, **330** */jagodka, **330** */Richard Carey, **330** */Anatolii, **330** */antpkr, **330** Thinkstock/iStockphoto, **330** */Eric Isselée, **330** */eastmanphoto, **331** */Irochka, **331** */Giuseppe Porzani, **331** */eyeblink, **331** */manuart, **331** */Eric Isselée, **331** */lunamarina, **331** */pistol7, **331** */Richard Carey, **331** */Witold Krasowski, **331** Thinkstock/Hemera, **331** Thinkstock/

iStockphoto, **331** */Coprid, **331** */tongdang, **332** */Oliver Klimek, **332** */Valeriy Kirsanov, **332** */defun, **332** */Alekss, **332** */JPS, **332** */Gewoldi, **332** */Henrik Larsson, **332** */vnlit, **332** */Klaus Eppele, **332** */xiaoliangge, **332** */VRD, **332** */Alekss, **332** */Marco Uliana, **332** */morelia1983, **332** */Zbyszek Nowak, **332** */npps48, **333** Thinkstock/iStockphoto, **333** */defun, **333** */Cosmin Manci, **333** Thinkstock/Hemear, **333** */fancyfocus, **333** */gertrudda, **333** */xjbxjhxm, **333** Thinkstock/iStockphoto, **333** */defun, **333** */emer, **333** */chungking, **333** */Coprid, **333** Thinkstock/iStockphoto, **333** */eastmanphoto, **333** */Carola Schubbel, **333** */natara, **334** */tescha555, **336** */DDRockstar, **336** */Denys Prykhodov, **336** */Denys Prykhodov, **336** */Denys Prykhodov, **336** */Denys Prykhodov, **336** */Denys Prykhodov, **336** */Denys Prykhodov, **336** */Africa Studio, **336** */Africa Studio, **336** */Africa Studio, **336** */DB, **339** */robert, **340** */magann, **340** */magann, **340** */magann, **340** */magann, **340** */magann, **340** */magann, **340** */magann, **340** */magann, **340** */magann, **340** */magann, **340** */magann, **340** */magann, **340** */magann, **341** */magann, **341** */magann, **341** */magann, **341** */magann, **341** */magann, **341** */magann, **341** */magann, **341** */magann, **341** */magann, **341** */magann, **341** */magann, **341** */vvoe, **341** */Lucky Dragon, **342** */tomreichner, **342** */Marco2811, **342** */merydolla, **342** */in-foto-backgrounds, **342** */Reicher, **342** */ARochau, **342** */Yahya Idiz, **342** */motorradcbr, **342** */Beboy, **342** */Dmytro Smaglov, **342** */Anton Gvozdikov, **342** */sborisov, **342** */Netzer Johannes, **343** Stockphoto/Juffin, **344** */Juulijs, **344** */m.u.ozmen, **344** */lucato, **344** */www.strubhamburg.de, **344** */guynamedjames, **344** */Jörg Hackemann, **344** */MaxWo, **345** */Al, **345** */hayo, **345** */ufotopixl10, **345** */vector icon, **345** */vector icon, **345** */vector icon, **345** */vector icon

PONS

Bildwörterbuch
Japanisch-Deutsch

Bearbeitet von: Akimi Greuet

Entwickelt auf der Basis des PONS Bildwörterbuch Japanisch
ISBN 978-3-12-517984-4
Bearbeitet von: Anette Dralle, Georgina Moore, Gregor Vetter, Dr. Christiane Wirth, Yukari Wollboldt-Komazaki

1. Auflage 2018 (1,04 – 2020)

www.pons.de
E-Mail: info@pons.de

Projektleitung: Christiane Mackenzie
Gestaltung: Petra Michel, Essen
Umschlaggestaltung: Anne Helbich, Stuttgart
Satz: Satzkasten, Stuttgart
Umschlagfotos von links nach rechts: Shutterstock/PinkBlue; iStockphoto/gianliguori; iStockphoto/Shebeko
Logoentwurf: Erwin Poell, Heidelberg
Logoüberarbeitung: Sabine Redlin, Ludwigsburg
Druck und Bindung: Publikum d.o.o.

ISBN: 978-3-12-516111-5